AF142459

Anton Springer

Aus meinem Leben

Anton Springer

Aus meinem Leben

ISBN/EAN: 9783743618374

Hergestellt in Europa, USA, Kanada, Australien, Japan

Cover: Foto ©ninafisch / pixelio.de

Manufactured and distributed by brebook publishing software (www.brebook.com)

Anton Springer

Aus meinem Leben

Inhalt der Grote'schen Sammlung
von Werken zeitgenössischer Schriftsteller.

---- ••• ----

Grote'sche Sammlung

von

Werken zeitgenössischer Schriftsteller.

Neununddreißigster Band.

— ∗⊶∗ —

Anton Springer, Aus meinem Leben.

Aus meinem Leben

von

Anton Springer.

Mit Beiträgen von Gustav Freytag und Hubert Janitschek
und mit zwei Bildnissen.

———— ❧ ————

Berlin,
G. Grote'sche Verlagsbuchhandlung
1892.

Druck von Fischer & Wittig in Leipzig.

„Dies Buch gehört meiner Isa"

mit diesen Worten überreichte Anton Springer das Manuskript seiner Lebensbeschreibung seiner Frau zu ihrem Geburtstage am 8. Februar 1891. Den Sohn, der nach dem letzten Willen des Vaters das Buch herausgeben durfte, drängte es, diese Worte der Erzählung von Anton Springers Leben voranzustellen und die Mutter zu bitten, die Widmung der Lebenserinnerungen, die schon in einem andern Sinne ihr eigen sind, anzunehmen.

Inhaltsübersicht.

Bildnisse Anton Springers:

Radierung von Albert Krüger nach einem Lichtbilde.

Holzschnitt nach einer Bleistiftzeichnung von Jaroslav Czermak aus dem Jahr 1848. Das lateinische Citat ist aus Tacitus Annalen, IV 35 entlehnt und lautet auf deutsch nach Rudolf Hirzels Übertragung: „Um so mehr bin ich geneigt die Thorheit derer zu verlachen, welche meinen, daß man durch Gewalt in der Gegenwart das Gedächtnis künftiger Zeiten auslöschen könne."

Aus meinem Leben.

1. Das Kloster und die Schule.

Das muß ein erbärmliches Leben sein, welches auch nicht einen einzigen fesselnden Augenblick enthielte und ein trostloses Dasein, aus welchem sich auch gar nichts Gutes lernen ließe. Wenn ein bunter Wechsel der Ereignisse einen Lebenslauf anziehend gestaltet, dann darf ich hoffen, daß die Erzählung meines Lebens wohl der Mitteilung wert sei. Wenige Zeitgenossen haben ein so wunderbar verschlungenes Schicksal erfahren und so viele Wandlungen durchgemacht, wie ich. Als Österreicher bin ich geboren, als guter Deutscher beschließe ich mein Leben; als Katholik bin ich getauft, als ehrlicher Protestant, wenn auch nicht als rechtgläubiger evangelischer Christ, sterbe ich; eine slavische Mundart war meine Muttersprache, in der Geschichte der deutschen Wissenschaft hoffe ich ein kleines Plätzchen mir erobert zu haben. Ein dreifacher Renegat also, der Religion, Sprache und Nationalität gewechselt und verraten hat, werden meine Feinde sagen. Den einen und den andern Vorwurf haben sie mir auch oft genug grob in das Gesicht geschleudert. Und dennoch ging alles ganz ein= fach und natürlich zu, ohne Berechnung, ich möchte beinahe

sagen, ohne lange Überlegung. Ich wurde wie durch eine
Naturgewalt ein Deutscher; dies faßt alle meine Lebens=
wandlungen in sich. Ich fühlte keinen Schritt, den ich that,
in seinem gewaltsamen Gegensatz zu früheren Zuständen,
sondern sah in jedem eine notwendige Stufe in meiner
Entwickelung, und ich bereue daher meinen Lebensgang auch
nicht im geringsten. Wie ich ein Deutscher wurde,
will ich den jüngeren Freunden erzählen.

Bei meiner Geburt lag die prächtige, alte Königstadt
an der Moldau, das hunderttürmige Prag, mir zu Füßen.
Seine czechischen Einwohner haben sich nachmals durch
grimmigen Haß für diese Demütigung gerächt. — Und
doch kam ich ganz unschuldig zu dieser hohen Geburt. Mein
Elternhaus stand oben auf dem höchsten Punkte der Stadt.
Wenn man von der alten steinernen Moldaubrücke, der
schönsten in Mitteleuropa, den Blick auf das linke Ufer
lenkt, so sieht man einen breiten Bergrücken mächtig empor=
ragen, auf welchem rechts das königliche Schloß und der
Dom sich erheben, links aus dem dichten Grün des Ab=
hangs ein kleines Kirchlein, dem heiligen Laurentius geweiht,
herausguckt. Die Mitte nimmt in langgestreckter Linie ein
Klosterbau ein. Im Bereiche des Klosters, eines Prämon=
stratenserstiftes, das den Namen Strahof führt, wurde
ich am 13. Juli 1825 geboren. Mein Vater stand als
Klosterbräuer im unmittelbaren Dienste des Stiftes. Wie

er zu diesem Dienst gekommen war, über seine Herkunft und Vergangenheit ist mir nichts Sicheres bekannt. Es klingt mir nur dumpf die Sage in den Ohren, daß unsere Familie seit undenklichen Zeiten in dem Stadtteil, in welchem das Kloster liegt, auf dem Hradschin angesiedelt, ehemals bessere Tage gekannt hatte, allmählich aber im Vermögen und im Ansehen herabgekommen war. Dies letztere ist gewiß. Alle meine Verwandten väterlicher Seite waren kleine Leute, Handwerker und Krämer, oder Klosterdiener. An einen alten Klosterpförtner und einen noch älteren „Tafeldecker" des Abtes als wertgeschätzte Vettern erinnere ich mich noch ziemlich deutlich, am dunkelsten an meine Eltern. Mein Vater war der erste, welcher die Familie wieder etwas in die Höhe brachte. Er starb aber im rüstigsten Alter, wenige Wochen nach meiner Mutter, wie die Leute sagten, aus Gram über den Verlust der schönen, viel jüngeren Frau, noch ehe er seinen Wohlstand befestigt hatte. Wir blieben vier Kinder zurück. Die beiden jüngsten wurden zu fernen Verwandten gegeben und starben nach wenigen Monaten; mich, der ich gerade fünf Jahre zählte, und meinen um sieben Jahre ältern Bruder nahm der nächste Hausnachbar, unser Pate, der Verwalter des Klostergutes, zu sich. Der Mann mit dem schier unaussprechlichen Namen Gschirhackl zeichnete sich nicht durch besondere Freundlichkeit aus, die Frau lebte nur in der Küche und für die Hauswirtschaft; sie waren aber im Grunde kreuzbrave Leute, die für unser materielles Wohl ehrlich sorgten. Im Kreise ihrer Kinder waren wir seit Jahren heimisch gewesen, und was für uns das Wichtigste war, wir blieben in derselben Umgebung und lebten unter denselben Ver-hältnissen weiter wie im elterlichen Hause. Wir wurden in keine fremde Welt, wie meine armen jüngsten Geschwister, verpflanzt und dankten es gewiß diesem Beharren im alten Lebensboden, daß wir nicht wie diese verdorrten, sondern gesund weitersproßten. Von meiner Geburt bis zu meinem zwölften Jahre blieb ich mit dem Kloster Strahof fest ver-bunden und lebte, ohne es zu wissen, ein Stück echten und rechten Mittelalters durch.

Das Kloster bildete ein fest abgeschlossenes Gemeinwesen und erschien auch durch seine räumliche Abgrenzung als eine besondere Welt. Ein Weinberg und ein mächtiger, damals gänzlich verwilderter Garten, der unmittelbar an die Stadt-mauer stieß, schloß dasselbe beinahe von allen Seiten ein; ein schmales Treppenpförtchen und ein größeres, mit der Statue des hl. Norbertus geschmücktes Thor, beide in der Nacht stets versperrt, gewährten zu dem Klosterbezirke den Zugang. Hatte man das Thor durchschritten, so kam man auf den weiten äußern Klosterplatz. Rechts hatten der Schmied und der Böttcher ihre Werkstätten, hinter welchen sich der stattliche Meierhof mit Scheunen, Stallungen und noch vielen anderen Wirtschaftsgebäuden ausbreitete. Linker Hand, neben einer kleinen, unter Kaiser Josef aufgehobenen Kirche, die allen Klosterhandwerkern als Rumpelkammer diente, und stets mit Brettern, Faßdauben, Schmiedeeisen, auch wohl mit Heu und Stroh angefüllt war, befanden sich die Pferdeställe, daran anstoßend das geräumige Bräuhaus

und das Amtshaus. Auf dem Platze selbst hantierte im
Sommer der Klosterzimmermann und trieben wir „Kloster=
kinder" unser Wesen, in unserm freien Besitze nur zuweilen
durch die vielen Gänse gestört, welche auf dem grünen
Anger weideten, oder auch durch den Klosterpförtner gehemmt,
der auf höhern Befehl die lärmenden Buben zur Ruhe
verweisen mußte. Die Knute (Karbatsche) in seinen Händen
sprach deutlich seinen Willen aus und beendigte wenigstens
für einige Augenblicke unsern Spieleifer. Die Tiefe des
Platzes nahm die Kirche ein, mit welcher der Eingang zum
eigentlichen Kloster unmittelbar zusammenhing. Ein großes
gewölbtes Thor führte in den inneren Hof, ein kleines
Pförtchen in diesem, neben einer uralten Linde, in die so=
genannte Klausur. In diesem Hofe reihten sich die Wohnungen
der Äbte und jener geistlichen Würdenträger, welche von
Amtswegen mit der profanen Welt zu verkehren hatten,
wie des Provisors, Küchenmeisters, Musikmeisters, die Gast=
wohnungen, dann Küche und Keller aneinander. Die Klausur,
welche aber in meiner Kindheit durchaus nicht einen streng
geschlossenen, den Laien unzugänglichen Raum bedeutete,
beherbergte die Mönchsgemeinde und enthielt über einem
Kreuzgange die Stuben der „Patres", sodann in Flügel=
bauten einen Sommer= und Winterspeisesaal. Beide zeigten
reichen, in Farben und Stucco ausgeführten Deckenschmuck,
wie denn überhaupt Kirche und Kloster zu den glänzendsten
Denkmälern des italienisierenden Barockstiles zählen.

Nahezu hundert Menschen, etwa dreißig bis vierzig
Kleriker und mehr als ein halbes Hundert Diener jeder

Rangstufe und jeden Alters beiderlei Geschlechts, vom Rent=
meister und dessen Schreiber, von dem hochangesehenen Koch
und Küfer bis zu Tagelöhnern und Wäscherinnen herab,
bewegten sich den Tag über in diesen Räumen. Freunde
psychologischer Studien hätten im Kloster mannigfache An=
regungen erfahren. Namentlich unter den älteren Geistlichen
war der Typus der wunderlichen Heiligen und seltsamen
Gesellen reichlich vertreten. Da gab es zunächst den Sub=
prior und Novizenmeister, Pater Johannes. Er stammte
aus Sachsen, galt als großer Sprachenkenner und tiefsinniger
Theologe. Wie oft hörten wir von ihm erzählen, er sei
so gelehrt, daß er darüber wirr im Kopfe geworden wäre.
Wir nahmen uns natürlich vor, einer solchen Gefahr sorg=
fältig aus dem Wege zu gehen. In Wahrheit war Pater
Johannes ganz hell von Sinnen, litt nur an einer großen
nervösen Reizbarkeit, so daß es in seinem Gesicht fortwährend
blitzte und zuckte. Pater Adolf führte je nach der Jahres=
zeit ein scharf geschiedenes Doppelleben. Im Sommer
versah er das Amt eines Bibliothekars, hielt sich den Tag
über in dem prächtigen hohen Bibliotheksaale auf, erklärte
den häufig anklopfenden Fremden die Schätze der Sammlung,
schrieb kleine Aufsätze über die Klostergeschichte und denk=
würdige Ordensgenossen. Am 1. Oktober sperrte er regel=
mäßig die Bibliotheksthüre ab, erst am 1. Mai drehte sich
wieder der Schlüssel im Schlosse. Diese ganze Zeit lebte
er wie ein Murmeltier in seiner Zelle und ließ sich nur
zu den Mahlzeiten und bei wichtigen Kultusakten blicken.
Wir behaupteten von ihm, daß er sich die Augen allmählich

ausgeschlafen habe. In der That zeigte er in seinen hohen
Jahren an ihrer Stelle nur ganz schmale Schlitze. Wie
in jedem Kloster, so blühte auch im Stifte Strahof die
Freßpflanze. So hießen die Geistlichen, welche jede Thätig=
keit verabscheuten und ausschließlich dem Essen sich widmeten.
Die teilten den Tag einfach nach den Mahlzeiten ein und
benutzten die Zwischenzeit, nur durch leichte körperliche Be=
wegung den Appetit zu schärfen. Die Strahofer Freßpflanze
wurde ein Opfer ihres Berufes. Pater Karl pflegte noch
als 70 jähriger Greis täglich vor Tisch am offenen Fenster
zu wippen. Einmal verlor er das Gleichgewicht und stürzte
vom obersten Stock auf den steinigen Gartenweg herab und
brach sich das Genick. Der liebenswürdigste Sonderling
blieb ohne Zweifel der Singemeister, Pater Gerlach. Wenn
ihn nicht zuweilen ein milder Sommerabend in sein kleines
Privatgärtchen lockte, oder die Übungen des Sängerchors
in Anspruch nahmen, verbrachte er seine ganze Zeit in seiner
Zelle. Sie war geräumiger als die anderen. Ein langer
Tisch, zu beiden Seiten mit Lagen von Notenpapier bedeckt,
zog sich von einem Ende der Stube zum andern. Vor
jedem Notenbogen stand ein Stuhl — etwa 6—8 auf jeder
Seite -- in Manneshöhe aber waren über dem Tische
mehrere dünne Stricke wie auf einer Waschbleiche gespannt.
Kaum hatte Pater Gerlach die Thür hinter sich geschlossen,
so saß er auch schon auf dem ersten Stuhl und begann
die blanke Seite des Bogens mit dicken Noten zu füllen.
War er mit der Seite zu Ende, so hüpfte er auf den
zweiten Stuhl und so fort bis zum letzten Stuhle. Für

jede Stimme war ein besonderer Bogen aufgelegt. Hier angelangt, erhob er sich, um die noch nassen Bogen auf die Stricke zu spannen und rückte sodann auf die entgegengesetzte Seite des Tisches, um hier das Werk fortzusetzen. Unterdessen war das erste Notenblatt getrocknet und er konnte auf dem folgenden Blatte die einzelne Stimme fortführen. Verklärt stand er vor dem großen Schrank, welcher seine Arbeiten, große und kleine Messen, Kantaten, Litaneien u. s. w. barg. Zur Aufführung gelangten seine Werke höchst selten. Organist, Geiger und Sänger erklärten, daß die sorgfältigste Vorbereitung unumgänglich nötig wäre, um so schöne Kompositionen würdig zu verkörpern. Da aber der Kirchenfonds für Musikproben kein Geld besaß, so blieb es bei der geschriebenen Musik. Pater Gerlachs Zufriedenheit wurde dadurch nicht gestört. Einmal im Jahre verließ er das Kloster, um unten in der Stadt der Aufführung eines Oratoriums beizuwohnen, das genügte, um ihn für die ganze übrige Zeit frisch zu erhalten.

Auch unter dem Klostergesinde gab es seltsame Käuze. Der seltsamste von allen war unstreitig der Nachtwächter. Jede Nacht durchstreifte er, von zwei bissigen Hunden begleitet, den Klosterbezirk und gab die Stunden auf seinem gellenden Horn an. Jeden Morgen stellte er sich dann zur Verfügung des Pater Küchenmeisters und wanderte in die Stadt, um die Aufträge desselben bei den Kaufleuten und Lieferanten auszuführen. Welche Warenmassen schleppte an Vortagen hoher Feste der gute Mann in seinem riesigen Tragkorbe den Berg hinauf; wie gern hätten wir das

Korbtuch gelüftet, um die guten Sachen wenigstens zu sehen, die am folgenden Tage an der Klostertafel verspeist werden sollten. Schweigsam, gewissenhaft waltete er seiner beiden Ämter. So wenig er selbst sprach, so wenig wurde in der Regel von ihm gesprochen. Nur einmal, alle drei bis vier Wochen, tauchte des Nachtwächters Namen in der kleinen Klostergemeinde unheimlich auf: „Der Teufel ist wieder einmal in den armen Nachtwächter gefahren," flüsterten die Leute sich zu. Der gute Nachtwächter war ein Quartal= säufer, welcher mehrere Wochen lang die strengste Enthalt= samkeit üben konnte, dann aber widerstandslos dem Laster verfiel. Wo und wie er sich bis zur Bewußtlosigkeit vollgetrunken, konnte man nie von ihm erfahren. Der Teufel wäre plötzlich in seinem Magen gesessen, hätte ihn fürchterlich mit Durst geplagt und ihn durch Drohungen gezwungen, Glas auf Glas, Krug auf Krug in seinen Schlund zu gießen. Ein paar Tage nach einem Teufelsüberfall sahen wir den Nachtwächter hohläugig und bleichwangig, ganz zerknirscht, vom weinenden Weibe begleitet, die Klosterpforte betreten. Er machte den Bußgang zum Pater Küchenmeister, klagte sein Elend und bat um Hilfe. Natürlich trug auch in den Augen des Küchenmeisters der Teufel die Haupt= schuld. Er wollte auch einmal versuchen, ihn zu bannen. Nachdem er für den Nachtwächter eine Privatmesse gelesen, mahnte er in eindringlichen Worten den Teufel, doch von seinem bösen Spiel abzulassen und exorcisierte ihn feierlichst. Getröstet und gekräftigt zog der Nachtwächter von dannen. Solange ich aber im Klosterbezirke weilte, hörte ich nicht,

daß der Teufel von seinem Irrtum, den Magen des Nacht=
wächters für ein Wirtshaus zu halten, abgekommen wäre.

Es fehlte nicht an buntem Leben, nicht an heitern
Scenen, auch nicht an einem gewissen höfischen Prunke.
Denn das Kloster war nicht etwa von schmutzigen Bettel=
mönchen bevölkert, die von den Wohlthaten anderer lebten
und wenigstens äußerlich den Schein der Armut und strengen
Entsagung festhielten, sondern von schmucken Chorherren,
Kanonikern, bewohnt, welche sich eines reichen Grundbesitzes
erfreuten, an keine strenge Regel gebunden waren und selbst
den linden Zwang der Regel des heiligen Augustinus ab=
zustreifen gelernt hatten. An der Spitze der Klostergemeinde
stand mit unumschränkter Gewalt der Abt oder Prälat,
einer der wichtigsten Magnaten des ganzen böhmischen Landes
und in der Hierarchie gleich hinter den Bischöfen kommend,
deren Insignien und Gewänder er auch trug. Er besaß
die Gewalt eines kleinen Dynasten und trat auch mit dem
Glanze eines vornehmen Herrn auf. Seiner unmittelbaren
Gemeinde brauchte er sich nicht zu schämen. Wenn die
Chorherren in ihren schneeweißen Gewändern, über welchen
sie an Festtagen kurze Pelzmäntel trugen, in langer Prozession
durch die Kirche schritten, am Schlusse der stattlichen Reihe
unter dem Thronhimmel der Prälat, von seinen Beamten
und Bedienten (auch der Jäger und Büchsenspanner fehlten
nicht) umgeben, so konnte man wähnen, einem fürstlichen
Aufzuge und nicht einem geistlichen Bittgange beizuwohnen.

Kirche und Kloster waren mir bis zum dunkelsten Winkel
wohlbekannt. Nur zur Erntezeit fesselte mich das freie Feld

mehr als die Hallen des Klosters und der Kirche trotz ihrer
angenehmen Kühle. Ich lebte ja in der Familie des Guts-
verwalters, sah, wie ihn die Erntesorgen vollständig in Anspruch nahmen, hörte viele Wochen täglich keine andere
Rede, als vom guten und schlechten Ertrag der Ernte.
Da wäre es seltsam zugegangen, wenn nicht auch mich und
meine Kameraden die Landwirtschaft beschäftigt hätte. Bot
sie doch eine so unterhaltende Abwechslung und gab sie
einige Zeit unsern Spielen eine neue Richtung. Die
Felder des Klostergutes streiften bis nahe an das Stadt-
thor, an welches der Klosterbezirk unmittelbar grenzte.
Wenige Schritte brachten uns schon in die Mitte der
singenden Schnitter. Und wenn auch einzelne Felder ferner
lagen, so durften wir auf einen leeren Erntewagen rechnen,
der uns willig aufnahm und auf das Feld brachte. Munter
tummelten wir uns zwischen den Garben. Aufgetürmt
dienten sie als Wälle, die zur Erstürmung lockten; im
Halbkreise aufgestellt, wurden sie als Haus benutzt; auch
zu Höhlen ließen sie sich, wenn wir vorsichtig einzelne
untere Garben herauszogen, verwerten. Da wir als Hausgenossen des Verwalters zu den privilegierten Wesen zählten,
so wurde uns mancher Unfug nachgesehen. Daß wir es
nicht zu arg trieben, dafür sorgten schon die Hitze und der
Sonnenbrand. Sie lehrten uns, die Wonne des reinen
Faullenzens bis zum Grunde auskosten. Das Feld war
meine Sommerheimat, sonst aber weilte ich in freier Stunde
am liebsten im Kloster; nicht im Klostergarten allein, dem
natürlichen Schauplatze unserer Räuber- und Soldatenspiele,

sondern auch in den Zellen, wo ich manche Gönner zählte und namentlich in der Kirche selbst. Bei keinem Kirchenfeste, bei keinem feierlichen Gottesdienste fehlte ich. Dem Rufe der großen Glocken folgte ich wahrscheinlich viel pünktlicher als die Mehrzahl der Geistlichen. Mein Platz war entweder auf dem Musikchore, wo ich mich gern bereit finden ließ, die Bälge der Orgel zu treten, oder in der unmittelbaren Nähe des Hauptaltars, mitten unter den Klerikern, welche im Chorgestühl saßen. Zeuge aller Kultushandlungen, verschaffte ich mir bald eine genaue Kenntnis selbst der Details, wie sie sonst nur Küster zu erwerben pflegen. Ich betrachtete mich als zum Handwerke gehörig, wußte genau, wenn die Glocke angeschlagen, das Rauchfaß geschwenkt, die Monstranz erhoben werden müsse, und konnte ich auch die Gebete nicht mitsingen und mitsprechen, so verstand ich doch den Tonfall gut nachzuahmen und merkte die Schlußworte aller Responsorien. Diese auf das Einzelne gespannte Aufmerksamkeit und diese intime Kenntnis des ganzen Mechanismus war wohl die Ursache, daß ich nur selten in fromme Andacht versank. In eine erhöhte Stimmung versetzten mich am meisten noch die Vorabende großer Feste. Wenn namentlich an lauen Frühlingsabenden das Geläute aller Glocken in der Stadt — bei der freien und hohen Lage des Klosters waren sie alle vernehmlich — an mein Ohr schlug, zuletzt auch die durch ihre Harmonie berühmten großen Glocken der eigenen Kirche in das Konzert einsprangen, und wenn sie verstummt waren, aus der Kirche heraus der getragene Chorgesang und der Orgelklang er-

tönte, die Bäume rauschten, die Sonne die in der Ferne
sichtbaren Berge vergoldete, die große Stadt zu unsern
Füßen sich langsam in Schatten hüllte, dann wurden wohl
in meiner Seele wunderbare süße Empfindungen wach, die
noch jetzt, nach einem halben Jahrhundert, in mir nach-
zittern. Mächtig ergriff mich auch der Gottesdienst in der
Karwoche, namentlich die Lamentationen, die während derselben vier Nachmittage gesungen wurden. Die Kirche war
spärlich beleuchtet, keine Kerze brannte am Altare, nur auf
einem Gerüst vor demselben waren in Pyramidenform dreizehn brennende Kerzen aufgestellt. Die sorgfältig geübten
Gesänge, abwechselnd Soli und Chöre, von den kräftigen
Männerstimmen vorgetragen, gingen für mich immer viel
zu früh zu Ende. Nach jedem Abschnitt wurde eine Kerze
ausgelöscht, am Schlusse der Lamentationen hüllte uns tiefes
Dunkel ein. Die Priester versanken in stilles Gebet und
verließen leise, einer nach dem andern, die Kirche. Auch
mir war dann ganz feierlich zu Mute; kaum wagte ich
aufzutreten und vollends ein lautes Wort zu sprechen hätte
ich für die ärgste Sünde gehalten.

Unbewußt empfing ich von der Klosterkirche auch die
ersten Anregungen für meinen späteren Lebensberuf. Der
Kern derselben stammte noch aus dem Mittelalter; den
wahren Charakter empfing sie aber erst im vorigen Jahrhundert, in welchem sie einer vollständigen Restauration
unterzogen war. Die zahlreichen Altäre prunkten in bunt-
farbigem Marmor, die Statuen in reicher Vergoldung. Den
größten Reiz übte auf mich aber das mit Fresken bedeckte

Gewölbe des Mittelschiffes. Als ich nach vielen, vielen
Jahren wieder einmal meine Geburtsstätte besuchte, erschrak
ich über die rohe Manier, die grelle Färbung, die gereckten
und gezerrten Figuren. Der Barockstil in seiner schlimmsten
Ausartung trat mir entgegen. Als Kind war ich nicht so
kritisch gesinnt. Ich konnte stundenlang die Bilder be=
trachten, an den, wie mir schien, wunderschön gefärbten
Figuren mich ergötzen. Daß ich die dargestellten Scenen
— Legenden aus dem Leben des heiligen Norbertus —
nicht verstand, reizte nur meine Neugierde. Ich legte sie
mir nach meinem kindischen Sinne zurecht und phantasierte
allerhand Geschichten zusammen. Die Bilderfreude hat mich
seitdem nie wieder verlassen.

Der Eintritt in die Schule änderte wenig an meinem
Leben. Der Unterricht dauerte nur vier Stunden täglich,
die Schule war nur wenige Schritte vom Wohnhaus ent=
fernt. So blieb der Klosterplatz und das Kloster noch
immer meine eigentliche Heimat. Lesen und Schreiben
hatte mich der älteste Sohn meines Pflegevaters gelehrt,
und so durfte ich, obgleich erst sechs Jahre alt, gleich in
eine höhere Klasse eintreten. Nach einem Jahre wurde
ich schon in die oberste versetzt, hier mußte ich aber drei
Jahre ausharren, bis ich das für das Gymnasium vorge=
schriebene Alter erreichte. Der Unterricht in der Volks=
schule wurde selbstverständlich in deutscher Sprache erteilt.
Wir Kinder sprachen wohl mit den Dienstboten, den Knechten,
den Bauern böhmisch, schimpften auch, wenn wir uns mit
Straßenjungen rauften, böhmisch auseinander. Die Mög=

lichkeit böhmischen Schulunterrichts fiel uns aber auch nicht
im Traume ein. Wir sahen keine böhmischen Bücher und
glaubten nichts anderes, als daß Lesen und Rechnen und
vollends die höheren Wissenschaften, wie Sprachlehre und
Rechtschreibung, nur in der deutschen Sprache erlernt werden
könnten. Die kleinbürgerlichen Kreise, in welchen ich groß
wuchs, dachten nicht anders und fühlten sich ganz wohl
dabei. Unser Lehrer, obschon von Geburt ein Slave, hielt
streng darauf, daß wir uns einer reinen deutschen Sprache
befliffen. Über die Reinheit hatte er freilich sonderbare
Vorstellungen. Er meinte, das reine Deutsch müsse sich
von dem gewöhnlichen, das wir zu Hause sprachen, dadurch
unterscheiden, daß überall das O und A vertauscht werde.
Er mahnte uns daher hochdeutsch zu reden und verbot uns
blaßfüßig zur Schule zu kommen. Er schnupfte Tobak und
trank Koffee.

Einen schärferen Einschnitt in mein Leben machte der
Übergang in das Gymnasium. Nun galt es täglich zweimal den weiten Weg von dem Berge, auf welchem das
Stift und unser Haus lag, herab bis in den untern Stadtteil, die Kleinseite, zu wandern. Wir mußten einen langen
windigen Hohlweg passieren, an mehreren scharfen Ecken
vorbei, welche selbst an ruhigen Tagen einer abscheulichen Zug-
luft uns aussetzten. Eine stattliche Schar von Jungen zog
mit mir zugleich den Weg; nach wenigen Jahren waren fast
alle an einer Brustkrankheit gestorben. Auch ich hätte dieses
Los wahrscheinlich geteilt, wenn nicht bald nach Beginn
meiner Gymnasialstudien der alte Gschirhackl gestorben und

die Witwe, mit Recht um das Schicksal ihrer Söhne be=
sorgt, in den untern Stadtteil gezogen wäre. Zwei er=
wachsene Söhne hatte sie bereits am Blutsturze verloren.
Sie wollte wenigstens die anderen retten. Leider zu spät.
Auch die beiden jüngsten Söhne, prächtige Jünglinge, zu
denen ich wie zu Idealen emporblickte, starben rasch nach=
einander an derselben Krankheit, noch vor der armen Mutter.

Die ersten vier Jahre meiner Gymnasialzeit lebte ich
ziemlich freudenlos. Die österreichischen Gymnasien zerfielen
damals in zwei Kurse, einen vierjährigen Grammatikal= und
einen zweijährigen Humanitätskursus. Fachlehrer gab es
nicht. Unter einem Klassenlehrer machte man den niedern
Kursus durch und bekam erst bei dem Eintritt in die so=
genannte Humanitätsklasse einen andern Lehrer. Nun
wollte es mein Unglück, daß ich als ersten Klassenlehrer
einen griesgrämigen, kränklichen, seinem Berufe gar nicht
gewachsenen Mann empfing, welcher uns Jungen anzuregen,
weder Lust noch Fähigkeit besaß. Er war ursprünglich ein
Arzt, fand als solcher keine Beschäftigung und bekam, von
irgend einem einflußreichen Protektor begünstigt, eine Lehrer=
stelle am Gymnasium. Schon die vorgeschriebenen Schul=
bücher, magere Chrestomathieen, boten einen geringen
Bildungsstoff, aber selbst diesen empfingen wir nicht unge=
schmälert. Unser Lehrer lebte in dem Wahne, daß das
Studium der Klassiker uns weniger fromme, als die Lektüre
der Neulateiner. Und so plagte er uns weiblich mit Muret
und wie die langweiligen Epigonen des Erasmus sonst
heißen mögen, ließ uns salbungsvolle lateinische Dialoge

aus dem sechzehnten und siebzehnten Jahrhundert ohne
Ende übersetzen und memorieren und trieb uns die Lust
am Lateinstudium gründlich aus. Auf mich, der ich frühzeitig einen argen Hang zur Zersplitterung besaß, übte diese
Unterrichtsweise einen besonders schlechten Einfluß. Sie
lähmte meinen Ehrgeiz, machte mich in der Schule stumpf
und zerstreut. Zum Glück, daß es wenigstens einen Lehr-
gegenstand gab, der mich stärker fesselte und zu eifrigem
Lernen anspornte — die Geschichte!

Seit meiner Kindheit war ich von einer unersättlichen
Lesewut ergriffen. Ich konnte kein Buch sehen, mochte der
Inhalt auch noch so fremdartig und für mein Alter unpassend
sein, ohne es vom Anfang bis zum Ende gierig zu ver-
schlingen. Obgleich meine Umgebung durchaus nicht litterarische
Interessen pflegte, so fand dennoch mein Lesetrieb die reichste
Nahrung. Da besaß zunächst der alte Gschirhackl eine kleine
Büchersammlung, welche er, der Himmel weiß, wie
wahrscheinlich als Erbe von Klostergeistlichen — im Laufe
der Jahre zusammengebracht hatte. Sie befand sich in
einer kleinen unheizbaren Stube am Ende der Wohnung
und konnte ohne Gefahr einer Störung, aber mit der Gefahr, im Winter Nase und Hände zu erfrieren, durchstöbert
werden. Zieglers und Houwalds Dramen, eine Anthologie
aus deutschen Dichtern und namentlich Hufelands Makro-
biotik leben noch am deutlichsten in meiner Erinnerung.
Wie ich dummer Junge dazu kam, Hufelands Buch nicht
bloß zu lesen, sondern auch zu excerpieren, begreife ich jetzt
nicht. Denn, daß ich nichts vom Inhalt verstand, brauche

ich nicht zu versichern. Wahrscheinlich hatte einer der älteren
Haussöhne das Buch gelobt, und da mußte mein Vorwitz
natürlich auch die Nase hineinstecken. Zum Glück war ich
noch zu klein, als daß der unverbaute Inhalt dieser Bücher
mir einen größern Schaden zufügen konnte. Wichtiger
wurde für meine späteren Neigungen die Bekanntschaft mit
Zeitungen, welche ich gleichfalls schon in meinen Kinderjahren machte. Von Amtswegen wurde im Hause Gschirhackls die Prager Zeitung gehalten, aus derselben mittags
vom Amtsschreiber, was sie Interessantes darbot, laut vorgelesen. Damals wütete gerade der Karlistenkrieg. In
endloser Reihe folgten in der natürlich streng legitimistischen
Zeitung die Berichte über die Siege der Karlisten. Von
der Stellung der kämpfenden Parteien hatte ich keine Vorstellung. Immerhin übten die Schlachtenschilderungen und
die Beschreibung der kühnen Züge Zumalacarreguys, Ca-
breras einen großen Eindruck auf meine Phantasie und
weckten die Lust an historischen Darstellungen. Sie steigerte
sich, als mein Bruder und ich aus dem Nachlaß eines
Onkels etwa fünfzig Bände vorwiegend populär historischen
Inhalts erhielten, in welchen ich mich bald ganz heimisch
machte. Geringern Nutzen schöpften wir aus einem andern,
viel größern Büchergeschenk. Eine alte reiche Tante war
gestorben, als deren allein berechtigte Erben wir galten.
Mit dem Rechtstitel muß es aber doch einen Haken gehabt
haben, denn nicht wir erbten Haus und Hof, sondern ein
alter Hausfreund, ein Justiziar seines Amtes. Als Ersatz
für die verlorene Erbschaft schenkte er uns eine ganze Karre

voll Bücher aus dem vorigen Jahrhundert, in welchem er
noch seine Studien gemacht hatte. Was für seltsame Autoren
lernte ich da kennen! Außer unzähligen Lehrbüchern der
alten Jesuitenschulen — wir begnügten uns, dieselben zu
katalogisieren — waren Reisebeschreibungen, naturhistorische
Werke, namentlich aber auch Schriften aus der Aufklärungs-
periode in der Sammlung reich vertreten. Auf die letzteren
stürzte ich mich sofort mit leidenschaftlichem Eifer. Ein
Buch Horanis über den Papst Pius VI. und den römischen
Hof in der Revolutionszeit machte den stärksten Eindruck
auf mich. Was ich im Kloster miterlebt und mitangesehen
hatte, war eine nur zu gute Vorbereitung für den kirchen-
feindlichen Geist, der aus Horani sprach. War ich doch als
kleiner Knabe Zeuge gewesen, wie mehrere Kleriker aus
Neid und Mißgunst einem Bruder auflauerten, als dieser
an einem frühen Morgen sich von einem Rendezvous zurück-
schlich und unvermerkt über die Mauer des Klostergartens
zu klettern versuchte. Hörte ich doch von den Hausgenossen
die Liebschaft der Patres, die Zeichen, die sie während des
Chorgebetes mit ihren Freundinnen auszutauschen pflegten,
offen besprechen, und sah mit eigenen Augen, wie hand-
werksmäßig, rein mechanisch die Kultushandlungen von vielen
vollzogen wurden. Ich nahm Horanis Schilderungen für
bare Wahrheit. Wie hätte ich von Tendenz und Partei-
schriften etwas wissen sollen. Und als in der Schule bald
darauf in der Geschichtsstunde die Streitigkeiten zwischen
den alten Kaisern und Päpsten behandelt wurden, warf ich
mich flugs auf die Seite der ersteren und schrieb ein Blatt

Papier voll von Invektiven gegen Gregor VII. Gottlob,
daß der Lehrer von diesem ersten litterarischen Versuche
nichts erfuhr. Um so mehr bemühte ich mich aber, mein
Licht öffentlich leuchten zu lassen, als die österreichische und
böhmische Geschichte in der Schule an die Reihe kam. Aus
den Büchern eines Exjesuiten, Ignaz Cornova, hatte ich
dieselbe in der ausführlichsten Weise kennen gelernt und
mir eine genaue Detailkunde verschafft, wie sie kein anderer
Schüler besaß. Dieselbe womöglich mit den eigenen Worten
meiner Autorität vor dem Lehrer auszubreiten, bildete
meinen besondern Stolz. Dadurch versöhnte ich ihn, der
sonst über meine Flüchtigkeit im Arbeiten klagte und ver-
half mir zu einer bessern Censur.

Eine neue Zeit begann für mich, als ich mit fünfzehn
Jahren in den obern Kursus, die Humanitätsklassen, auf-
stieg. Der neue Klassenlehrer, Wenzel Aloys Swoboda, in der böhmischen Litteratur rühmlich bekannt, sprach
verständig, wie wenige, musikalisch gebildet, ein gewandter
Verskünstler, verstand er, mich zu fesseln und meinen Ehrgeiz zu wecken. Swoboda war in den Schulkreisen wegen
seines leidenschaftlichen Charakters, seiner Herbheit und
Strenge arg gefürchtet. Er konnte in der That, namentlich
in den Nachmittagsstunden, wenn er ein Glas Wein zu-
viel getrunken hatte — und das geschah leider an den
Prälatentafeln und Klosteressen, zu denen er häufig als
witziger Gesellschafter eingeladen wurde, regelmäßig —
fürchterlich donnern und poltern. In der Erfindung von
Ehrentiteln für denkfaule Schüler war er unerschöpflich.

Er setzte sie aus drei, vier Sprachen zusammen und erreichte mit denselben nicht selten die unverhoffte Wirkung,
daß die ganze Klasse, das Opfer seines Zornes mit einge-
schlossen, in ein schallendes Gelächter ausbrach. Im Grunde
war aber der alte Swoboda, wie wir ihn nicht nach seinen
Jahren, sondern nach seinem Aussehen nannten, eine harmlose, wohlwollende Natur. Auf zwei Dinge legte er im
Unterricht das größte Gewicht. Er verlangte einen fließen-
den Ausdruck in den lateinischen Aufsätzen und wenigstens
ein wohlklingendes Wortgepräge in den lateinischen Vers-
übungen, welche wir abwechselnd in jeder Woche anfertigen
mußten. Bei den Interpretationen der Klassiker legte er
das größte Gewicht auf die Verbesserung des Textes, von
welchem er gewiß mit Recht behauptete, daß unsere Schul-
ausgaben ihn arg verdorben hätten. Mir kamen nun da
meine Bücherschätze zu gute. Ein alter Gradus ad Par-
nassum, ein Wörterbuch der Synonyme, lehrten mich Verse
schmieden, ohne meine Phantasie sonderlich anzustrengen.
Wie aber Texte ohne Mühe korrigiert werden können, entdeckte ich gleichfalls nach kurzer Frist. Ich besaß eine Reihe
älterer Klassikerausgaben, viele Autoren in der, wie ich nachmals erfuhr, geschätzten Zweibrückener (Bipontiner) Edition.

Die Vergleichung der Texte lehrte mich die Unterschiede
und Abweichungen kennen. Einmal auf der Spur, hielt
es nicht schwer Verbesserungen zu versuchen, zumal es fest
stand, daß der Text in der Schulausgabe notwendig der
schlechtere sein müsse. Fand ich dennoch Schwierigkeiten,
so half ich mir wie Abbé Vogler bei seinen Orgelrepara-

turen. Dieser warf die Pfeifen, die nicht stimmen wollten, aus dem Werke einfach heraus, „simplificierte" die Orgel. Gerade so simplificierte ich die Texte der Klassiker und warf anstößige Wörter und Verse heraus. Ich war der einzige in der ganzen Klasse, der sich auf diese Art für die Lektionen vorbereitete und gewann mir dadurch die Gunst des Lehrers. Nach wenigen Monaten war ich sein ausgesprochener Liebling. Bald hätte ich mir dadurch die Zuneigung der Mitschüler verscherzt. Swoboda nahm die Gewohnheit an, bei einer schwierigen Stelle erst die ganze Klasse abzufragen, mich für zuletzt aufzusparen, obschon ich auf einer der vordersten Bänke saß. Nervös aufgeregt, fieberisch harrte ich, bis die Reihe endlich an mich kam. Ich hätte mich zu Tode geschämt, wenn ich die Erwartung des Lehrers getäuscht hätte. Da stand er vor mir mit seinem kahlen, dicken Kopfe, auf dem nur spärliche graue Haare flatterten, die Prise in der Hand, die mir in das Gesicht geflogen wäre, hätte ich schlecht geantwortet, mit seinen kleinen Äuglein mich anblinzelnd: „Nun sage es doch den Eseln!" Zum Glück traf ich fast immer das Richtige und wurde mit einem freundlichen Lächeln und dem regelmäßigen Spruche: „Nicht war, Springer, das sind doch Esel?" belohnt. Die Esel hätten alle Ursache gehabt, sich über mich zu ärgern. Ich versöhnte sie aber, indem ich für alle Schwachen und Faulen die Schulaufgaben machte. Dazu hatte ich während der Messe, welche dem täglichen Unterricht in der Gymnasialkapelle voranging, hinreichend Zeit. Die Pause, ehe der Lehrer kam — und Swoboda ließ

immer lange auf sich warten, hielt uns dagegen bis zur
Mittagsstunde in der Schule — wurde benutzt, Abschriften
zu verbreiten und kleine Änderungen an denselben anzu=
bringen, damit ja kein Verdacht gegen den gemeinsamen
Verfasser aufkomme. Mir machte es Spaß, in jede Ab=
schrift ein paar Schnitzer zu praktizieren, und so den Schein
der Originalität zu retten. Die Schularbeiten ließen auch
jetzt mir reiche Muße, meiner Lesegier zu Hause zu fröhnen.
Ich schwelgte in den Romanen Walter Scotts und Coopers,
nahm aber auch mit Ritterromanen, die in Österreich längere
Zeit ein dankbares Publikum fanden, vorlieb. Vollends
glücklich fühlte ich mich, als ich nach dem Brockhausschen
Konversationslexikon die Hand ausstrecken durfte, welches
der Vater eines Schulkameraden besaß und mir lieh. Die
historischen und biographischen Artikel las ich von Anfang
bis zu Ende durch und sog, ohne es zu wissen, den land=
läufigen flachen Liberalismus in mich ein, der mich noch
lange nachher wie eine Hautkrankheit plagte. Auch littera=
rische Pläne gingen in meinem Kopfe herum. Daß wir
Gymnasialschüler heimlich eine Zeitschrift gründeten, zu
welchen ich die historischen Artikel beisteuerte, versteht sich
von selbst. Ich hatte aber noch höheres im Sinne. In
unserer Büchersammlung befand sich auch Wielands Aus=
gabe und Übersetzung der Briefe Ciceros. Die ersten Briefe
las ich im Original, da mich aber der Inhalt mehr anzog,
als die Form und der ciceronianische Stil, so griff ich gar
bald zu der gegenüberstehenden Übersetzung. Auf Grund=
lage dieser Briefe eine Geschichte des Verfalls der römi=

schen Republik zu schreiben, erschien mir ein lobenswertes Unternehmen. Ich excerpierte fleißig, kaufte mir auch schönes Papier und bezifferte die Bogen. Ich glaube aber nicht, daß ich weiterkam als zur Niederschrift des Titels und des gewiß in schwunghafte Phrasen gekleideten Vorwortes. So verlebte ich, immer von meinen Büchern umgeben, trotz äußerer Stille und Öde, innerlich vergnügt und befriedigt, die zwei letzten Jahre meiner Gymnasialzeit. Eine gründliche Vermehrung hatte mein Wissen nicht erfahren. Meine Kenntnis des Griechischen, das auch die schwache Seite Swobodas, wie aller österreichischen Gymnasiallehrer war, blieb mangelhaft, meine Kunde der lateinischen Autoren zeigte große Lücken. Keinen einzigen hatte ich vollständig gelesen. Ich wußte vielerlei, aber nichts recht und vollkommen. Aber meine Denkkraft hatte Swoboda geübt, mich zu kritischen Betrachtungen angespornt und meine Lust am Lernen zur Leidenschaft gesteigert. Das werde ich dem wackern Manne niemals vergessen. Unter Trompeten= und Paukenschall wurde ich am Ende meines Schuljahres als primus omnium verkündet und „munificientia Augustissimi Imperatoris“ mit einer Prämie (Vegas Lehrbuch der Mathematik) beschenkt.

2. Die Universität.

Im Herbste 1841 bezog ich die Prager Universität. Nach der damals herrschenden Einrichtung ging den besonderen Fakultätsstudien ein für alle Studenten vorgeschriebener zweijähriger philosophischer Kursus voran. Lehrfreiheit gab es nicht. Die Vorlesungen waren nach Zahl und Ordnung ein für allemal festgestellt, für jedes Fach war nur ein einziger Professor angestellt. Demnach waren die zwei Jahre des philosophischen Kursus die einzige Zeit, in welcher sich der studentische Geist einigermaßen entfalten konnte. Aus dem ganzen Lande strömten die Jünglinge herbei. Wir saßen an drei= bis vierhundert Mann in den Hörsälen. Schon die große Zahl verschaffte uns den Lehrern gegenüber eine größere Freiheit und zwang dieselben, uns rücksichtsvoller zu behandeln. Und auch die Gegenstände der Vorlesungen, vorwiegend Philosophie, Mathematik und Physik waren wohl geeignet, unser Interesse zu erregen, vorausgesetzt, daß wir sie von tüchtigen Männern überliefert empfingen, das war glücklicher Weise an der Prager Universität der Fall. Namentlich der Professor der Philosophie, der leider viel zu früh verstorbene Franz Exner, stand durch seinen ge=

biegenen Charakter und sein reiches Wissen in höchstem
Ansehn und wurde von einem engern Kreise, der sich auf
philosophische Studien warf, wie ein Ideal verehrt. Exner
hatte sich in seiner Jugend viel mit Mathematik beschäftigt.
Da konnte ihm freilich die offizielle österreichische Schul-
philosophie, die sich mit einer Verwässerung des Salletschen
Systems (Sallet war, wenn ich nicht irre, ein Landshuter
Professor und später katholischer Pfarrer) nicht genügen.
Die Schriften Herbarts zogen ihn an, das Beispiel des
Leipziger Herbartianers, Drobisch, welcher gleichfalls die
mathematischen und philosophischen Studien vereinigte und
die letzteren durch die ersteren stützte, schwebte ihm als
Muster vor. Die Prager Universität war damals die einzige
in Österreich, auf welcher die Gedanken eines protestantischen
deutschen Philosophen eine heimische Stätte fanden. Wir
folgten mit gespannter Aufmerksamkeit den psychologischen
Deduktionen, welche in der That für den Laien und Anfänger durch ihre Sicherheit etwas Bestechendes besaßen,
fühlten uns aber besonders durch Exners Vorlesungen über
Moralphilosophie gehoben. Das absolute Walten der
„praktischen Ideen", welche die Sittlichkeit unsers Handelns
bestimmen, nahm in unserer Phantasie die Gestalt einer
majestätischen Herrschaft an. Sie wurden unsere Götter,
neben welchen freilich der Glanz des alten katholischen
Heiligen stark verblich. Wir waren jahrelang weidlich geplagt worden, die katholischen Dogmen zuerst „mit Vernunft",
dann „ohne Vernunft" d. h. aus der Offenbarung zu beweisen. Und nun hörten wir nicht nur, daß die ewigen

Höllenstrafen mit der Idee der Gerechtigkeit unvereinbar
seien, sondern lernten ein sittliches Ideal, welches sich nicht
auf den religiösen Glauben gründet, kennen. Man kann
sich den Eindruck denken, welchen diese Lehre, trotz der maßvollen Form, in welcher sie vorgetragen wurde, auf unsere
jungen durstigen Seelen machte. Je seltener wir ein ver-
nünftiges Wort zu hören bekamen, desto tiefer prägte sich
jedes einzelne in uns ein. Selbstverständlich wurden wir
alle eine Zeitlang begeisterte Herbartianer. Eine Vorstellung unter die „Schwelle des Bewußtseins" herabzu-
drücken, durch Hilfskräfte, die wir bezifferten, sie wieder
über dieselbe emporsteigen zu lassen, machte uns nicht bloß
Vergnügen, sondern galt auch für wissenschaftliche Thätigkeit.
Das geheimnisvolle Wesen der Seelenvorgänge ergründeten
wir freilich nicht. Immerhin wurden wir durch diese nüchterne
Denkweise vor der wüsten phantastischen Spekulation bewahrt, in welche wir sonst bei unserer Unkenntnis der Dinge
und dem völligen Mangel geistiger Zucht und Schulung
rettungslos verfallen wären. Ich trat bald in ein näheres
persönliches Verhältnis zu Exner. Ein kleiner Kreis von
Exners Zuhörern hatte sich zu einem litterarischen Konventikel
vereinigt, in welchem Aufsätze, auch Gedichte vorgelesen,
über das Vorgelesene debattiert wurde. Die Protokolle
unserer Sitzungen und einzelne der besseren Arbeiten über-
reichten wir in zierlicher Abschrift am Semesterschluß unserm
Lehrer. Exner nahm die Gabe freundlich auf, lobte wenigstens
unsern guten Willen und forderte die Einzelnen zum Besuche auf. Ich eilte, der Einladung zu folgen. Exner er-

kannte nach kurzer Prüfung gar bald die großen Mängel
meiner Bildung, die Zerfahrenheit, die vorschnelle Sicherheit im Urteil, die Hast, mit der ich ohne Kritik alles,
was jemals gedruckt war, in mich aufnahm, das Sprung-
hafte in meinen Interessen. Er gab mir die Platonischen
Dialoge und Lessings Schriften in die Hand, damit ich
den Geist sammeln und mich in einen Gedankenkreis ver-
tiefen lerne. Mit den Studien Platos ging es freilich
langsam, desto eifriger arbeitete ich mich in Lessings Laokoon,
die antiquarischen und kritischen Schriften hinein. Meine
Kenntnis der deutschen Klassiker war bis dahin dürftig
bestellt gewesen. Schillers Dramen hatte ich oft gelesen,
einzelne auch auf der Bühne gehört, die Balladen kannte
ich auswendig, da wir dieselben unter Swobodas Anleitung
hatten in lateinische Reime übersetzen müssen, von Lessing
wußte ich, daß er den Philotas geschrieben. Denn dieser
prangte in den Lehrbüchern deutschen Stiles für die Gymnasien neben Engels Edelknaben als Muster des dramatischen
Stiles. Goethes Namen aber war bisher für mich ein
leerer Schall geblieben. In den Kreisen, in welchen ich
lebte, besaß niemand seine Werke, ich glaube überhaupt
nicht, daß man damals in den Privatbibliotheken Prags
mehr als zwei Dutzend Exemplare seiner Werke zusammengebracht hätte. Wer sie besaß, einzelne jüdische Litteratur-
freunde, ein paar Advokaten und ältere Beamte, hütete ängstlich
den Schatz, damit er nicht jüngeren unbedachten Leuten in
die Hände falle. Während sich Schiller in Österreich der
größten Popularität erfreute, bestand gegen Goethe ein tief

gewurzeltes Vorurteil, welches erst in den letzten Jahr=
zehnten vollkommen verschwunden ist. Er galt für gefährlich,
Glauben und Sitte lockernd.

Lessings Schriften führten mich in eine neue Welt. Ich
hörte zum erstenmal von Winkelmanns und Herders Thaten,
erfuhr zum erstenmal, daß die künstlerischen Schöpfungen
festen Gesetzen unterstehen, nach Zeit und Gattung ihren
regelmäßigen Wirkungskreis wechseln und empfing die ersten
klaren Begriffe von einer wahrhaft aufbauenden wissenschaft=
lichen Kritik. Schwer wurde es mir, nachdem ich monate=
lang in dieser idealen Welt gelebt, in die trübselige wirk=
liche Prager Welt wieder herabzusteigen. Nach dem allgemein
herrschenden Gebrauch ließ ich mich nach vollendetem philo=
sophischen Kursus in der Juristen=Fakultät einschreiben.
Ich dachte zwar nicht im geringsten daran, die Beamten=
laufbahn zu ergreifen. Dazu war ich, abgesehen von der
innern Abneigung, viel zu arm. Ein Lehrerberuf stand
mir schon damals fest vor Augen, nur schwankte ich noch
zwischen Philosophie und Geschichte. Es galt nun einmal
in Österreich das Herkommen, die Studentenjahre in einer
Fachfakultät zu beschließen. In den Volkskreisen waren
Jurist und Student gleichbedeutende Ausdrücke, und wer
nicht Arzt oder Priester werden wollte, von dem nahm
man mit Sicherheit an, daß er der Jurisprudenz sich zu=
wende. Ein Jurist kann alles werden — dieser Satz stand
in der öffentlichen Meinung fest und wurde in der That
auch durch die Erfahrung bestätigt. Zu Erziehern, Privat=
lehrern wählte man vorzugsweise Juristen und auch die

Professoren der philosophischen Fakultät hatten der Mehr=
zahl nach in ihrer Jugend juristische Vorlesungen gehört.
Ich folgte dem allgemeinen Vorurteile. Die Lehrgegenstände
des ersten Jahrganges waren Naturrecht und Staatenkunde
mit Statistik verbunden. Das eine Fach trug ein schwäch=
licher alter Mann vor, welcher es dem Zuhörer auch bei
dem besten Vorsatze unmöglich machte, die Augen länger
als zehn Minuten offen zu halten. Ein viel schlimmerer
Geselle war sein Kollege, der Professor der Statistik, namens
Nowack. Derselbe war ursprünglich ein kleiner Beamter
in Wien gewesen, hatte die Kammerjungfer aus einem vor=
nehmen, ich glaube, erzherzoglichen Hause geheiratet und
da diese versorgt werden mußte, so stellte man den Menschen,
der nicht einmal juris Doctor war, kaum die oberflächlichste
Bildung besaß, als Universitätsprofessor an. Er ärgerte
uns schon durch die schamlose Protektion, welche er an
elegant gekleideten, stutzermäßigen Zuhörern übte. Nach
jeder Stunde hielt er einen förmlichen Cercle und erklärte,
selbst ein lächerlicher alter Stutzer, seinen Günstlingen den
richtigen Schnitt eines Frackes, den besten Bürstenstrich für
Seidenhüte, die damals aufkamen, die Vorzüge der ver=
schiedenen Toilettenseifen. Uns arme Teufel, die wir nicht
modisch gekleidet gingen, behandelte er mit empörender
Geringschätzung. Nicht genug daran. Der Tropf hatte
einmal die Phrase vom Prokrustesbett gehört und sich in
dieselbe blind verliebt. Das Gleichnis des Prokrustesbettes
würzte jede Vorlesung. Das war mir zu arg. Leise für
mich hatte ich schon mehrere Tage, wie oft das Prokrustes=

bett von ihm aufgeschlagen wurde, gezählt. In der fol=
genden Vorlesung zählte ich halblaut und als im Laufe von
wenigen Minuten das Prokrustesbett dreimal sich zeigte,
rief ich ganz laut: „Zum dritten und letzten Mal!" packte
meine Hefte zusammen und verließ den Hörsaal. Später
vernahm ich, daß er mir eine gar schlimme Nachrede ge=
halten und mich als Schandfleck der Universität denunziert
hatte.

Mein Juristendasein hatte drei Wochen gewährt. Aber=
mals war ich auf Privatstudien angewiesen. Leider war
Exner nach Wien übersiedelt, um dort an der endlich be=
schlossenen Studienreform für Universitäten und Gymnasien
teilzunehmen. Doch fand sich bald ein anderer Stützpunkt
in der Person des Dr. Smetana, eines Priesters des Kreuz=
herrnordens, der aber gleichzeitig ein Universitätsamt be=
kleidete. Smetana war gewissermaßen der Erbe Exners
geworden. Er hatte zuerst als sogenannter Adjunkt des=
selben fungiert, mit der Verpflichtung, philosophische Re=
petitorien wöchentlich ein= bis zweimal zu leiten, dann nach
Exners Abgang die Vorlesungen provisorisch übernommen.
Bereits in den Repetitorien war ich ihm näher getreten.
Aus dem „Geistersaal" des alten Heidelberger Paulus
hatte ich über den äußern Verlauf der neuern Geschichte
der Philosophie, namentlich über die Streitigkeiten zwischen
Fichte und Schelling, allerhand Notizen aufgeschnappt, die
ich in meinen Antworten und schriftlichen Arbeiten gebüh=
rend verwertete. Diese bei einem Prager Studenten wahr=
scheinlich nicht häufigen Kenntnisse erregten Smetanas Auf=

merksamkeit und führten zu einem persönlichen Verkehre. Nichts war natürlicher, als daß ich ihn an Exners Stelle als Ratgeber erkor. Wie erstaunte ich, als ich aus seinem Munde nach und nach gar harte Urteile über Herbarts System vernehmen und daß dasselbe mit Recht in Deutsch= land kaum beachtet werde, kaum vereinzelte Anhänger zähle, erfuhr. Da sei die Hegelsche Philosophie, wenn sie auch nicht die Wahrheit enthalte, von ganz anderem Schwunge und ungleich großartigerer Bedeutung. Diese müsse ich gründlich studieren, überhaupt über die Entwickelung der Philosophie seit Kant mir volle Klarheit verschaffen. Nicht ein Einzelsystem, sondern die offenbar gesetzmäßige Auf= einanderfolge der Systeme biete den Schlüssel zur wahren spekulativen Erkenntnis. Er lud mich ein, mit ihm und einem seiner Freunde gemeinsam die Hauptwerke Hegels zu lesen. Seine Wohnung befand sich in dem prächtig am Moldauufer gelegenen Kreuzherrenkloster, in welchem ich nun in den Jahren 1843 und 1844 fast täglich mehrere Nachmittagsstunden zubrachte. So kam ich wieder in eine ähnliche Umgebung, wie in meinen Kinderjahren.

Vieles fand ich bei den Kreuzherren gerade so, wie in dem Stifte Strahof, die gleiche Handwerkmäßigkeit in dem Erfassen der kirchlichen Pflichten, die gleiche Geringschätzung des geistlichen Standes, dieselbe Versunkenheit in materielles Leben und — wofür mir erst jetzt die Augen aufgingen — dieselbe Sittenlosigkeit. Da gab es Priester, welche schon am Morgen nach dem Speisezettel sich erkundigten und, wenn er nach ihrem Sinn war, laut die zu erwar=

tenden Genüsse von Zelle zu Zelle verkündigten. Andere
vertrieben sich die Zeit bei Kartenspiel und Bier, noch
andere lauerten den Küchendirnen auf und priesen unver-
schämt die Reize der Klosterköchin, welche wegen ihrer
imposanten Figur bei allen Insassen den Namen Maria
Theresia führte und mit vielen der jüngeren Kleriker in
einem Liebesverhältnisse stand; fast alle waren darin einig,
den kirchlichen Dienst als eine langweilige, unwürdige
Knechtsarbeit zu betrachten. Wohl gab es auch ernstere,
besser gesinnte Männer in der Klostergemeinde. Diese
waren durchgängig von einem politischen und religiösen
Radikalismus angehaucht. Es war ein katholisches Kloster,
aber gläubige Katholiken waren darin die letzten, welche
man suchte und fand. Zu den Ungläubigsten und Ra-
dikalsten gehörte Smetana. Seltsame Wandlungen hatte
der Mann durchgemacht. Als Sohn eines Prager Küsters
lebte er von Kindheit an fast nur in der Kirche und für
die Kirche. Strengste Gläubigkeit erfüllte seine Seele und
steigerte sich in seinen Jünglingsjahren bis zu einer mystischen
Frömmigkeit. Er erzählt selbst in seiner lesenswerten Auto-
biographie, wie er vor Marienbildern in Verzückung kniete
und in Andacht und Hingebung an die himmlischen Heiligen
sich förmlich aufgelöst fühlte. In den geistlichen Stand zu
treten war sein höchster Wunsch, ein frommer Kloster-
bewohner, der frei von weltlichen Sorgen, nur der Religion
diente, sein Ideal. Der Wunsch wurde erfüllt, Smetana
in seinem neunzehnten Jahre in den Orden der Kreuzherren
aufgenommen. Hier entrollte sich ein ganz anderes Bild

vor seinen Augen. Gar bald entdeckte er die schlimmen
Seiten des Klosterlebens, die sittliche Verwilderung oder
geistige Beschränktheit der Brüder, die Hohlheit der kirchlichen Einrichtungen. Er zerfiel mit seinem Stande und
verfluchte seinen Beruf, besaß aber doch nicht die Thatkraft,
demselben rechtzeitig zu entsagen. Bereits hatte sich seiner
der in Klöstern rasch wuchernde Quietismus bemächtigt. Er
hatte keine Nahrungssorgen; eine reiche Muße stand ihm zur
Verfügung, und was ihm in seinen geistlichen Pflichten lästig
oder widersinnig erschien, hoffte er sanft dadurch abschütteln zu
können, daß er nicht zur praktischen Seelsorge, sondern zu einem
Lehramt an der Universität, wie so mancher Ordensbruder,
bestimmt wurde. Er warf sich auf das Studium der Philosophie, erwarb auch nach einigen Jahren den Doktorgrad und
erhielt eine provisorische Anstellung an der philosophischen
Fakultät. Freilich war das Studium Spinozas, Kants und
Hegels nicht geeignet, ihn mit seinem Stande innerlich aus-
zusöhnen. Er rettete sich aus der Verwilderung der Sitten
und aus der gemeinen materiellen Auffassung des Lebens,
er gab aber dafür den Glauben an die katholischen Dogmen
preis und zerschnitt auf diese Art das letzte Band, das ihn
an die Ordensgemeinschaft geknüpft hatte. Im Kloster besaß
Smetana keinen Freund, kaum einen Bekannten —, wie
ein Fremdling wanderte er unter den Genossen herum, die
ihn nicht verstanden, auch um seine größere Freiheit be-
neideten, und allgemein, da er ihre Vergnügungen nicht
teilte, als einen hochmütigen, ungenießbaren Menschen
haßten. Um so eifriger war er bemüht, sich außerhalb

des Klosters Freunde und Anhänger zu erwerben. Bald sammelte sich ein Kreis junger Männer um ihn, welche, von liberalen Anschauungen erfüllt, namentlich in der Anlehnung an die zwar polizeilich verpönte, aber doch auf Hintertreppen leicht zugängliche jungdeutsche und junghegelsche Litteratur das Heil für ihre freiheits- und wissensdurstigen Seelen zu finden hofften. Smetanas bester Freund und eifrigster Besucher war ein czechischer Schauspieler und Dichter, Georg Kolar, derselbe, welchen mir Smetana als dritten Teilnehmer an unsern Hegelstudien bezeichnet hatte.

Auf komische Art war Smetana zu diesem Freunde gekommen. Er besuchte eifrig das Theater, nicht das deutsche, da die Vorstellungen auf der deutschen Bühne in die späten Abendstunden fielen, wo die Klosterpforte schon geschlossen war, sondern das czechische Theater, welches Sonntags in den Nachmittagsstunden spielte. Als erste Liebhaberin war Frau Kolar engagiert, in der That eine Zierde der czechischen Bühne, welcher sie seit ihren Mädchenjahren angehörte und welcher zuliebe Freund Kolar den Juristenberuf mit dem eines Schauspielers vertauscht hatte. In Frau Kolar war Smetana, eine leicht entzündliche, überspannte Natur, sterblich verliebt. Sie bloß aus der Ferne bewundern zu dürfen, genügte ihm nicht. Eines schönen Tages suchte er den Gatten auf, um ihm mitzuteilen, daß er die Frau anbete und deshalb auch mit dem Manne Freundschaft zu schließen wünsche. Kolar sah den seltsamen Bittsteller staunend an. Smetana mit seiner Mulattenfarbe, seinen häßlich aufgeworfenen Lippen, mit seinem stark ge-

3*

wölbten Rücken, seiner vorgebeugten Haltung und blöden
Bewegung kam ihm nicht als gefährlicher Rival vor. Die
Offenheit des Bekenntnisses imponierte ihm. Er ging auf
Smetanas Anerbieten ein, zog aber doch vor, statt ihn bei
sich zu empfangen, ihn lieber in der Klosterzelle aufzusuchen,
deren häufigster Gast er wurde.

Die Lesestunde kam in Gang. Der eifrigste und für
Hegel empfänglichste Leser war Kolar. Er konnte sich in
einen wahren Rausch hineinlesen. Wir hatten mit der
„Phänomenologie des Geistes" begonnen. Bei einzelnen
Stellen, in welchen der dialektische Prozeß so recht kühn
und hoch wogte, die souveräne Gewalt des Absoluten sich
insbesondere deutlich zeigte, da litt es ihn nicht auf dem
Stuhl; er sprang auf den Tisch (wir ihm nach) und de=
klamierte mit tönender Stimme halbe Seiten. Ein paar=
mal in der Woche vergrößerte sich unser Kreis. Kolar
führte mehrere Schauspieler ein, welche das gute Bier
vielleicht noch stärker lockte wie unsere Unterhaltung. Ein
junger, feuriger Arzt, Dr. Zimmer, welcher nachmals die
Teilnahme am Stuttgarter Rumpfparlamente mit mehr=
jähriger Haft büßen mußte, gesellte sich zu uns, ebenso
einzelne Studiengenossen Smetanas. Mir ist namentlich
ein junger Rechnungsbeamter Fritsch erinnerlich, welcher
seine Mußestunden mit meteorologischen Studien ausfüllte
und später Direktor der meteorologischen Lehranstalt in
Wien wurde, und dann ein gutmütiger Geselle, namens
Nahlowsky. Dieser schwärmte gleichmäßig für Herbart
und Beethoven, kam aber wiederholt mit seinen Idealen

in Konflikt, da er die Programmmusik liebte, welche na=
mentlich nach Herbarts ästhetischen Lehren ein Unding ist.
Er wurde von uns arg gehänselt und wegen seines furcht=
samen, fast kriechenden Wesens verspottet. Auch ein Po=
lizeispion weilte unter uns. Zufällig erfuhren wir in
späterer Zeit, daß die Polizei von unserm Treiben genau
unterrichtet war, und welche politische Ansichten von jedem
Einzelnen von uns verteidigt wurden, genau wußte. Den
falschen Freund haben wir niemals erraten.

Über Jahr und Tag hatte bereits das gemeinsame
Hegelstudium gedauert. Es mußte in mir noch ein Stück
Herbartschen Sauerteiges zurückgeblieben sein, welches mich
immer an der Wahrheit der Hegelschen Lehren zweifeln
machte. Ich gestand Smetana, als ich eines Tages mit
ihm allein war, offen meine geringe Befriedigung. Da
öffnete er behutsam die Thür, sah sich sorgfältig um, ob
niemand auf der Flur lausche, verschloß dann mit dem
Schlüssel die Thür und zog aus einem Schranke ein großes
Papierheft heraus: Hier ist die Wahrheit, hier ist die
Lösung aller Rätsel! Mit leuchtenden Augen und in be=
geisterten Worten erzählte er mir, auch er hätte lange ge=
irrt und geschwankt, bald diesem, bald jenem Philosophen
sich zugeneigt, endlich aber durch eigenes Nachdenken das
Weltsystem begriffen und die Entwickelung der äußern und
innern Welt von den Nebelflecken bis zum absoluten Geiste
ergründet. Die Papiere, die er in den Händen halte,
wären sein größter Schatz, aber auch für die Menschheit
von höchstem Werte, denn wenn er sein System publiziere,

dann habe es mit der Philosophie für immer ein Ende,
werde endlich die reine Wahrheit jedermann zugänglich
sein. Diesen Schatz zu hüten, müsse ich ihm helfen. Die
Originalhandschrift könne leicht durch Feuer gestört, oder
ihm im Kloster entwendet werden. Er wolle mir daher
den Text diktieren und die Abschrift an einem sichern Ort
bewahren. Ich war kaum zwanzig Jahre alt und wollte
so gern die Wahrheit wissen. Wie hätte ich nicht dem
Manne glauben sollen, aus dessen Worten eine so uner-
schütterlich feste Überzeugung sprach und welcher mit so
vornehmer Ruhe über den Erfolg seines Werkes urteilte.
Freudig willigte ich ein und pilgerte von nun auch täglich
in den frühesten Morgenstunden nach dem Kloster, um „den
Geist, seine Entstehung und Vernichtung", so lautete der
Titel des Werkes, kennen zu lernen. Das mechanische
Geschäft des Nachschreibens förderte das Verständnis nicht
sonderlich, aber auch als ich später die einzelnen Kapitel
im Zusammenhang durchlas, blieb ich vor einem ver-
schlossenen Thore stehen. Das Buch machte auf mich den
Eindruck, als wären in merkwürdiger Weise katholisch-
mystische Phantasieen mit Hegelschen Ideen vermischt. Die
Zwischenalter, in welchen die eigentliche Weltentwickelung
wie hinter der Scene vor sich ging (zwischen dem Mineral
und dem Pflanzenreich) statuierte Smetana ein jenseitiges
Übermineralreich, welches den Übergang vom Stein zur
Pflanze vermittelte und so ähnlich), erschienen mir als
kümmerlicher Notbehelf, die Auflösung der Menschheit in
Geister, die im Lichte aufgehen, in eine einzige dumpfe

Empfindung sich verflüchtigen, erinnerte an buddhistische
Träume. Ich wurde stark ernüchtert. Dazu trug wesent=
lich der Umstand bei, daß meine Studien allmählich eine
festere Richtung angenommen hatten. Von Hegels Schriften
hatte mich die Ästhetik und Philosophie der Geschichte am
meisten gefesselt. Auf diesem Grunde wollte ich weiter
bauen, zunächst Material sammeln und mit den historischen
Thatsachen bekannt werden. Was ich an Büchern über die
Geschichte und Kultur des alten Orients und der Antike
auftreiben konnte, -- natürlich waren es meistens Quellen
zweiten und dritten Ranges — wurde eifrig studiert und
excerpiert. Als ich dann daran ging, aus den vielen hun=
dert Bogen von Auszügen und Notizen einzelne Abhand=
lungen über die Stellung Chinas, Indiens, Vorderasiens,
Griechenlands in der Weltgeschichte zusammenzustellen, da
fielen gar bald die Schilderungen der landschaftlichen Natur,
der Politik und Litteratur wie Spreu zu Boden. Ich
merkte, mit der Ausdehnung der Stoffkreise wachse in be=
denklicher Weise die Oberflächlichkeit der Behandlung. Nur
die Studien über die Kunstentwickelung hafteten fest und
nahmen immer mehr mein ausschließliches Interesse in An=
spruch. Die Bilderfreude aus meinen Kinderjahren erwachte
mit neuer Stärke und half mir, die historische Betrachtungs=
weise fruchtbar und genußreich zu machen. Diesen Studien
bin ich seitdem, wenn nicht politische Ereignisse störend da=
zwischen traten und meine Thätigkeit zeitweise in andere
Bahnen lenkten, immer treu geblieben.

5. Auf eigenen Füßen.

— —

Solange ich im Hause Gschirhackls lebte, kümmerten mich die materiellen Verhältnisse wenig. Ich fand täglich auch für mich den Tisch gedeckt und freundliche Pflege in gesunden wie in kranken Tagen. Familienfreuden hatte ich zwar im Hause, wo stets Krankheit herrschte, selten genossen, aber dennoch mich niemals allein und verlassen gefühlt. Das änderte sich mit einem Schlage, als die Witwe Gschirhackl starb, das Haus sich auflöste und gleichzeitig die mir bis zum zwölften Jahre bewilligte Klosterpension aufhörte. Dieselbe bestand, wie bei allen von Klosterbeamten hinterlassenen Kindern, aus einem reichlichen Naturaldeputat, Holz, Korn, Butter (selbst der Weihnachtstisch und das Osterbrot fehlten nicht) und ersetzte größtenteils das Kostgeld. Nun mußten mein Bruder und ich sehen, wie wir mit dem kleinen, von den Eltern geerbten Vermögen auskamen. Nähere Verwandte besaßen wir nicht, Freunde ebensowenig. In der ganzen Stadt gab es nicht eine Seele, welche sich um uns gekümmert hätte. Der von der Behörde ernannte Vormund, ein wildfremder, ungebildeter Mann, seines Zeichens ein Hufschmied, verwaltete bloß die

Zinsen des väterlichen Vermögens und sorgte dafür, daß sie uns in regelmäßigen Raten ausgezahlt wurden. So waren wir auf uns allein angewiesen. Die nächste und schwerste Aufgabe war, ein neues Kosthaus für uns zu entdecken. Mein Bruder durchstöberte wochenlang alle Winkelgassen der Altstadt, wo die meisten Studentenwohnungen lagen, bis er endlich, hart an der Judenstadt, einen alten Tischlermeister fand, der sich gegen mäßiges Entgelt erbot, uns in Kost und Wohnung zu nehmen. Der Zufall war uns günstig gewesen. Der alte Wrba erwies sich als ein kreuzbraver Mann, welcher weit mehr an uns that, als seine Pflicht erheischte. Er erlaubte uns, in seiner Wohnstube zu arbeiten, da unser Stübchen keinen Ofen besaß. Er erging sich gar — er hatte als Soldat gegen Napoleon gekämpft und seitdem für die Weltbegebenheiten einen regen Sinn bewahrt — in politischen Gesprächen mit uns und sprach den Dank dafür, daß wir ihm bei seinen Rechnungen und Überschlägen halfen, nicht nur durch Worte, sondern durch Thaten aus. Der Mann hatte sich aus den niedrigsten Verhältnissen zu einer gut geordneten Stellung aufgeschwungen, erst in späten Jahren Lesen und Schreiben gelernt. Da imponierte ihm freilich unser Bücherreichtum und unsere Schreibfertigkeit. Wir waren in seinen Augen Gelehrte, die mit Achtung behandelt werden mußten. Leider vergrößerte sich sein Geschäft, auch unser Stübchen wurde mit einer Hobelbank besetzt und wir zur Auswanderung gezwungen. Wir versuchten unser Glück noch einmal bei einem Barbier, einem Klempner, einem jüdischen Krämer. Doch nirgends

fanden wir eine ähnlich freundliche Aufnahme. Alle moralischen Erniedrigungen und materiellen Entbehrungen, welche
rohe, auf Ausbeute ihrer Kostgänger erpichte Menschen auf-
erlegen können, hatten wir bis zum letzten Tropfen durch-
gekostet.

Für Obdach und notdürftige Leibesnahrung war durch
unser väterliches Erbe gesorgt. Wollten wir für Vergnügungen
und Büchereinkäufe Geld haben, so mußten wir es selbst
erwerben. Dazu gab es nur einen Weg: Stundengeben!
Große Ansprüche konnte ich vierzehnjähriger Knabe nicht
machen, aber auch bescheidene Anforderungen lockten lange
Zeit keinen Schüler, bis endlich ein alter Schustergeselle
mir seinen kleinen Enkel, ein siebenjähriges Kind, anvertraute.
Ich sollte ihm die Kunst des Buchstabierens beibringen
und durfte dafür eines Monatssoldes von einem Gulden
gewärtig sein. Auf diese Weise vergrößerte sich unser Geld-
schatz freilich langsam. Ich empfing aber bald noch andere
Schüler zugewiesen, mein Bruder war gleichfalls ein in kleinbürgerlichen Kreisen beliebter Privatlehrer oder „Informator",
und einzelne außerordentliche Einnahmen stellten sich auch
ein. So spielte mein Bruder in Handwerkerfamilien, wenn
sie sich am Karneval erlustigten, zum Tanze auf, ich stellte
einzelnen Gewerbetreibenden die Jahresrechnungen zusammen.

Sobald wir über eine größere Summe verfügten, eilten
wir, den alten Herzenswunsch zu befriedigen und schafften
uns Schillers sämtliche Werke an. Natürlich ungebunden.
Ein gebundenes Buch zu kaufen oder vom Buchbinder ein-
binden zu lassen, wäre uns eine arge Verschwendung er-

schienen. Wir hatten nicht umsonst stundenlang vom Straßenfenster aus in die Werkstätten der Buchbinder geguckt, um ihnen ihre Kunstgriffe abzulernen. Eine Heftlade war bald improvisiert, eine alte Presse von dem Tröbler erworben und so machten wir uns unverzagt an die Arbeit. Schön sahen die Bücher nicht aus — ich besitze noch jetzt einzelne Proben meiner Buchbinderkunst — aber die Bogen hielten zusammen und, was das Wichtigste war, wir sparten Geld, das wir für neue Büchereinkäufe verwenden konnten.

Damals 1840—1843 begann die czechische Litteratur ein regeres Leben zu entfalten. Mein Bruder, welcher unter seinen Studiengenossen mehrere czechische Litteraten zählte, überhaupt einen stark ausgeprägten Lokalpatriotismus besaß, trug der nationalen Bewegung ein großes Interesse entgegen. Mir lag zwar die Sache ferner, doch plagte auch mich die Neugierde, die neuen Bücher und Zeitschriften, von welchen ich so viel sprechen hörte, näher kennen zu lernen. Der Vorschlag, uns auf die beliebtesten czechischen Wochen- und Monatsschriften (Kwety, Blüten, und Wlastimil, Vaterlandsfreund) zu abonnieren, hatte meinen vollen Beifall. Der Einblick in das czechische Litteraturtreiben war lehrreich, aber wenig erfreulich. In dem Betriebe der Zeitschriften herrschte die größte Unordnung. Die Wochenschriften erschienen regelmäßig einige Tage, die Monatsschriften einige Wochen später, als die Ankündigung lautete. Einige Stunden mußte man namentlich im Buchladen, in welchem die Kwety expediert wurden, warten, ehe

man die feuchten Abdrücke empfing. Dafür bot sich Gelegenheit zur Bekanntschaft mit czechischen Litteraten, welche
zur Winterszeit sich gern im geheizten Buchladen einzufinden
pflegten und dort ihre Interessen besprachen. So hatte
ich mir nicht Schriftsteller, ideale Führer eines Volkes vorgestellt. Meistens waren es schäbige Gesellen, welche ihre
Thätigkeit als reine Handwerksarbeit auffaßten und stets
über die schlechte Entlohnung schimpften, verunglückte Theologen oder Juristen, welche zur Litteratur nur als Notnagel
bis auf bessere Zeiten gegriffen hatten und in ihren Genossen die brotverkleinernden Konkurrenten haßten. Der
Inhalt der Zeitschriften entsprach der Persönlichkeit der
Verfasser. Die lyrischen Beiträge mochten einen Funken
von Poesie besitzen. Aber gegen die Lyrik verhielt sich
meine Natur immer spröde. Ich habe nie ein Gedicht ver-
faßt; ich war nicht einmal im stande, ein Lied mir wort-
getreu zu merken, obschon ich sonst mich eines trefflichen
Gedächtnisses erfreute und lange Reden und Abhandlungen
mit der größten Leichtigkeit auswendig lernte. Alle übrigen
Beiträge stießen durch Trivialität und Geistlosigkeit ab, und
führten mich nur auf ein noch eifrigeres Studium der
deutschen Litteratur zurück. Als ich vollends durch Freund
Kolar, der selbst czechischer Dichter war, in die intimen
Verhältnisse der czechischen Schriftstellerwelt eingeweiht
wurde, verlor ich auch den letzten Rest des Interesses an
dem nationalen Treiben. Mit bitterem Humor erzählte
Kolar, daß ihm für die Übersetzung einer Shakespeareschen
Tragödie ein Mittagessen als Honorar angeboten wurde,

und wie der Verleger, der an Kolars Mienen eine geringe Befriedigung merken mochte, sich beeilte, noch eine Flasche Melniker Wein als Extrahonorar zu versprechen. Drastisch waren seine Schilderungen von den Gönnern der czechischen Belletristik, ehrsamen Müllern und Holzhändlern, welche nie dazu gebracht werden konnten, im Schriftsteller etwas anderes, als einen Hanswurst oder einen Schmarotzer zu erblicken.

Wir hatten allmählich eine ganze Reihe von Kosthäusern probiert, waren aber in jedem neuen schlechter gefahren. Da faßten wir den kühnen Entschluß, uns zu emancipieren; wir wollten einfach eine Stube mieten, uns aber, auf eigenen Füßen, in irgend einem Wirtshaus verköstigen. Zunächst — es war gerade ein schöner Frühlingstag — einigten wir uns, bis zum Herbst eine Wohnung vor dem Thore zu beziehen, also die Freuden einer echten Villegiatur zu genießen. Die passende Wohnung, ein kleines Parterre= zimmer, in der unmittelbaren Nähe eines großen öffentlichen Gartens (Canalscher Garten), ungefähr eine Viertelstunde von der Stadt entfernt, war bald gefunden, auch die Übersiedelung rasch vollendet. Wir besaßen nur ein altes Klavier — noch ein Erbstück aus dem elterlichen Hause, unsere Betten, ein Büchergestell und eine große Kleiderkiste. Den Tisch und zwei Stühle borgten wir vom Tröbler, einige Töpfchen und Teller schenkte uns eine mitleidige Seele. Wir schwelgten im Vorgefühle köstlicher Sommer= freuden. Wie prächtig würde sich in dem großen Garten in den Morgenstunden lesen und studieren lassen, wie süß am Abend unter den alten Bäumen bei Mondenschein träumen. Nur zu bald kam die Enttäuschung. Damals rechnete man in kleinbürgerlichen Kreisen noch vielfach nach der sogenannten Wiener Währung und nicht nach dem offiziellen $2\frac{1}{2}$ Prozent höhern Konventionsfuße. Mein guter Bruder hatte selbstverständlich angenommen, daß die Miete in Wiener Währung gezahlt werden solle, und war daher nicht wenig überrascht, ja entrüstet, als der Wirt die Zahlung in Konventionsmünze forderte. Es half nichts, wir mußten bezahlen und die Differenz auf unser ohnehin knapp bemessenes Eß= und Trinkbudget nehmen. Dann hatten wir auf steten Sonnenschein und ewigen blauen Himmel gerechnet. Der Sommer 1843 war aber gerade regnerisch und brachte uns dadurch in die größte Not. Die benachbarte Restauration blieb an Regentagen geschlossen, in die Stadt aber zu wandern, wo sich unsere Wege trennten, war jedesmal nur einem von uns gestattet, da wir bloß einen Regenschirm besaßen. Abwechselnd fror und hungerte der eine in der feuchten Stube, bis der andere zurückkehrte und mit dem mitgebrachten Brot und Wurst den Hunger des unfreiwilligen Einsieblers stillte. Unsere Gesundheit wurde durch diese Lebensweise arg gefährdet. Mein Bruder, der die Nachwehen eines schweren Typhus niemals ganz überwunden hatte, begann zu siechen. Ich selbst magerte sichtbar ab und verlor alle Verdauungskraft. Da kam unverhofft Erlösung. Zu gleicher Zeit wurden uns Hauslehrerstellen angetragen. Mein Bruder übernahm die Erziehung eines Neffen der Gräfin Zweert=

Sport, eines verwaisten Knaben von abenteuerlicher fran=
zösischer Herkunft, ich übersiedelte in das Haus einer der
angesehensten bürgerlichen Familien, wo ich bereits seit
einiger Zeit befreundet war und als Stundenlehrer fun=
giert hatte.

4. Die neue Familie.

Bei meinem Abgang vom Gymnasium hatte der alte brave Swoboda dafür Sorge getragen, daß mir durch Stundengeben reichlichere Einnahmen zuflossen. Er empfahl mich dem Grafen Waldstein, der für seinen zweiten, gleichfalls zur Universität abgehenden Sohn einen Korrepetitor in Mathematik und Philosophie suchte. Das Honorar war glänzend und die Aufgabe wäre auch recht lohnend gewesen, wenn nur mein Zögling, ein stattlicher junger Mensch, der mich um eine Kopflänge überragte, nicht so stumpf und unwissend gewesen wäre. Seine Erziehung hatte bisher, nach der allgemeinen Gewohnheit in hochadligen Familien, ein Priester geleitet, und nach der leider ebenfalls allgemeinen Gewohnheit in diesen Häusern, ihm den Katechismus und knapp die elementaren Kenntnisse beigebracht. Zu meinem Schrecken entdeckte ich, daß der junge Graf nicht einmal orthographisch schreiben könne und durch den Mangel an Denkübung durchaus unfähig sei, den einfachsten mathematischen Satz zu begreifen oder einem logischen Schlusse zu folgen. An seinem Durchfallen im Examen war ebenso wenig ein Zweifel, wie daß mir die

Verantwortung dafür werde aufgebürdet werden. Den
Entschluß, rechtzeitig diese Stellung aufzugeben, beschleunigte
noch die Demütigung, welcher mich mein Zögling, gewiß
gegen seinen Willen, aussetzte. Meine Kleidung mag ihm,
was sie auch gewiß war, zu dürftig und unmodisch er=
schienen sein, er bot mir aus seiner Garderobe einen ab=
getragenen Leibrock an und zwar in Worten, die mir
deutlich zeigten, daß er dazu von der gräflichen Umgebung
veranlaßt worden sei. Im geschenkten Rocke dem Schüler
gegenüberzusitzen, wäre mir unerträglich gewesen, meine
eigenen Kleider erschienen offenbar für die vornehme Ge=
sellschaft unpassend; darüber, was ich zu thun habe, konnte
ich keinen Augenblick zweifeln. Ich verzichtete auf die
Stellung in demselben Augenblick, in welchem mein Zög=
ling erklärte, er wolle nicht studieren, meine Dienste also
ohnehin überflüssig geworden waren. Im äußern Leben
hat ihn übrigens sein Entschluß nicht zurückgebracht. Er
avancierte früher zum General, als ich zum Professor.

Der alte Swoboda, dem ich meine Erfahrungen mit=
teilte, billigte, was ich gethan und versprach mir einen
andern, wie er lächelnd meinte, meinem Stolze besser zu=
sagenden Platz. Zu den vornehmsten und geachtetsten
Bürgerhäusern in Prag gehörte jenes des Doctor Czermak.
Czermak, dessen Vater bereits eine stattliche Klientel be=
sessen, war Hausarzt in zahlreichen adeligen Familien, in
vielen derselben auch der intime Berater und Hausfreund.
Die Praxis und die vielen Verpflichtungen nahmen seine
Zeit vollständig in Anspruch und zwangen ihn, die Leitung

des auf großem Fuße eingerichteten Hauses, die Erziehung
der Kinder ausschließlich der Gattin zu übertragen. Sie
konnte in keine besseren Hände gelegt werden. Eine sorg-
samere, ausschließlich auf das Wohl ihrer Kinder bedachte
Mutter gab es nicht. Vom Morgen bis zum Abend war
die rechte Erziehung und Ausbildung der Kinder ihr Haupt-
gedanke; selbst in der Nacht ruhte sie nicht und spann halb
im Traum Pläne, wie sie die Laufbahn ihrer Söhne ebnen
und glätten könnte. Vom Vater, einem für Kunst und
Wissenschaft begeisterten Manne, welcher den Tag über die
Rechnungen des gräflich Thunschen Hauses revidierte, in
seinen Mußestunden aber ausschließlich mit Gelehrten und
Künstlern, besonders Malern verkehrte, hatte sie den Bil-
dungsdrang geerbt. In ihrer Jugend durfte sie denselben
nicht befriedigen. Wollte sie nach einem Buche greifen, so
wurde sie von der Stiefmutter in die Küche oder an den
Nähtisch gewiesen. Ihre Kinder sollten es besser haben,
nicht in späteren Jahren Klage führen, daß ihnen im Eltern-
hause die Quellen allseitiger Bildung verschlossen gewesen.
Um sie anzuspornen, nahm sie an den Unterrichtsstunden
selbst teil, sammelte gelehrte und geistreiche Männer in
ihrem Hause und gab selbst den Spielen gern einen lehr-
haften Charakter.

Zunächst wurde ich nur als Stundenlehrer aufgenommen.
Der zweite Sohn Hans, nachmals als Physiologe und Er-
finder des Kehlkopfspiegels in weiten Kreisen berühmt, war
als einer der besten Schüler in die obersten Gymnasial-
klassen aufgerückt, fand sich hier aber in der Lehrweise des

alten Swoboda nicht gleich zurecht. Da empfahl mich der
übertrieben besorgten Mutter mein Gönner als sogenannten
Repetenten. Rasch wurde Hans in die Eigenheiten des
Lehrers eingeweiht und mit dessen gelehrten Manieren
vertraut gemacht. Gar bald blieb uns nach der Vorbereitung für die Schule noch Zeit übrig, um deutsche Dichter
zu lesen, oder im vierhändigen Klavierspiel uns zu üben.
Nach der in Österreich herrschenden Sitte wurde auch in
Czermaks Hause auf die musikalische Ausbildung der Kinder
ein großes Gewicht gelegt, der Unterricht im Klavierspiel
mit mindestens gleichem Ernst und Eifer getrieben, wie
der lateinische. Daß ich auch hier brauchbare Dienste leisten
konnte, verbesserte nicht wenig meine Stellung im Hause.
Der Stundenlehrer verwandelte sich allmählich in einen
Familiengenossen. Hans war drei Jahre jünger als ich, er
wurde mein guter Kamerad; dem zwölfjährigen Jaroslav,
einem kränklichen, aber allzeit zu Schelmenstreichen aufge-
legten Knaben, dessen großes Zeichentalent sich bemerkbar
machte, stand ich halb als Mentor, halb als Spielgenosse
zur Seite. Ein neues Leben ging mir auf. Endlich
schien der Bann des Verwaistseins gebrochen, endlich ein
fester Zusammenschluß mit lieben Menschen gewonnen.
Glückliche Tage, wie ich sie niemals gekannt, kaum geahnt,
brachen für mich an. Die Hauptquelle meines Glücks war
Frau Czermak, oder „die Mama“, wie ich sie bald nennen
durfte. Mit begeisterter Verehrung, mit förmlicher Andacht
hing ich an ihr, bereit, für sie jedes Opfer zu bringen,
mich ihrem Dienste ganz zu widmen. Zartfühlend ging

sie gleich von allem Anfang auf meine Verhältnisse ein,
teilnehmend ließ sie sich von meiner trüben Vergangenheit
erzählen Sie sprach mir liebreichsten Trost zu, weckte
meinen Mut und zeigte mir sonnige Tage im Spiegel der
Zukunft. Ich brauche mich nicht mehr verlassen und aus
der Gesellschaft wie ausgestoßen zu fühlen, sie wollte
mütterlich für mich sorgen, als Pflegesohn mich annehmen,
natürlich müsse ich ihr aber auch das Recht zum Tadel ein=
räumen, wenn ich dazu Anlaß böte. Und dieses Recht nahm
sie eifrig für sich in Anspruch. Verfiel ich, was damals
häufig geschah, in Trübsinn, so rüttelte sie mich kräftig
zusammen, ließ ich es an guter äußerer Haltung fehlen,
so konnte ich einer scharfen Mahnung sicher sein. Noch
heute erinnere ich mich lebhaft, als mir Mama einmal bei
der Mahlzeit, in Gegenwart vieler Gäste, über den Tisch
zurief: „Aber, Springer, Sie schnappen schon wieder zu=
sammen, wie ein Taschenmesser!“ Jaroslav karikierte so=
fort meine Stellung, die anderen Jungen lachten, der Haus=
herr war selbst in einiger Verlegenheit. Aber Mama
wandte gleich die Sache zum Guten, indem sie erzählte,
ich hätte nie eine Mutter gehabt, die mich auf diese Dinge
aufmerksam gemacht hätte, und da thue sie es an ihrer
Stelle. Ich schämte mich, gab seitdem besser Achtung auf
mich und blieb ihr im Herzen für die freundliche Rüge
dankbar. Die Abendgesellschaften allein, zu deren Besuch
mich Mama gleichfalls aus pädagogischen Gründen ver=
pflichtete, warfen einen leichten Schatten auf mein Glück.
Einen Frack, grün mit großen Hornknöpfen, hatte ich mir

zwar zusammengespart, zum Besitze aber von Gummischuhen mich noch nicht aufzuschwingen vermocht. Wie sollte ich aber an regnerischen Winterabenden in den Salon treten, ohne die Spuren des langen schmutzigen Weges mitzuschleppen. Ich steckte meine Kleider- und Stiefelbürste, einen kleinen Napf mit Schuhwichse und einen Pinsel in die Manteltasche, vermied nach Kräften alle Pfützen, und begann auf der Treppe des Czermakschen Hauses meine Gesellschaftstoilette, nicht auf der Haupttreppe des palastartigen Gebäudes, sondern auf einer stillen, glücklicher Weise beleuchteten Hintertreppe. Geduldig wartete ich ab bis an Beinkleid und Stiefeln der Koth getrocknet war, bewaffnete meine Hände mit alten dicken Handschuhen und wichste und rieb und bürstete, bis mir die Treppenlampe von meinem Untergestelle ein reinliches Bild zurückwarf. Sorgfältig verpackte ich mein Handwerkszeug in der Manteltasche, zog in Benzin gesäuberte helle Handschuhe an und eilte über die Haupttreppe in den hell erleuchteten Salon. Mit schrecklichem Herzklopfen legte ich im Vorzimmer den Mantel ab. Denn, welches Hohngelächter würde erschallen, wenn der Zufall aus der Manteltasche meine Bürste und Tiegel geschüttet hätte. Diese Furcht vergällte mir den ganzen Genuß der Gesellschaft, der ohnehin ziemlich mäßig war.

Die gute Mama hielt daran fest, daß an ihrer Gesellschaft auch die halbwüchsige Welt teilnehme. Sie wollte ihre Kinder frühzeitig mit den feineren geselligen Formen bekannt machen, glaubte auch, daß deren Anwesenheit die Lust der Erwachsenen, sich in frivolen Späßen zu ergehen, in Schranken halten werde. Maxima debetur puero reverentia. Den Spruch kannte sie nicht, handelte aber nach ihm. Das Schlimme war nur, daß die vielen geladenen Mädchen von 12 bis 17 Jahren von ihren Gouvernanten, Französinnen und Schweizerinnen, begleitet erschienen. Dadurch kam in die Gesellschaft ein unerwarteter Ton. Während die älteren Herren und Damen sich in den kleinen Salons still am Spieltisch vergnügten, sammelten sich die Gouvernanten in der Stube der Czermakschen Gouvernante, einer ältlichen und häßlichen, aber sehr lebenslustigen Person. Sie übten auf die junge und jugendliche Männerwelt eine magnetische Kraft aus, so daß im großen Salon die kleinen, an die Wand sich drückenden Backfische und die wenigen pflichttreuen Jünglinge übrig blieben, welche Mamas Aufforderung, die jungen Dämchen zu unterhalten, Folge leisteten. Das war nun für mich eine schwere Aufgabe und ich dankte dem Himmel, wenn endlich die Damen und Herren von den Spieltischen aufstanden und in den großen Salon traten, wo der vom Diener aufgeschlagene Flügel den Beginn der musikalischen Genüsse ankündigte. Denn auch diesen Grundsatz vertrat Mama beharrlich, daß jede Gesellschaft durch kleine künstlerische Aufführungen gewürzt werde. Der musikalische Teil ließ wenig zu wünschen übrig. Es gab in Prag mehrere tüchtige Dilettanten, welche insbesondere in den damals beliebtesten Komponisten Thalberg sich gut eingespielt hatten, und auch die Geige und das Cello fanden noch in vielen bürgerlichen Kreisen eifrige Pflege. Um so schlimmer war es mit dem deklamatorischen

Teil bestellt. Das Monopol der Deklamation in den vor-
nehmeren Bürgerkreisen besaß ein gewisser Klemens von
Weyrother, ein Mann ohne ernste Beschäftigung und feste
Stellung im Leben, ohne jede tiefere Bildung, in Wahrheit ein Schmarotzer, welchem der adelige Name und scheinbar vornehme Manieren als Schild dienten, dahinter seine
Unwissenheit und geistige Rohheit zu verbergen. Saphir
war sein Abgott, einige Wiener Poeten dritten Ranges,
wie Vogel, Seidel, Castelli, seine Propheten. Wenn ich
diesen schalen Deklamationen zuhörte und auf das Geschwätze
aufhorchte, welches Herr von Weyrother mit seinen „gebildeten"
Freunden führte, da merkte ich die tiefe Kluft, welche diese
Prager Gesellschaftskreise, und sie waren die besten, wenigstens
die angesehensten, von der deutschen Geisteswelt trennte
und begann zu zweifeln, ob ich in der Heimat meinen
Studien und Neigungen werde fortleben können. Nachmals
erfuhr ich, daß denn doch die deutsche Bildung unter Advokaten, Kaufherren, jungen jüdischen Schriftsteller mehr Kenner
und Verehrer zählte, als ich meinte. Sie schlossen sich aber
mißtrauisch gegen weitere Kreise ab und behielten oft ängstlich ihr besseres Wissen für sich. Die herrschende Maske
in der Gesellschaft war der „allweil fidele" Österreicher
mit seinem blödsinnigen Nestroykultus und seiner Ver-
himmelung des Virtuosentums.

Zwei Jahre blieb ich in meiner Stellung als Stundenlehrer. Da starb plötzlich im rüstigsten Mannesalter, wie
alle Glieder der Familie Czermak seit drei Generationen,
der Herr des Hauses. Nachdem die Witwe den ersten Herbsten

Schmerz überwunden, ging sie daran, den Haushalt einfacher
zu gestalten. Nicht mehr durch Doppelpflichten gebunden,
jetzt gewillt, die Erziehung der jüngeren Kinder persönlich
zu leiten, beschloß sie die Entlassung der Gouvernante und
des Hauslehrers, welche bis dahin sich mit ihr in die Aufgabe geteilt hatten. Die Entfernung des Hauslehrers war
ohnehin unbedingt notwendig geworden. Bei der Wahl
der letzten Lehrer hatte Mama keine glückliche Hand geleitet.
Die pedantischen, in ihrem Lehrerstolze leicht verletzten und
aufbrausenden Gesellen, die sich überdies in geselliger Beziehung starke Blößen gaben, hatten Hans und Jaroslav
in Rebellen verwandelt und den kleinen Krieg zwischen
Zöglingen und Lehrern dauernd gemacht. Alle erdenklichen
Schelmenstreiche wurden gegen die verhaßten Hofmeister in
Scene gesetzt. Einmal öffneten die Jungens die innern
Fensterläden, verbanden im Schlafzimmer die Riegel mittelst
Bindfaden mit den Betten und stapelten auf dem Fenster-
brette einen Bücherhaufen auf. Als der Lehrer, ein mächtiger
Schnarcher, im ersten Schlafe ruhte, rissen sie an den Bind-
fäden, so daß die Bücher mit Gepolter auf den Boden
fielen. Hans und Jaroslav erhoben ein Zetergeschrei und
forderten den Lehrer auf, schleunigst nach dem Einbrecher
zu fahnden. Als dieser sich dem Fenster näherte, sprangen
beide mit Riemen bewaffnet auf ihn los und draschen unter
dem Rufe: „Wir halten den Dieb!" trotz seines Protestes
auf ihn ein. Nachdem die Hausleute mit Kerzen herbeigeeilt kamen, entschuldigten sie sich scheinheilig durch die
herrschende Dunkelheit und den plötzlichen Schrecken. Durch

solche Vorfälle kamen die Czermakschen Buben bei der ganzen
„Hofmeisterzunft" in argen Verruf. Da machte mir Mama
den Vorschlag, ob ich nicht ganz in ihr Haus ziehen und
den Unterricht Jaroslavs, der den Krieg gegen die Haus-
lehrer am heftigsten führte, übernehmen wolle. Freudig
nahm ich den Antrag an, wodurch ich vollständig zum Fa-
miliengliede erhoben wurde. Leider mußte ich gar bald
bei Jaroslav die Rolle des Lehrers mit jener eines Kranken-
pflegers vertauschen. Die Krankheit des armen bildhübschen
Knaben — der Arzt nannte sie freiwilliges Hinken — trat
immer heftiger auf. Das eine Bein schrumpfte ganz zusammen, die geringste Bewegung verursachte dem Knaben
große Schmerzen. Bäder wurden besucht, allerhand Kur-
methoden durchgeführt. Nichts half, im Gegenteil drohte
ein vollständiger Verfall der Lebenskräfte. Da meldete sich
eines Tages ein alter czechischer Bauer bei Mama; er
hätte von der Krankheit des Knaben erfahren, und wäre
gekommen, ihr seine vollständige Heilung anzubieten. Eine
Prüfung des Beines stärkte nur die Zuversicht des Ver-
sprechens. Die Witwe eines berühmten Arztes sollte einem
gewöhnlichen Kurpfuscher das Leben des Kindes anvertrauen.
Schwere Kämpfe machte Mama durch; endlich siegte die
Mutterliebe und sie übergab Jaroslav vertrauensvoll den
Händen des Bauern oder pantáte, wie er im Hause hieß.
Seine Heilmethode war die später so berühmt gewordene
Knetkur. Er strich und drückte in mannigfachster Weise das
kranke Bein, ließ es vorsichtig die von den Ärzten verpönten
Bewegungen rückwärts und vorwärts machen, und brachte

nach einigen Monaten den Knaben glücklich so weit, daß er mit Hilfe einer Krücke, später eines Stockes gehen konnte, und das verkrümmte Glied wieder Kraft und Rundung gewann.

An einen geregelten litterarischen Unterricht war während dieser langen Krankenzeit nicht zu denken. Die einzige Beschäftigung, welche den Knaben nicht ermüdete, war das Zeichnen. Hier machte er die raschesten und wunderbarsten Fortschritte, so daß, als er wieder gesund geworden war, Mama sich entschloß, ihn förmlich zum Künstler ausbilden zu lassen. Nun war guter Rat teuer, einen tüchtigen Lehrer zu finden. An Prag war Jaroslav voraussichtlich für mehrere Jahre gefesselt, die Prager Akademie aber, unter der Leitung des durch seine Trägheit berüchtigten Malers Christian Ruben, verfügte über keine brauchbaren Kräfte. Als der beste Lehrer wurde uns ein Namensvetter, ein gewisser Franz Czermak, empfohlen, welcher dann auch drei Jahre lang schlecht und recht den Unterricht besorgte. Mit Ausnahme elementarer malerischer Kunstgriffe hat Jaroslav nichts von diesem Lehrer gelernt. Viel bessere Dienste leistete ein befreundeter Pferde= maler, Namens Koller, welcher wöchentlich unser Haus be= suchte und Jaroslav nicht nur in der Perspektive trefflich unterwies, sondern ihn auch zu Naturstudien aufmunterte, während der andere Lehrer die Schüler immer nur nach mitunter recht dürftigen Vorlagen kopieren ließ.

5. Litterarische Anfänge.

Jaroslavs neue Laufbahn übte Einfluß auch auf meinen eigenen Studiengang. Ich wohnte häufig den Unterrichts-stunden bei, saß oder stand Modell, wenn es an andern brauchbaren Modellen gebrach und wurde auf diese Art mit der Kunstpraxis vertrauter. Auch der kritische Sinn wurde geweckt. Um so deutlicher aber merkte ich, daß ein sicheres Kunsturteil ausgedehnte Kunstkenntnisse, Anschauungen der Kunstwerke voraussetze. An letzteren fehlte es mir in hohem Maße und so faßte ich im Herbst 1845 den Ent-schluß, die deutschen Kunststädte, München, Dresden und Berlin, zu besuchen, nicht nur die ältere Kunst zu studieren, sondern auch über die modernen Kunstleistungen mich genauer zu unterrichten. Zum erstenmale fuhr ich allein in die weite, fremde Welt. Die beiden Jahre vorher hatte ich bereits kleinere Reisen unternommen, aber diese in Begleitung von Hans, halb als Mentor, halb als Kamerad. Mama, auch darin von den gewöhnlichen Angstmüttern sich unter-scheidend, hielt es für gut, daß wir recht früh auf eigenen Füßen stehen lernten und unsere Flugkraft versuchten. Wir machten auf dem Elbdampfschiffe einen Ausflug nach Dresden,

von wo wir auf der gebührend angestaunten Eisenbahn nach
Leipzig fuhren. Auf dem Rückwege machte ich die Bekanntschaft eines überaus liebenswürdigen englischen Gentleman,
Mr. Ralph Noël. Er und seine Frau, aus einem altadeligen
böhmischen Geschlechte, standen schon längere Zeit zum
Czermakschen Hause in freundschaftlichen Beziehungen und
hatten Hans eingeladen, bei ihnen mehrere Tage zu verweilen. Auch ich erfuhr ihre Gastfreundschaft für eine kurze
Frist. Mr. Noël, gewöhnlich Kapitän Noël genannt, weil
er diesen Rang in einem englischen Milizenregimente, dem
Yorkshirer, bekleidete, gehörte zu den interessantesten Typen
des englischen Gentleman auf dem Kontinente. Auf einer
Reise durch Italien hatte er die beiden Söhne des reichen
böhmischen Magnaten, Graf Franz und Leo Thun, kennen
gelernt. Die jungen Leute fanden ein so großes Gefallen
aneinander, daß Noël gern ihrer Einladung folgte, sie in
Prag zu besuchen. Hier fand er in den adeligen Kreisen
eine so freundliche Aufnahme, daß er den Aufenthalt immer
wieder verlängerte, schließlich in Böhmen ganz heimisch
wurde. Der hohe böhmische Adel schwärmte damals für
englische Sitten und Einrichtungen, so daß jeder Engländer,
wenn seine äußere Erscheinung „gentlemanlike" war, als
ebenbürtiger Genosse angesehen wurde. Übrigens durfte
sich Noël einer vornehmen Verwandtschaft rühmen. Seine
Tante war Lord Byrons Gemahlin, seine Vettern saßen
im Oberhause, ihm, dem jüngern Sohne eines Nebenzweiges
der Familie Wentworth, war kein großer Reichtum zugefallen.
Doch sicherte ihm seine Rente ein wohlhäbiges Leben auf

dem Kontinente. Noëls Persönlichkeit gewann noch dadurch
an Interesse, daß er der Phrenologie mit Begeisterung an=
hing und für ihre Lehren eifrig Gläubige warb. Durch
ihn kam das Messen und Betasten der Schädel in Prag
eine Zeitlang förmlich in Mode. Nach seiner Vermählung
mit einer jungen Stiftsdame mietete er dem Grafen Thun
ein kleines Landhaus, Rosawitz bei Bodenbach an der Elbe,
ab und brachte hier den größten Teil des Jahres zu. Nur
im Winter übersiedelte er, der Hoffeste wegen, für einige
Wochen nach Dresden. In Noëls Hause lernte ich zum
erstenmal die englische Gastfreundschaft kennen. Wer ge=
laden war, genoß die gleichen Rechte und wurde mit der
gleichen Aufmerksamkeit behandelt. Österreichische Kavaliere,
sächsische Hofkämmerer, Gelehrte, wie der Geognost Cotta
aus Freiberg, liberale Schriftsteller, der wackere Geschäfts=
leiter der Arnoldschen Buchhandlung in Dresden, wohnten
unter seinem Dache und keiner durfte über Bevorzugung
oder Vernachlässigung klagen. Aus dieser ersten flüchtigen
Begegnung erwuchs für mich im Laufe weniger Jahre eine
warme Freundschaft, welcher ich viel im Leben verdankte.

Der gute Ausgang dieses Ausfluges — nur Hans
hatte unter dem ungewohnten Genusse der Cigarre einen
Tag zu leiden — bewog Mama uns in den Ferien des
nächsten Jahres zu ihren Verwandten nach Linz zu senden.
Von hier sollten wir das Salzkammergut durchwandern.
Wir hatten Gmünden, Ischl, Hallstadt besucht und wollten
über Salzburg nach Linz wieder zurückkehren. In Salz=
burg entschied unser Schicksal, daß diese Reise abenteuerlich

genug enden sollte. Ein Empfehlungsbrief wies uns an
den Verwalter der gräflich Kuenburgschen Güter. Der alte
joviale Herr, in josephischen Anschauungen groß geworden,
ein begeisterter Freund des freien Studentenlebens, quartierte
uns in dem weitläufigen gräflichen Palaste ein, führte uns
in seine Stammkneipe, erzählte uns von der Herrlichkeit
der Alpenwelt, und wollte nichts davon wissen, daß wir,
so nahe an Tirol, an die Heimreise dächten. Von Tirol
aus könnten wir einen kleinen Abstecher nach der Schweiz
machen. Das wäre rechte Studentenart, die Gelegenheit
beim Schopf zu ergreifen und nicht durch kleinliche Bedenken den Lebensgenuß zu verkümmern. Immer unwider-
stehlicher klang die Lockung, und als sich der alte Herr
anbot, uns das Reisegeld vorzustrecken und sich für die ein-
gegangene Schuld bei Mama zu verbürgen, an deren nach-
träglicher Zustimmung wir ohnehin nicht zweifelten, stand
unser Entschluß, die weitere Wanderung zu wagen, fest.
Wir fühlten uns dem freundlichen Verwalter für seinen
kühnen Rat zu größtem Dank verpflichtet. Das hinderte
nicht, daß ich ihm im Verlauf der Reise manchmal herzhaft
fluchte. Der alte Herr hegte einen förmlichen Haß gegen
die österreichischen Banknoten. Silber, meinte er, wäre
das einzig richtige und sichere Geld. So schleppte er denn
zwei große Säcke herbei, in welchen sich die ganze Summe
in großen und kleinen Silberstücken befand. Der kluge
Hans überließ mir, als dem ältern, die Führung der Reisekasse. Wenn mir die schweren, in den Rocktaschen bewahrten Beutel bei jedem Schritt an die Beine schlugen,

bedachte ich unsern alten Silberliebhaber mit saftigen Ehrentiteln und freute mich förmlich über jede merkliche Minde-
rung unseres Schatzes. Mehrere Thäler Tirols hatten
wir, bald zu Fuß, bald im Stellwagen durchstreift und
auch das Ungemach plötzlicher Gewitter und dichter Nebel
auf hohen Bergen erduldet, Innsbruck besucht, den Arlberg
überstiegen, endlich Feldkirch erreicht. Wie aber nun un-
behelligt über die Grenze nach der Schweiz kommen? Unser
Passagierschein von der Linzer Polizei ausgefertigt, berechtigte
uns nur zu einer Wanderung im Salzkammergut und war
überdies nahezu abgelaufen. Wir meinten es recht pfiffig
anzustellen, wenn wir von dem Grenzamt die Erlaubnis
zur Rückkehr nach Linz über Bayern, wo wir gute Freunde
hätten, erbaten. Den klug ausgesonnenen Plan traf giftiger
Hohn. Ein roher Platzregen von Grobheiten ergoß sich
aus dem Munde des Polizeischreibers. Daß wir uns sofort packen und die Straße geraden Weges nach Linz zu-
rückwandern sollten, war sein Entscheid. Zum Glück warf
er in seiner Wut uns den Passierschein vor die Füße, ohne
in denselben die „gebundene Marschroute" einzuschreiben.
Während wir gesenkten Hauptes mit echter Jammermiene
ratlos auf der Straße standen, winkte uns verstohlen ein
Postillon, welcher den Verhandlungen beigewohnt hatte.
Gegen ein gutes Trinkgeld wollte er uns, da er eine Extra-
post nach Vaduz zurückfahre, ungefährdet über die Grenze
bringen. Die Pferde standen in einer Seitengasse bereits
angespannt. Heimlich krochen wir unter das Wagenleder
und blieben hier bis jenseits der nahen Grenze versteckt.

Dann fuhren wir wie vornehme Herrn vierspännig im
offenen Wagen mit schmetterndem Posthorn in Baduz ein.
So rasch als möglich liefen wir nach Wallenstedt und begannen von hier aus über den See die Wanderung nach
Zürich, dem Rigi und Luzern. In Zürich wurde pflicht-
schuldig bei dem alten Oken hospitiert und in den Buch-
handlungen nach verbotenen Früchten gespürt. Über den
Bodensee, Augsburg, Regensburg traten wir die Heimreise
an. Mit Herzklopfen näherten wir uns wieder der österreichischen Grenzstation, wo die Dampfer anlegten und die
Pässe vorgezeigt werden mußten. Doch schließlich konnte
uns nichts Schlimmeres begegnen, als daß wir auf dem
kürzesten Wege nach Linz zurückzukehren gezwungen wurden.
Den kürzesten Weg empfahl aber ohnehin der Stand unserer
Reisekasse. Als wir uns in Regensburg einschifften, besaßen
wir gerade noch Geld genug zu einem mäßigen Frühstück.
Mit einem tüchtigen Donnerwetter und groben Drohungen
wurden wir von dem Grenzbeamten entlassen. Am Abend
saßen wir fröhlichen Sinnes bei Czermaks Stiefgroßmutter
und holten die versäumten Mahlzeiten gründlich nach.

Die Erinnerung an diese fröhliche Wanderung wurde
in mir wieder lebendig, als ich im folgenden Jahre meine
Kunstreise antrat. Die Umstände hatten sich geändert. Ich
zog allein in die Welt und mußte mir stets den ernsten
Reisezweck vor Augen halten. Von einem ungebundenen
Genuß der Natur, wie auf dem schweizer Ausfluge, war
nicht die Rede. Ich sollte und wollte lernen, nichts als
lernen. In München nahm ich Wohnung bei einem „bürger-

lichen" Pfefferküchler, welcher den halben Tag in Kirchen,
die andere Hälfte in Wirtshäusern zubrachte und, wie seine
Frau mir vorklagte, dadurch in der „Nahrung" immer
mehr zurückging. Seine Pfefferkuchen besaßen nur eine
gute Eigenschaft, daß sie den Zahnarzt ersparten. Wer sie
anbiß, opferte einen Zahn. Wären nicht die hübschen
Heiligenbilder auf den Umschlägen der Ware gewesen,
welche Wallfahrer zum Ankauf lockten, so wäre die Familie
an den Bettelstab gekommen. Ich hatte unter der Frömmigkeit des Hauswirts doppelt zu leiden. Er plagte mich
täglich mit Einladungen zum Kirchenbesuche; seine Frau, um
die geringe Erwerbsfähigkeit des Gatten einzubringen, rechnete mit doppelter Kreide und zwang mich zu größter Ein-
schränkung meiner Ausgaben. Drei Wochen lang bestand
mein Abendbrot aus einem Graubrot und einer Knackwurst,
die ich mir selbst einkaufte. Trotz dieser kleinen Ärgernisse
und trotz meines einsamen Lebens fühlte ich mich doch
glücklich, da ich zum erstenmal einem reichen Kunstleben
gegenübertrat und meine Kunstkenntnisse durch das fleißige
Studium der großen Sammlungen namhaft erweiterte.
Zur alten Kunst verhielt ich mich einfach aufnehmend.
Dagegen reizte mich die moderne Münchener Kunst vielfach
zu kritischen Bedenken, welche ich an den stillen Abenden
in einer langatmigen Abhandlung zu Papier brachte.

Über Nürnberg und Dresden pilgerte ich nach Berlin.
In der gelehrten Berliner Welt besaß ich einen einzigen
Anhaltspunkt. Zwei Jahre vorher hatte ich in Teplitz,
wo Jaroslav eine Badekur brauchte, den Theologen Vatke

kennen gelernt. Er nahm mich nicht bloß freundlich auf,
sondern führte mich auch bei dem Herausgeber der Hegelschen Ästhetik, bei Professor Hotho ein. Der liebenswürdige
Empfang, den ich hier fand, gab mir den Mut, von meiner
in München geschriebenen Abhandlung zu sprechen. Hotho
bat sich dieselbe zur Durchsicht aus und überraschte mich
einige Tage später mit dem Angebot, sie in die Tübinger
„Jahrbücher der Gegenwart" zum Abdruck zu senden. Nicht
im Traume hatte ich an die Drucklegung gedacht. Natürlich griff ich mit beiden Händen zu, als sich mir so unverhofft eine Gelegenheit zeigte, meine sehr jugendliche
Weisheit auf den Markt zu bringen. Die Tübinger Jahrbücher, die Erben der Halleschen und Deutschen, galten als
das vornehmste litterarische Organ und zählten so viele
von mir hochverehrte Männer zu Mitarbeitern. Die Bogen
wurden rasch verpackt und mit einem Geleitsschreiben Hothos
an den Herausgeber der Jahrbücher, Schwegler, geschickt.

Ich blieb, bei einem Schneider einquartiert, so lange
in Berlin, bis mein Reisegeld zur Neige ging. Innerlich
jubelnd, fast übermütig, trat ich den Rückweg an. Doch
sollte gar bald eine starke Ernüchterung eintreten. Einige
Minuten vor Abgang des Eisenbahnzuges trat mein Wirt
— ich denke, es war derselbe, welcher mehrere Jahre später
Kaldaunen statt seiner begraben ließ, um eine Versicherungs-
kasse zu prellen und dafür vom Kladderadatsch unsterblich
gemacht wurde, — an mich heran mit der Behauptung,
ich hätte den Schreibtisch angebrannt und müsse ihn ent-
schädigen. Wenn ich ihm nicht glaubte, möge ich in die

Wohnung zurückkehren und mich von dem angerichteten
Schaden durch Augenschein überzeugen. Das war in dem
Augenblicke, als schon das erste Signal zur Abfahrt gegeben wurde, eine bittere Zumutung. Was blieb mir,
um den Skandal zu vermeiden, übrig, als den Mann mit
einem Fünfthalerschein zu beschwichtigen. Diese fünf Thaler
waren aber meine einzige Fürsorge für den Fall der Not.
Die Not trat ein, als ich in Dresden den Postwagen —
der Elbdampfer ging nicht täglich — bezahlt hatte. Mir
blieben nur ein paar Pfennige übrig und eine achtzehnstündige
Fahrt stand mir bevor. Also fasten! Auf der Nachtmahl-
und Frühstücksstation verkroch ich mich in einen Winkel des
Wagens und stellte mich schlafend. Meine Hoffnung, dem
Späherauge des Kellners zu entgehen, wurde getäuscht.
Mit lauter Stimme und starkem Arme weckte er den
Scheinschläfer und stellte ihm die Notwendigkeit, den Leib
zu stärken, gar eindringlich vor. Diese Überzeugung hegte
ich auch, mir fehlte nur das Geld, sie in eine That zu
verwandeln. So wappnete ich mich mit Verstellung und
hieß ihn grob, mich nicht im Schlafe zu stören. Ausge-
hungert kam ich endlich in Prag an und setzte Mama und
die ganze Familie durch meine Eßgier in Erstaunen.

Wochen vergingen, ohne daß aus Tübingen eine Kunde
über das Schicksal meines Opus 1 kam. Um so mehr
wurde ich überrascht, als ich vom Buchhändler das Monats-
heft der Jahrbücher empfing und in demselben meine Arbeit
entdeckte. Allerdings hatte Schwegler sie nicht vollständig
abgedruckt, ganz vernünftig die allgemeinen, halb philosophisch,

5*

halb historisch gehaltenen Betrachtungen in den Papierkorb
geworfen. Ich konnte mit Schmock rufen: „Das Gewöhnliche hat er gestrichen, nur die Brillanten stehen lassen",
oder bescheiden zu sprechen: nur dem kleinern Teil, welcher
ein unmittelbares Interesse bot, gab er unter dem Titel:
„Kritische Gedanken über die Münchener Kunst"
in den Jahrbüchern Raum. Der Artikel machte Aufsehn
und erregte in München großes Ärgernis. In der schärfsten,
wie ich jetzt sehe, allerdings einseitigen und übertriebenen
Weise wurden die Mängel der Münchener Kunst bloßgelegt,
die Architektur als monumentaler Kunstatlas verdammt,
der Malerei das Beharren bei längst abgestorbenen Gedankenkreisen vorgeworfen, an der Skulptur die Oberflächlichkeit
der Formenbildung getadelt. Immer kehrte der Refrain
wieder, daß die Münchener Kunst nur reine Privatunter-
nehmung sei und nicht im deutschen Volksboden wurzele.
Die Augsburger Allgemeine Zeitung brachte geharnischte
Entgegnungen. Selbst Fr. Vischer hielt es für Pflicht, der
so arg getadelten Münchener Kunst beizuspringen und meine
kritischen Bedenken abzuschwächen. Sein Aufsatz erschien
zuerst in den Jahrbüchern und ging später in die „Kritischen
Gänge" (Neue Folge) über. Durch den Vergleich mit der
noch schlechtern Berliner Kunst wurde die Münchener in
ein helleres Licht gestellt. Die Angriffe der Allgemeinen
Zeitung lenkten auch in Prag die Aufmerksamkeit auf die
„Kritischen Gedanken". Wer war ihr Verfasser? Schwegler
hatte in der richtigen Voraussetzung, die Teilnahme an
einer in Österreich verbotenen Zeitschrift könnte mir polizei-

liche Verfolgungen zuziehen, meinen Namen verschwiegen,
dem Artikel nur die Fußmarke: „Prag, im Oktober" beigefügt. Kein Mensch wollte in Prag an die Wahrheit
dieser Ortsangabe glauben. Auf Münchener Anfragen lautete
stets die Antwort, daß sich offenbar ein vorlauter Berliner
hinter dem „Prager Philosophen" — so hatte mich die
Allgemeine Zeitung getauft — verberge. Es hätte wohl
meiner jugendlichen Eitelkeit geschmeichelt, öffentlich als der
Verfasser genannt zu werden. Doch hielt ich auf den Rat
guter Freunde den Mund und ließ die Leute ruhig raten
und schwatzen. Aber Blut hatte ich geleckt. Der Erfolg
des Aufsatzes in den Jahrbüchern reizte mich zu weiterer
litterarischer Thätigkeit. Dem Opus 1 folgte Opus 2
unmittelbar auf dem Fuße nach. In der Prager Kunstausstellung, zu Ostern 1846 eröffnet, befand sich endlich
das seit einem Jahrzehnt angekündigte Werk des Akademie-
direktors Christian Ruben: Columbus. Das Bild, welches
den Eindruck des endlich sichtbaren Festlandes auf Columbus
und seine Genossen schildert, ist gegenwärtig verschollen,
beschäftigte aber damals, wegen der angesehenen Stellung
des Malers, die ganze Prager Welt. Ich war noch zu
sehr in abstrakter Theorie verstrickt, um ein unbefangenes
Urteil über den Kunstwert des Gemäldes fällen zu können.
Der Gegenstand erschien mir viel wichtiger, als die Form
der Darstellung. Jener entsprach der, in jenen Tagen
herrschenden Anschauung, die Kunst müsse mit dem mythischen
und kirchlichen Gedankenkreisen brechen, der Geschichte der
Menschheit, dem historischen Leben sich zuwenden, hier ihre

Anregungen holen. Und so nahm ich denn den Columbus zum Anlaß, in einer kleinen Schrift mich über „die Geschichtliche Malerei in der Gegenwart" zu äußern. Selbstverständlich setzte ich mir die unbedingte Verherrlichung der letztern zum Ziele und verschwendete sehr viele Worte, um ihre Vorzüge darzulegen. Der stark von der Hegelschen Schule abhängigen, vielfach dunkeln Sprache hatte ich es wahrscheinlich zu danken, daß die Schrift glücklich die Censur passierte. Der Censor meinte, nur wenige Leute würden sie lesen, daher könne er sie milder beurteilen. Der geringe Umfang hatte das Gute, daß ein Buchhändler die Kosten des Druckes wagte. Trotzdem die Schrift nicht ausgereift war, trug sie doch für mich gute Früchte. Der Vorstand des Kunstvereins, Graf Franz Thun und der natürlich geschmeichelte Akademiedirektor Ruben, lernten mich persönlich kennen und machten mir den Vorschlag, einen kunsthistorischen Kursus in der Akademie zu halten. Es war mir vom Schicksal beschieden, ebenso früh als Lehrer wie als Schriftsteller aufzutreten.

Der Anfang meiner öffentlichen Lehrthätigkeit war nicht danach angethan, mich hochmütig zu machen. Ich bat Ruben, als die Vorlesungen beginnen sollten, mich bei meinen Zuhörern einzuführen. Er blieb im Hausrock, setzte sein Hauskäppchen auf und geleitete mich nach dem Modellsaale, in welchem etwa 25—30 Akademiker unser harrten. „Hier, der Herr wird einiges von alten Künstlern erzählen, horchen Sie aufmerksam zu." Sagte es und ging. Da stand ich nun ziemlich hilflos der neugierigen Zuhörergruppe gegen-

über. Nicht die geringste Anstalt, mir meine Thätigkeit
zu erleichtern, war getroffen worden Mit Hilfe eines
befreundeten Malers holte ich aus einer Ecke einen ölbe=
fleckten Tisch herbei, aus einem andern Winkel einen schmierigen
Stuhl. Meine Zuhörer lagerten malerisch auf Stufen und
Schemeln und so begann ich „von alten Künstlern" zu
erzählen. Im ersten Kursus behandelte ich die antike Kunst,
bei welcher ich an die Gipssammlung der Akademie und
die wohl nicht minder reiche, allgemein zugängliche des
Grafen Nostiz anknüpfen konnte. Die Teilnahme der Zu=
hörer, von denen viele nur eine elementare Bildung besaßen,
ließ nichts zu wünschen übrig. Nur ein paar Akademiker,
welche das Gymnasium absolviert hatten, hielten sich fern
und bildeten eine Oppositionspartei. Sie saßen in dem,
nur durch eine dünne Wand getrennten Malersaale, lärmten,
pfiffen und sangen, solange ich vortrug. Kluger Weise
führte ich keine Klage, überließ es meinen Zuhörern, die
Gegner zur Ruhe zu bewegen, was ihnen auch vollkommen
gelang. Ohne jede Störung konnte ich den Kursus zu
Ende bringen. Als ich so weit gekommen, merkte ich die
Notwendigkeit, eine längere Pause eintreten zu lassen. Mir
fehlte überhaupt die Lust, die Thätigkeit an der Akademie
fortzusetzen, da ich mir sagen mußte, den jungen Malern
thut eine bessere technische Ausbildung mehr not, als eine
Belastung mit gelehrten Dingen. Jedenfalls mußte ich
meinen Anschauungskreis namhaft erweitern, ehe ich wagen
konnte, andere über die neuere Kunst zu unterrichten. So
faßte ich den Plan zu einer längern Reise, zunächst nach

Italien. Ein flüssig gemachtes kleines Kapital aus der väterlichen Erbschaft und Ersparnisse aus den beiden letzten Jahren gewährten mir genügende Mittel. Die Ersparnisse waren nicht gering. Durch den Tod meines Bruders Franz (1846) war ich um mehrere hundert Gulden reicher geworden. Dem armen Teufel war das Glück, welches er als Erzieher im Hause der Gräfin Sweerts-Spork genoß, nicht treu geblieben. Sein Zögling starb nach einigen Monaten. Die Gräfin empfahl ihn der Fürstin Oettingen-Wallerstein, welche für ihren einzigen, jüngsten Sohn, den Majoratsherrn, einen Hofmeister suchte, auf das wärmste und unbesehen wurde er, allerdings zunächst nur auf Probe, angenommen. Die fürstliche Familie weilte noch auf dem Lande. Mein Bruder — Bamba hieß er im czermatischen Kinderkreise und bald bei allen seinen Bekannten — sollte aber gleich in den Palast übersiedeln und hier, einigermaßen schon heimisch geworden, die Ankunft des kleinen Prinzen erwarten. Ein Diener und ein Koch empfingen den Befehl, für sein leibliches Wohl zu sorgen. Der Koch nahm den Auftrag gar zu wörtlich. Er setzte dem guten Bamba ein Diner vor, welches zwei kräftige Männer vollauf sättigen konnte. Mit Todesverachtung ging mein Bruder an die Arbeit. Etwas auf den Schüsseln übrig zu lassen, dünkte ihm eine Beleidigung des fürstlichen Hauses. Der Koch mochte über den Heidenappetit des Hofmeisters nicht wenig erstaunt sein. Er vergrößerte die Portionen. Auch dieses Mal zeigte sich Bamba tapfer; als ihm aber am Ende des Mahles die hellen Schweißtropfen von der Stirne rannen und er ganz als Riesenschlange sich

fühlte, dachte er doch an eine Aushilfe, denn an seiner
Meinung, aufgeräumte Schüsseln entsprächen der fürstlichen
Ehre, hielt er noch immer fest. Er kaufte zwei Blech-
büchsen, welche er in seine Rocktasche steckte, mit allen guten
Dingen, die er nicht bewältigen konnte, füllte, und dann
auf seinen Spaziergängen vor den Thoren Prags einem
Bettler in dessen Schüssel schüttete. Wie der Wettkampf
zwischen dem Koch und Bamba geendet hatte, wissen die
Götter. Endlich traf die Fürstin mit ihrer Familie ein.
Schon am nächsten Tage ließ sie mich rufen, um mir schonend
mitzuteilen, daß sie auf die Dienste meines Bruders leider
verzichten müsse. Ihr Arzt hatte entschiedenen Widerspruch
eingelegt, meinen Bruder als einen sehr kranken Mann
geschildert. Wie wir uns bald überzeugten, mit vollem
Rechte. Nach einem vor mehreren Jahren überstandenen
Typhus hatte sich ein Kehlkopfleiden entwickelt, welches in den
letzten Wochen bedenklich fortschritt. Ich konnte nur der
Fürstin recht geben, den andern Wunsch, an die Stelle
des Bruders zu treten, aber nicht erfüllen. Ich wäre nicht nur
undankbar, sondern ein reiner Thor gewesen, wenn ich das
czermakische Haus, meine zweite, eigentlich meine erste und
einzige Heimat, verlassen hätte. Mama Czermak nahm sich
in ihrer Herzensgüte des armen Bamba hilfreich an, räumte
ihm im Gartenhause ein Stübchen ein und zog ihn in die
Familie, in welcher er bald den jüngeren Gliedern ein lieber
Spielkamerad wurde. Über Jahr und Tag schleppte sich
Bamba hin. Als sein Leiden sich verschlimmerte, zog er
in das Krankenhaus und starb hier an Erstickung des qual-

vollsten Todes. Seine kleine Habe fiel mir als Erbe zu. Ich beschloß, sie zu den andern Reisepfennigen zu legen, die ich mir aus minder traurigem Anlasse angesammelt hatte.

Mama, immer fürsorglich auf mein Wohl bedacht, hatte mich in mehrere vornehme Häuser als Lehrer empfohlen. Doch sollte ich nicht Kinder, sondern junge, zum Teil bereits in die Gesellschaft eingeführte Komtessen unterrichten. Hochadelige Damen klagten Mama, daß ihre Töchter in der deutschen Sprache so schrecklich ungelenk wären, daß sie kaum einen kurzen Brief schreiben könnten und in der Litteratur (nicht bloß der deutschen) völlig unbewandert wären. Wunderbar war diese Unkenntnis nicht, da die Frauenerziehung in aristokratischen Kreisen ausschließlich in den Händen französischer, meist ganz ungebildeter Gouvernanten ruhte. Hier sollte ich nun, auf Mamas Vorschlag, nachhelfen und die Lücken ergänzen. Zu meinen besten Schülerinnen gehörte die fünfzehnjährige Gräfin Morzin, eine Erbtochter, welche bis dahin von einer wachsgelben ältern französischen Gouvernante erzogen worden war. Die häßliche Person mit stahlharten, unbeweglichen Zügen und einem grobknochigen Körper stand im Solde der Jesuiten und hatte den Plan, die junge, unerfahrene Gräfin und ihr Vermögen in ein französisches Kloster zu locken! Zum Glück verstand sie kein Wort Deutsch, sonst hätte sie meine verhältnismäßig heiter weltlichen und liberalen Lehren nicht geduldet. Es gelang mir allmählich das Zutrauen und die herzliche Teilnahme des anmutigen Dämchens zu gewinnen. Als ich nach Italien abreiste, entführte die junge Komtesse

ihrem Vater einen prachtvollen Reisefußsack aus Bären-
fell und zwang mir denselben trotz meiner eifrigen Ver-
wahrungen zum Schutze auf der Winterreise auf. Eine
ähnlich freundliche Aufnahme fand ich im Hause des Grafen
J. Nostitz. Eigentlich sollte ich nur die jüngere, mir im
Alter gleichstehende Tochter unterrichten, doch häufig hörte
auch die ältere Schwester, eine Erscheinung von berückender
Schönheit, zu, und als ich im Sommer 1845, einer Einladung der Familie folgend, auf das Landschloß mitzog,
nahm sie regelmäßig, und sogar mit größerem Eifer als die
Schwester, an den Lehrstunden teil. Von Gott und Rechtswegen hätte ich mich in das herrliche Frauenbild bis zum
Wahnsinn verlieben müssen. Hätte Komtesse Christiane am
Hofe Ludwigs XIV. gelebt — das Gesicht besaß den feinen
französischen Schnitt — so wäre sie gewiß von Dichtern
und Historikern der Unsterblichkeit überliefert worden. Alle
Männer neideten mir das Glück, in ihrer Nähe weilen zu
dürfen. Daß ich trotzdem über das Maß der höchsten
Bewunderung nicht hinauskam, hatte seinen Grund in den
kalten Sturzbädern, welche täglich von der ganzen Familie
über mich gegossen wurden. So liebenswürdig und freundlich der Verkehr sich gestaltete, so merkte ich doch nur zu
bald, daß ich armer bürgerlicher Teufel in ihren Augen
gleichsam zu einer andern Rasse gerechnet wurde, welche
sich durch Fischblut und den Mangel eines entzündlichen
Herzens auszeichnete. Die tiefe Kluft zwischen mir und
der hochadeligen Dame zeigte namentlich die große Ver-
traulichkeit mir gegenüber, im Gegensatze zu der mädchen-

haften Scheu, wenn sie mit blaublütigen jungen Herren sich
unterhielt. Besäße das Wort nicht in der österreichischen
Mundart einen so häßlichen Beigeschmack und seine feste,
auf die gemeinsten weiblichen Dienstboten beschränkte Bedeutung, so würde ich sagen: Ich galt als das Mensch,
aber nicht als der Mann. Mit einem Individuum meines-
gleichen, so war offenbar die in diesen Kreisen herrschende
Meinung, könne man keine zarteren Empfindungen teilen.
Solche Beobachtungen gaben mir die Ruhe wieder und
retteten meine Unbefangenheit. Sobald die gräfliche Familie
sich von der Dauer meiner Zurückhaltung überzeugt und
erkannt hatte, daß ich die mir gezogenen Schranken niemals
überspringen werde, zog sie mich in den Kreis des intimen
Verkehrs. Ich gehörte, auch wenn Besuch kam, selbstverständlich zur Tafelrunde und zu den regelmäßigen Gästen
des Salons. Bei der Lage des Schlosses, in der Nähe
von Marienbad und Königswart, fehlte es nicht an Besuchern.
Es beherbergte unter andern den Minister Kolowrat. Der
Mitherrscher Österreichs war wenig zugänglich, machte auf mich
den Eindruck eines verfallenen, geistesarmen Greises. Dagegen
erwies sich sein Sekretär merkwürdig offenherzig. Auf meine
Gesellschaft vorzugsweise angewiesen, schilderte er mir in
stundenlangen Gesprächen die traurige Wirtschaft in den
höchsten Regierungskreisen und zeichnete die leitenden Persönlichkeiten mit unerbittlicher Schärfe. Mit der größten
Spannung sah ich dem längern Besuche des Erzherzogs
Stephan, damals noch böhmischen Statthalters, entgegen.
Es war bekannt, daß ihn die tiefste Neigung an die ältere

Tochter des gräflichen Hauses fesselte und nur die äußeren
Verhältnisse Entsagung aufgezwungen hatten. Er war
überaus mitteilsam und unterhielt uns namentlich über den
kleinlichen Druck, welchen Fürst Metternich auf die jüngeren
Erzherzöge übte und über den Hang zu Spielereien, welcher
mit zunehmendem Alter sich immer mehr steigere. Von
einer stetigen Leitung der Staatsgeschäfte sei bei dem
„alten Herrn“ keine Rede mehr. Er wiederhole immer
die gleichen Redensarten und danke es nur seiner fest-
gewurzelten Autorität, daß er noch von deutschen Fürsten
und Ministern als politisches Orakel verehrt werde. Zum
erstenmal gewann ich Einblick in das politische Getriebe.
Auch sonst trat mir in dem gräflichen Hause die Politik
sehr nahe. Die ständische Bewegung brachte die aristokratischen Kreise in heftige Aufregung. Graf Nostitz gehörte zu den wenigen Ständemitgliedern, welche die Re-
gierungsrechte verteidigten. Dieses Verhalten verschaffte
ihm das Vertrauen der Regierungskreise, allerdings auch
den Haß der Oppositionspartei. So lernte ich den Stände-
kampf nun auch von einer andern Seite auffassen und
schildern, als ich in Prag gewohnt war. An eine Verwertung der damals vernommenen Thatsachen dachte ich
nicht. Ich behielt sie aber fest im Gedächtnisse und habe
viele Jahre später von ihnen dankbar Gebrauch gemacht.
Zunächst trat gegen die italienische Reise alles andere in
den Hintergrund zurück.

6. Italienische Reise.

Mitten im Winter, gegen die Kälte durch Pelzmantel und Pelzfußsack geschützt, in Hoffnungen und fröhlichen Erwartungen innerlich erglühend, trat ich meine Romfahrt an. Auf Mamas Wunsch hielt ich in Wien eine kurze Rast, um mich nach Hans, der hier Medizin studierte, umzusehen. Ich fand ihn munter und guter Dinge, in Fachstudien rüstig fortschreitend, aber auch tief in politische Umtriebe verstrickt. In den Kreisen, in welchen ich bisher gelebt hatte, herrschte wohl die größte Unzufriedenheit mit der Regierung, wurden liberale Wünsche mit Eifer gepflegt. Ich selbst durfte mich leidlich liberal nennen. Doch trug man den erbärmlich schwachen, thatenscheuen Machthabern mehr Verachtung als Haß entgegen. Namentlich die Polizei, welche damals gegen das Bürgertum noch selten brutal auftrat, nur durch ihre aufdringliche Geschäftigkeit alle Welt plagte, wurde als Ungeziefer angesehen, welches nun einmal in einem alten Bau dauernd nistet und nun einmal geduldet werden muß. Hans Czermak führte mich am Abend in einen Kreis junger thatendurstiger Männer, welche in heftigstem Zorn gegen den Absolutismus entflammt waren, die radikalen badenschen

Zeitungen, insbesondere Struves Zuschauer, wie ein
Evangelium verehrten und auf gewaltsame Umwälzungen
ihre ganze Hoffnung setzten. Daß sie in solchem Falle nicht
unthätig zur Seite stehen würden, war mir klar. Solche
heimliche Verbindungen gab es, wie mir Hans versicherte,
in Wien mehrere, und merkwürdigerweise besaß nur die
Polizei keine Kenntnis von ihnen. Zum erstenmal spürte
ich die Vorboten revolutionärer Stürme. Doch alle politischen
Gedanken verblaßten, als ich von der Höhe von Optschina
bei Triest das Adriatische Meer erblickte. Kunst und Natur
nahmen mich wieder vollständig gefangen. Den ersten längern
Halt machte ich in Venedig.

Auf die großen Meister der venetianischen Schule hatten
mich einigermaßen die deutschen Galerien vorbereitet. In
einem ganz neuen Lichte traten mir aber die kleineren und
älteren Maler entgegen und auch die Helden sprachen hier
ganz anders zu mir, als in der fremden Umgebung. Erst
auf ihrem heimatlichen Boden gewannen sie alle volles
Leben, erschienen die Gestalten, die Farben, die Luft ganz
natürlich. Hätte ich nicht den Kopf mit Hegelschen Schrullen
angefüllt gehabt, welche mich überall nach Entwicklungsgesetzen
ausspähen ließen, so wäre der Genuß der einzelnen Meister
noch reiner gewesen. Ich suchte eifriger die Mängel auf,
welche den weitern Weg des Fortschrittes andeuten, als
die positiven Reize, welche die Werke bereits besaßen. Doch
blieb es ein großer Gewinn, daß ich eine ganze Schule in
ihrem festen Zusammenhange und ihrem natürlichen Wachstum kennen lernte. Außer den Venetianern fesselte nur

eine künstlerische Schöpfung meine Aufmerksamkeit: das Gebetbuch Grimani in der Bibliothek des Dogenpalastes. Diese köstlichste Frucht der flandrischen Miniaturmalerei aus dem Anfange des sechzehnten Jahrhunderts war damals noch wenig bekannt und wurde selten von Reisenden beachtet. Das brachte mir den Vorteil, daß die Bibliothekare den Schatz nicht so ängstlich, wie späterhin, hüteten, mir vielmehr volle Freiheit bei dem Studium gestatteten. Daß man vor einem Menschenalter das Hilfsmittel der Photographie entbehrte, sich fast ausschließlich an die Betrachtung der Originale halten mußte, hatte wenigstens die eine gute Folge, daß man genauer und eingehender die einzelnen Werke prüfte und sie fester dem Gedächtnis einprägte. Heute sieht der Kunstfreund in der Regel alles viel rascher, weil er sich auf die Photographie verläßt, welche der Erinnerung nachhilft, aber freilich von dem Original meistens nur den farblosen Schatten wiedergiebt. Ob nicht der so ausgedehnte Gebrauch photographischer Nachbildungen unsern Farbensinn abgestumpft hat?

Als ich eines Tages über dem Kodex saß, bemerkte ich, daß ein Fremder, offenbar ein Deutscher, sich von der Gruppe der Bibliotheksbesucher abgesondert hatte, und über meine Schulter die Miniaturen mitbetrachtete. Ich machte ihm Platz zur bequemern Besichtigung der Bilder. Ein Wort gab das andere, und als wir nach ein paar Stunden die Bibliothek verließen, waren wir schon gute Bekannte geworden. Der Fremde war Lottens Enkel, der Sohn des hannöverschen Archivrates Kestner. Von nun an machten

wir alle Studien gemeinsam, auch die Gondelfahrten in
prachtvollen Mondnächten, bei welchen Kestner seiner Sanges=
lust freien Lauf ließ. Ihm dankte ich die wertvolle Be=
kanntschaft des Malers Nerly. Nerly, Rumohrs Pflege=
sohn, hatte viele Jahre in Rom gelebt, als „generale"
alle Künstlerfeste daselbst geleitet, dann in Venedig sich
niedergelassen und für seine Lagunenbilder eine zahlreiche
Kundschaft erworben. Er wohnte im Palazzo Pisani und
malte in derselben Stube, in welcher Leopold Robert sich
erschossen hatte. Komisch war sein Ärger über die vielen
Pilger und Pilgerinnen zu Roberts Sterbezimmer und ihre
naive Unwissenheit, daß sie gleichzeitig die Werkstätte eines
doch immerhin angesehenen lebenden Malers betraten. Zu=
weilen gab aber doch der Pilgerbesuch Anlaß zum Bilderkauf.

Nerly wußte prächtig von dem römischen Künstlerleben
zu erzählen, als noch Thorwaldsen in Rom thronte, die
„Alten" jünger, munterer waren und harmlose Fröhlichkeit
den Verkehr würzte. Er malte Kestner und mir die
Cervarafeste farbenreich aus, schilderte die Stiftung des
Bajoccoordens und war unerschöpflich in Anekdoten von
Thorwaldsen, Koch und Reinhart. Den letztern würde
ich noch am Leben treffen, sonst aber meinte er, solle ich
die Erwartungen auf ein anregendes frisches Künstlerleben
nicht hoch spannen.

Schweren Herzens trennte ich mich von Venedig, lang=
sam wanderte ich über Padua, Ferrara, Bologna nach
Florenz. Bald fuhr ich im Postwagen, bald benutzte ich
einen Vetturino, auf der Höhe der Apenninen lernte ich

Springer, Aus meinem Leben. 6

auch die Annehmlichkeit eines mit Ochsen bespannten Ge=
fährtes kennen. Die Reisegenossen auf dem ganzen Wege
waren Italiener, zumeist kleine Leute, die sich ausschließlich
über ihre persönlichen Angelegenheiten und die nächstliegen=
den Interessen unterhielten. Nur auf der Strecke von
Ferrara bis Bologna genoß ich die Freude einer angenehmen
Gesellschaft. Bei der Lösung der Karte für die Postkutsche
gab mir der Beamte den freundlichen Rat, am Abend noch
die Oper zu besuchen. Nach dem Schlusse derselben werde
der Wagen an dem Theaterausgange meiner und der anderen
Passagiere harren. Ich fand, daß die Sänger in der Verdi=
schen Oper (Ernani?) mehr schrieen als sangen und das
Ballet in grünen Höschen recht anständig, aber auch recht
langweilig getanzt wurde. Doch mußte sich die Theater=
gesellschaft eines guten Rufes erfreuen, denn der Oper zu
Liebe waren mehrere Musikfreunde von Bologna herüber=
gekommen und traten jetzt den Rückweg an. Leidenschaft=
lich wurde die Aufführung, das Verdienst und die Mängel
der einzelnen Darsteller besprochen, die halbe Oper noch
einmal durchgesungen. An Schlaf war in dem dichtgefüllten
Wagen nicht zu denken. Ich ärgerte mich darüber nicht,
da die lebendige Beredsamkeit und die laute Begeisterung
der Männer mein Ergötzen und Erstaunen weckte.

Hatte ich die venetianischen Wochen in angenehmen
Verkehre gelebt, so blieb ich in Florenz ausschließlich auf
mich angewiesen. Ich glaube nicht, daß ich in dieser ganzen
Zeit hundert überflüssige Worte gesprochen hätte. Ein
gelegentlicher Gruß der Wirtin, welcher ich eine kleine

Stube abgemietet hatte, die Bestellungen in der Trattoria, eine Anfrage an Kirchendiener hielten allein meine Sprechwerkzeuge in Übung. Langsamen Schrittes, so daß ich die zwischenliegenden Städte, insbesondere Siena, eingehend studieren konnte, brachte mich ein Vetturin nach Rom. Den Eindruck des ersten Anblicks der Weltstadt zu schildern, welche damals schon bald nach der letzten Nachtstation, hinter La Storta, sichtbar wurde, langsam, aber immer mächtiger und großartiger dem Auge sich näherte, darf ich mir wohl ersparen. Er glich jenem, welche alle älteren Romfahrer erfahren und viele von ihnen lebendig und wahr geschildert haben. Mit ihnen teilte ich die Erfahrung, daß der Glaube, der erste Eindruck, wenn man über den ponte molle durch die porta del popolo fährt, könne niemals übertroffen werden, sich als irrig erwies. Als ich Rom das zweitemal besuchte, war die Wirkung des Wiedersehens ebenso groß, ja noch erhebender. Die Tage nach meiner Ankunft benutzte ich zu genauer Orientierung im alten und neuen Rom. So fühlte ich mich nach kurzer Zeit schon völlig heimisch und konnte ruhig und planmäßig meinen Studien obliegen. Die Morgenstunden waren den Kirchenbesuchen gewidmet, dann ging es in den Vatikan, oder in die größeren Bildergalerien, der Nachmittag lockte zu kleinen Ausflügen in die Campagna.

Vor einem Menschenalter gab es noch nicht scharf abgetrennte Fächer in der Kunstgeschichte, galt noch nicht der Grundsatz, daß der Forscher nur ein einzelnes Feld des weiten Gebietes, nur einen Abschnitt der Geschichte, diese

6*

dann aber auf das sorgfältigste beobachten und prüfen
dürfe. Die Grenzen der alten und neuen Kunst flossen
für uns unmerklich ineinander, beiden brachten wir das
gleiche Interesse und die gleiche Genußfähigkeit entgegen.
Zuweilen sogar der antiken Kunst eine größere. So war
es wenigstens in der ersten Zeit mit mir bestellt. Schon
in Florenz übte der Niobidensaal auf mich eine besondere
Anziehungskraft und gern lenkte ich von der Tribuna und
dem angrenzenden Florentiner Saale, rasch die langen Gänge
durchwandernd, meine Schritte zu den Niobiden. In Rom
erging es mir nicht anders. Ich fühlte mich im Belvedere
und den Statuenhöfen des Vatikans heimischer als in den
Stanzen. Die Stanzen sind nur unter gewissen historischen
Voraussetzungen verständlich und genießbar. Man muß
mit bestimmten Gedankenkreisen sich vertraut gemacht haben,
um die Bedeutung der Bilder, der Gruppen und Gestalten
vollkommen zu erfassen. Die Antiken sprechen unmittelbar
zu unserm künstlerischen Sinne, sie sind zeitlos, sie scheinen
von Ewigkeit zu bestehen und erst gestern geschaffen zu sein;
sie atmen eine frische Natur und bedeuten zugleich allgemeine Typen; wir erblicken in ihnen einfach Menschen,
menschliche Leidenschaften und Stimmungen ohne irgend
welche Gebundenheit durch Äußerliches und Zufälliges. Aus
diesem Grunde wirkten auch die Gestalten Michelangelos
in der Sixtina mächtiger auf mich, als die figurenreichen
Fresken Raffaels in den Stanzen. So weit sie auch sonst
von der antiken Empfindungsweise entfernt sind — einen
Zug besitzen namentlich die Propheten und Sibyllen mit

der guten Antike gemeinsam, daß sie ein unbedingtes vor-
aussetzungsloses Leben zu führen scheinen, rein für sich
bestehen. Später lernte ich diese Anschauungen vielfach
berichtigen. Die Teppichkartons Raffaels brauchen den
Vergleich mit der Antike nicht zu scheuen und auch sonst
fehlt es in der neuern Kunst nicht an ebenbürtigen Werken.
Wenn in meiner Jugend das Verständnis und die Begeisterung für die Antike rascher erwachte, als für die
Schöpfungen der Renaissance, so lag es daran, daß der
angehende Kunstjünger auf den Genuß jener besser vorbereitet wurde. Unser Führer auf dem Gebiete der antiken
Kunst war Winckelmann, im Kreise der neuen italienischen
Kunst Rumohr. Nun kann man gewiß dem holsteinischen
Edelmanne reiche Gelehrsamkeit nicht absprechen. Die Gabe
aber, den Leser für den Gegenstand zu begeistern, war ihm
von der Natur nicht verliehen worden. Niemals verlieren
die „Italienischen Forschungen“ den trockenen Ton, niemals
merkt man dem Autor an, daß im Angesicht einer Kunst-
schöpfung sein Puls rascher schlage, sein Atem heißer wehe.
Wo die Urkunden schweigen, sinkt sein Interesse. Zu einer
eingehenden, liebevollen psychologischen Schilderung eines
Künstlers, schwingt er sich selten auf. Wie arg hat er
sich an dem großen Giotto versündigt, wie wenig wurde
er dem fröhlichen Naturton der älteren Florentiner gerecht.
Wir lernten viel aus Rumohr, aber Anregungen zu einem
frischen Genusse der Kunstwerke gab er uns nicht. Ganz
anders packte Winckelmann die Geister. Seine Schilderungen
versetzen uns sofort in eine hellstrahlende Welt der Götter

und Halbgötter und nehmen unsere Phantasie vollkommen gefangen. Was Winckelmann in seiner Kunstgeschichte schreibt, ist, wie Winckelmännchen später nachwiesen, nicht immer wahr, es verdiente aber wahr zu sein. Das Gleiche gilt von Böttichers „Tektonik der Hellenen.“ Beide Bücher haben manchen Irrtum verschuldet, aber in weite Kreise eine ehrliche Begeisterung und tiefes Interesse für die Antike verpflanzt. Seit sie nicht mehr viel gelesen werden — böse Zungen behaupten, sie würden von Kunstjüngern überhaupt nicht mehr gelesen — hat die klassische Archäologie Mühe, ihre alte Anziehungskraft auf die Welt zu behaupten. Die Bahn unserer Kultur scheint sich in der That seit einem Menschenalter immer mehr von der Antike zu ent= fernen.

Heutzutage sind die Kunstschätze Roms gewiß viel zu= gänglicher geworden. In mancher Beziehung besaß aber das Studium vor einem Menschenalter doch eine größere Bequemlichkeit. Zunächst stießen sich die Besucher der Museen nicht mit den Ellenbogen, gab es im Vatikan kein so arges Gedränge, wie gegenwärtig in jedem Frühling und Herbst. Man fühlte sich im Vatikan, von der Bibliothek abgesehen, beinahe wie zu Hause und hatte an einzelnen Tagen die Sixtinische Kapelle ganz für sich. Wie oft ließen wir uns vom Kustoden, gegen ein kleines Trinkgeld, für mehrere Stunden in ihr einsperren und konnten nun völlig ungestört die Fresken studieren. In der Farnesina stand jede Ecke und jeder Winkel der Villa dem Besucher offen. Die Restaurationswut hatte noch nicht so heftig um sich gegriffen, Kirchen und Ruinen im ganzen verschont. Das alte Rom und auch das Rom des Mittelalters hatte noch nicht die schöne Patina verloren.

Das Kunststudium entrückte aber den Rompilger keineswegs den greifbaren Interessen der Gegenwart. Rom stand, als ich daselbst eintraf, im Zeichen des Evviva Pio nono. So las man an allen Mauerecken, so hörte man aus dem Munde der Vornehmen und Geringen, der Kleinen und Großen, der Einzelnen und der großen Volksmassen. Die Augen Europas waren auf Rom gerichtet, die Augen Roms auf den Papst. Ein wunderbares Schicksal schien in Scene zu gehen, die Vermählung der strengsten kirchlichen Autorität mit politischer Freiheit, der Bund einer religiösen Weltmacht mit einer scharfbegrenzten Nationalität. Der Papst an der Spitze eines freien Italiens! Dieser Traum fand viele Gläubige. Wer an die nahe Verwirklichung des Traumes nicht glaubte, hütete sich, wenigstens sein Mißtrauen öffentlich auszusprechen. So lebte Rom viele Monate lang in einem wahren Freudenrausche. Man wartete die Großthaten des Papstes nicht ab, um ihm begeisterte Huldigungen darzubringen. Jeder Anlaß, jedes Gerücht wurde benutzt, Pio IX. einen Triumph zu bereiten. Es genügte, daß der Papst sich öffentlich zeigte, um den Volksjubel zu entfachen, und wenn er sich einmal längere Zeit nicht zeigte, so stürmten ihn die endlosen Evvivas der enthusiastischen Römer aus dem Quirinal auf den Balkon heraus. Wie oft habe ich damals den Segen des Papstes empfangen! Denn daß ich mich regelmäßig den Volkshaufen anschloß, welche nach

dem Quirinal fingend und jubelnd zogen, verftand fich von
felbft. Einmal kam ich dabei fogar in nähere Berührung
mit dem angefehenften und fcheinbar wichtigften Volksführer,
mit Cicernacchio, dem ehemaligen Getreidehändler und
Pferdehalter und gegenwärtigen römifchen Volkstribun, der
den kurzwährenden Ruhm fpäter in fo furchtbarer Weife
büßen mußte. Wir hatten wieder, viele hundert Köpfe
ftark, auf dem Quirinalplatze die nebenbei gefagt höchft
triviale Piushymne fo laut gebrüllt und fo oft wiederholt,
bis der Papft auf dem Balkon erfchien und uns fegnete.
Als er fich zurückgezogen hatte, begannen wir abermals zu
jubilieren, in der Hoffnung, der Papft werde noch einmal
auf dem Balkon erfcheinen. Diefe Zudringlichkeit war dem
guten Cicernacchio doch zu arg. Er trat aus dem Thore
des Palaftes heraus und mahnte zur Ruhe und zum Weg-
gehen. Ich ftand in der erften Reihe und konnte nicht fo
rafch, wie der Tribun es verlangte, zurücktreten. Da ver-
ftärkte er die Mahnung: andate via mit einem derben
Fauftfchlag vor die Bruft, den ich noch lange fpürte. Von
allen Schaufpielen zu Ehren des Papftes haftet im Gedächt-
niffe am ftärkften der improvifierte Fackelzug am Abend
des Jahrestages feiner Wahl. Bildhauer hatten die Statue
des knieenden Papftes aus Gips und Stroh modelliert.
Nach Anbruch der Nacht wurde fie auf den Schultern von
zwölf facchini mit Fackelbeleuchtung durch die Straßen getragen. Überall öffneten fich die Fenfter, traten Frauen
mit Lampen an diefelben und mifchten ihre Stimmen in
unfere braufenden Evvivas. Der Zug ging nach dem

Quirinalplatze, welcher sofort in einem Flammenmeer strahlte.
Das Schauspiel schloß in der üblichen Weise. Die Thüre
des Balkons öffnete sich, ein Teppich wurde über die Brüstung
gelegt, ein Kreuzträger trat vor, ihm folgte der Papst in
weißem Gewande, von zwei Kämmerern begleitet und spendete
mit seiner überaus wohllautenden Stimme den Segen. Der
Rausch der Volksmenge durchbrach alle Grenzen. Hätte
der Papst an jenem Abend befohlen, die Stadt anzuzünden
oder alle Fremden zu ermorden: willig wäre ihm Folge
geleistet worden. Nur im Palazzo di Vinezia, wo der
österreichische Gesandte wohnte, fand dieser Jubel keinen
Widerhall. Das konnte ich bald bemerken, da ich hier
häufig verkehrte. Graf und Gräfin Nostitz hatten mich dem
Gesandten, ihrem alten Freunde, warm empfohlen und mir
dadurch eine überaus freundliche Aufnahme verschafft. Graf
Lützow war ein österreichischer Diplomat alten Schlages,
ganz unempfindlich für die neuen politischen Stimmungen,
völlig befangen in dem alten Formelkram. Er zählte zu
Metternichs unbedingten Verehrern und wurde niemals
müde, die Instruktionen, welche er aus der Staatskanzlei
empfing, als Wunderwerke tiefer Weisheit und klassischer
Form zu preisen. Er selbst studierte täglich das Journal
des Debats. nicht wegen des Inhaltes, diesen fand er viel
zu liberal, sondern weil hier noch ein Diplomat die vornehme französische Sprache üben könne. Mit dem Gang
der Dinge in Rom war er natürlich im höchsten Maße
unzufrieden. Ihn kränkte nicht allein der verringerte Einfluß Österreichs, ihn ärgerte auch das steigende Ansehen

seines diplomatischen Nebenbuhlers, des französischen Gesandten Comte de Rossi. In der eigenen Familie mußte
er den Giftsamen des Piononokultus keimen sehen. Die
Gräfin, aus einem piemontesischen Adelsgeschlechte, machte
aus ihrer Verehrung des Papstes kein Hehl und unterhielt
uns bei Tische, zu geheimem Kummer des Grafen, gern
von den liebenswürdigen Eigenschaften und geistreichen Aus-
sprüchen ihres Ideals, nachdem uns vor Tische der Graf
über die unseligen Schwächen des Papstes belehrt hatte.
Mit den Mitgliedern der Gesandtschaft trat ich natürlich
in keine näheren Beziehungen, doch merkte ich bald, daß
auch hier Doppelströmungen walteten. Der Botschaftskavalier,
wie er gewöhnlich hieß, Graf Szechényi, ein munterer, junger
Herr, nahm offenbar die Ereignisse nicht tragisch, freute
sich über die bunten Scenen, welche das sonst öde römische
Leben aufheiterten und gab zu verstehen, daß er die nationalen
Regungen in Italien nicht ganz verwerflich finden könne.
Ein bürgerlicher Botschaftsrat, dessen Name mir entfallen
ist, besorgte die schmutzige Wäsche der Gesandtschaft und
schrieb fleißig Polizeiberichte nach Wien. Er gab offen
seinen Haß gegen das liberale Italien kund und unterhielt,
wie man im Palazzo di Venezia munkelte, in aller Heim-
lichkeit einen regen Verkehr mit den Jesuiten und den
andern Gegnern des Papstes. Auch mich wollte er in den
Polizeidienst spannen. Er meinte in einer scheinbar ganz
harmlosen Plauderei, eine Sammlung der zahllosen politischen
Straßenanschläge und Mauerinschriften würde für mich ein
interessantes Reiseandenken abgeben und er mir dankbar

sein, wenn ich ihm dieselbe gelegentlich auch mitteilen wollte. Da ich nicht das Aussehn eines Deutschen besäße und viel herumkomme, so dürfte meine Thätigkeit als Abschreiber den Leuten kaum auffallen. Ich war zwar ein grüner Bursche, aber doch nicht so dumm, als daß ich nicht die Polizeiabsicht gewittert hätte. Und so bedurfte es gar nicht der Warnung befreundeter österreichischer Künstler, um den Vorschlag höflich abzulehnen. Diese, in dem Palazzo wohnhaft, oder doch von der Botschaft mehr oder weniger abhängig, befanden sich in einer schlimmen Lage. Mischten sie sich unter das Volk, so gerieten sie leicht in den Verdacht der Spionage, hielten sie sich abseits, so wurde das wieder als Widerwille gegen die liberale Strömung ausgelegt. Ängstlich mieden sie daher politische Gespräche und wichen sorgfältig allen Streitigkeiten aus. Das war aber damals schwer, ja geradezu unmöglich. Denn auch in den deutschen Künstlerkreisen deutete das Wetterglas auf Sturm. Deutsche politische Tagesfragen fanden im Café greco und den deutschen Weinkneipen kräftigen Widerhall. Preußen standen Süddeutsche, Liberale den Konservativen gegenüber, und ob Preußen bald eine Verfassung erhalten, Deutschland die Einheit gewinnen werde, darüber zerbrachen sich auch die deutschen Maler in Rom ihre Köpfe. Nicht einmal auf den sonst so friedlichen Kunstgebieten blieb man vor Parteileidenschaften und Streitigkeiten sicher.

Als ich nach Rom kam, drehte sich das Gespräch ausschließlich um das von Schrader ausgestellte Gemälde „Die Übergabe von Calais an König Eduard III. von England."

Das Werk war offenbar unter dem Einfluß der bekannten Bilder von Gallait und Biéfve entstanden und brachte den „Deutsch-Römern" die erste sichere Kunde von dem Kunstwandel in der Heimat. Um ein solches Bild zu malen, brauchte man nicht nach Rom zu kommen, meinten die einen; „seht, daß man auch außerhalb Roms tüchtige Bilder malen kann", rühmten die anderen. Roms alter Ruhm als die beste Hochschule der Kunst erschien bedroht, sein Einfluß, angeblich so fruchtbar und segensreich, in bedenklicher Weise erschüttert. Nerly in Venedig hatte nur zu sehr recht gehabt, als er das Rom Thorwaldsens und der Romantiker im Absterben behauptete. Von den alten Säulen stand nur noch eine aufrecht: Overbeck. Der einsame Bewohner des Palazzo Cenci zeigte aber am besten, daß eine andere Zeit angekommen sei. Er lebte nur in der Vergangenheit. Die Gegenwart verstand er nicht, besaß auch nicht das geringste Interesse für sie. Kopfschüttelnd hörte er zu, wenn man ihm von den großen Erfindungen unserer Zeit, von der Blitzesschnelle der Eisenbahnfahrten, von der Sonnenhelle des Gaslichtes erzählte. Noch weniger verstand er die Begehrlichkeit der Menschen nach Freiheit und nationaler Einheit. Als ob die Kirche nicht längst, was dem Menschen wahrhaft frommte, ihm gegeben hätte. Er hatte mit dem Leben abgeschlossen und auch für die Kunst hoffte er auf keine neuen Bahnen mehr. Doch blieb der Verkehr mit dem würdigen friedlichen Greise noch immer genußreich. Man blickte in eine ferne Welt zurück, deren Farben zwar längst abgeblaßt waren, aber noch immer einen harmonischen

Schimmer bewahrten. Unter dem frischen Eindruck der
Begegnung versuchte ich in den Jahrbüchern der
Gegenwart, Ende 1847 oder Anfang 1848, ein Bild
von Overbecks Persönlichkeit und seiner Stellung in Rom
zu entwerfen. Jeden Sonntag stand seine Werkstätte den
Besuchern offen. Oft herrschte ein förmliches Gedränge in
den beschränkten Räumen. Der Meister, gewöhnlich mit
gefalteten Händen, ging von einer Gruppe zur andern und
wechselte mit jedem, der ihn ansprach, ein paar freundliche
Worte. Bei diesen Anlässen lernte man ihn nur ober-
flächlich kennen. Er lud aber zuweilen jüngere Leute zum
Frühstück in sein Haus. Hier ließ er sich offener gehen und
zeigte sich gesprächig. Die Herrlichkeit der alten italienischen
Malerei, besonders der umbrischen, erfüllte seine ganze
Phantasie. Niemals wurde er polemisch, wenn er nicht
loben konnte, schwieg er lieber. So erinnere ich mich nicht,
jemals ein Wort über Michelangelo aus seinem Munde
gehört zu haben. Da besaß seine Frau eine viel schärfere
Zunge und oft brachte sie uns durch ihre inquisitorischen
Fragen in arge Verlegenheit. „Welche Kirche wir am
Morgen besucht hätten", war der gewöhnliche Gruß, mit
welchem sie uns junge Leute empfing. Wir richteten uns
deshalb so ein, daß wir vor dem Besuche Overbecks stets
Kirchenstudien machten und dann die Frage mit gutem
Gewissen bejahend beantworten konnten. Daß wir in den
Kirchen Mosaiken betrachtet, die Architekturformen unter-
sucht hatten, brauchte die gute Dame nicht zu wissen. Mein
gewöhnlicher Besuchsgenosse bei Overbeck, der leider bald

nach meiner Abreise von Rom verstorbene Kupferstecher
Wiesner aus Prag, ein Schützling des archäologischen
Instituts und durch die Wiedergabe der Ficoronischen Ciste
mit Recht in Künstlerkreisen geachtet, verstand es vortrefflich,
die fromme Neugierde der Frau Overbeck durch naive Antworten zu beschwichtigen und half uns aus mancher Not.

Welch schroffer Gegensatz bestand zwischen dem alten
Overbeck und dem in Kraftfülle und überschäumender Lebenslust strotzenden Karl Rahl, welcher mich von dem jüngern
Künstlergeschlechte am meisten fesselte. Rahl stand an der
Spitze der Bewegungspartei. Freisinnig in allen politischen
und kirchlichen Dingen, rücksichtslos bis zur verletzenden
Schroffheit in der Aussprache seiner Urteile, aber durchaus
ehrlich und wahrheitsliebend, dabei von großen Hoffnungen
für die nächste Kunstentwickelung erfüllt, erwies sich Rahl
als trefflicher Lehrmeister, um ein selbständiges Urteil zu
erringen und zu kritischen Prüfungen der Kunstwerke anzuregen. Der Umgang mit Rahl befreite mich aus der Gefahr, einfach gläubig auf die alten Autoritäten zu schwören,
welcher man in Rom so leicht verfällt. Rahl war von
Natur reich, fast zu reich angelegt, sein Interessenkreis war
zu groß, die echt künstlerische Naivetät durch den scharf
ausgeprägten kritischen Sinn oft zurückgedrängt. Auch die
fast unheimliche Plumpheit des Körpers übte Einfluß auf
seine Phantasie und ließ ihn zu leicht in schwerfällige
wuchtige Formen, wenn er malte, verfallen. Der venetianische
Jordaens hieß er bei einzelnen seiner Genossen.

Das Peter- und Paulsfest war mit Girandola und

Kuppelbeleuchtung vorüber. Ich hatte mich nach Kräften
bemüht, einen Überblick über die römischen Kunstschätze zu
gewinnen, in Rom selbst mich eingebürgert, auch nach guter,
alter Sitte das Albaner= und Sabinergebirge durchwandert.
Allmählich machte die steigende Hitze den längern Aufent=
halt in Rom unleidlich. So entschloß ich mich denn gleich=
falls zur Rückreise, wählte aber, von Overbeck aufgemuntert,
den Weg jetzt durch das umbrische Land. Von früheren
Zeiten her, als er in S. Maria degli Angeli in Assisi die
bekannte Freste gemalt, besaß Overbeck zahlreiche Bekannte
und Verehrer in umbrischen Städten und Klöstern. Er
stattete mich mit warmen Empfehlungen an sie aus. Manche
Briefe blieben unbestellbar; die Leute waren verzogen, ver=
dorben, gestorben; einzelne der Adressaten heischten Hilfe
von mir, statt mir die gewünschten Dienste zu leisten. Am
schlimmsten erging es mir in Perugia. Dorthin hatte mich
Overbeck an die Witwe eines nahe befreundeten Mannes
empfohlen, mir sogar ein Röllchen Scudi, den Rest einer
ältern Verpflichtung, an sie mitgegeben. Das Weib hielt
aber jetzt ein berüchtigtes Haus und ich dankte es nur der
Warnung eines facchino, daß ich mich nicht bei ihr ein
quartierte, sondern nach Erledigung meines Auftrages schnell
davonging und in einem bescheidenen Albergo Obdach suchte.
In andern Fällen dankte ich Overbecks Empfehlungen freund=
liche Aufnahme und wohlfeilste Unterkunft.

In fröhlicher Fahrt durchstreifte ich das umbrische Land.
Ich trat den Volkskreisen näher, lernte ihre Denkweise
kennen und sättigte das Auge mit landschaftlichen Eindrücken,

welche mir noch nach vielen Jahren das Verständnis der
verschiedenen italienischen Kunstschulen öffnen halfen. In
jedem Flecken fand ich eine Fahrgelegenheit und wenn es
auch ein Weinkarren war, der mich für gute Worte und
weniges Geld nach dem nächsten Städtchen brachte, in jedem
Orte einen patriotischen Kunstfreund, welcher mich auf die
Denkmäler seiner Heimat aufmerksam machte und eifrig,
zuweilen übereifrig, meine Führung übernahm. Während
der ganzen Fahrt bestand ich nur ein einziges Abenteuer.
Overbecks Empfehlung hatte mir in dem Kloster degli
Angeli, unterhalb Assisi, Herberge verschafft. An jedem
Morgen stieg ich den Berg empor und studierte die (arg
zerstörten) Fresken in S. Francesco; gegen Abend kehrte
ich in die Herberge zurück, labte mich an einer frugalen
Mahlzeit, träumte im Klostergarten, oder verkehrte mit den
Mönchen oder zufällig anwesenden Fremden. Eines Abends
gesellte sich ein französischer Architekt zu mir, welchem gleichfalls die Empfehlung eines Bischofs Aufnahme im Kloster
verschafft hatte. Von der Kunst, die an den heiligen Franz
anknüpft, kamen wir auf die Legenden des Heiligen zu
sprechen. Der Franzose sprach sich über einzelne derselben,
wie über den ganzen katholischen Heiligenkultus, ziemlich
frivol aus und erzählte einzelne gute Schnurren, die mich
zum Lachen brachten. Wir hatten keine Ahnung, daß der
uns bedienende Klosterbruder auch der französischen Sprache
mächtig war. Am nächsten Morgen wurden wir zum
Guardian beschieden, welcher uns eine grimmige Straf-
predigt hielt, die Gastfreundschaft kündigte und zum Schlusse

kategorisch aufforderte, sofort Kloster und Stadt zu verlassen, wenn wir nicht die Rache des Heiligen erfahren
wollten. Beschämt schlichen wir in unsere Zellen zurück,
packten die Ranzen und zogen die Straße nach Toscana
weiter. Das Schlimmste war, daß wir mit hungrigem
Magen die Reise antreten mußten und der Vetturin das
Fahrgeld der Ketzer beträchtlich erhöhte, auch sonst sich mißtrauisch und wenig gefällig erwies.

In Florenz wurde wieder eine längere Rast gemacht.
Mit andern Augen sah ich jetzt die Gemälde in den Galerieen
an, als auf der Herreise. Der Aufenthalt in Rom und
Umbrien hatte den Sinn für das Eigentümliche der einzelnen Meister geschärft, die größere Aufmerksamkeit den
Formen und nicht mehr vorwiegend dem Inhalt zuzuwenden
gelehrt. Die Florentiner Meister aus dem Anfange des
sechzehnten Jahrhunderts, die Fra Bartolommeo, del Sarto,
Ridolfo Ghirlandajo u. a. offenbarten erst jetzt ihre volle
Anziehungskraft und ließen mich nun mit Vorliebe in den
früher wenig beachteten Sälen der toscanischen Meister
verweilen. Auch die Sammlung der Akademie übte erst jetzt
volle Wirkung. Methodisch war diese Art des Studiums,
dem Entwickelungsgange der Kunst geradezu entgegenlaufend,
nicht. Zum Ziele führte sie dennoch. Wer in Florenz
lange verweilt, ehe er Rom kennen gelernt hat, glaubt in
der Regel, das Bessere und Vollkommenere müsse erst
kommen. Die hochgespannten Erwartungen rauben dem
Blicke die Ruhe und lassen die ältere Thätigkeit nur zu
leicht als bloße Vorbereitungsstufe ohne selbstständigen Wert

erscheinen. In Rom entdeckt man allmählich, daß das viele
Licht doch nicht ganz ohne Schatten sei, den Kunstwerken
zuweilen die naive Naturfrische mangele. Die toscanischen
Meister sind beschränkter, aber innerhalb dieser Beschrän=
kung gleichfalls vollendet; sie tragen den italienischen Volks=
charakter offener zur Schau und zeigen, frei von allem
Überhasteten und Eiligen, in dem technischen Verfahren eine
ruhige Gediegenheit.

Kurze Besuche in Pisa und den benachbarten Land=
städten ergänzten meine Kunde der ältern toscanischen Kunst.
Dann aber packte mich wieder unwiderstehlich die Sehn=
sucht nach Licht und Luft, nach blauen Bergen und dem
leuchtenden Meere. Von Lucca schlug ich den Landweg
ein, welcher an der Küste über Spezzia nach Genua führt
und ließ mich erst in Mailand wieder von kunsthistorischen
Interessen einfangen. Als ich den italienischen Boden zu=
erst betrat, hatte ich den Kopf noch mit philosophischen
Begriffen angefüllt, über meine Zukunft kaum ernstlich
nachgedacht. Als ich Italien verließ, war ich den histori=
schen Studien gewonnen und stand der Entschluß, mein
Heil und Glück in Deutschland zu versuchen, fest. Das
waren die wichtigsten Reisefrüchte. Im Angesicht der
lebendigen Kunstwerke schrumpfte die Gelehrsamkeit, welche
die spekulative Ästhetik dargeboten hatte, arg zusammen,
erwiesen sich die verschiedenen Kategorieen als gebrechliche
Stützen. Wie stolz fühlte sich der junge Philosoph, wenn
er die Entwickelungsstufen der künstlerischen Phantasie: die
architektonische, plastische und malerische an den Fingern

abgezählt und danach die Aufeinanderfolge der Kunststile in der Zeit mit unbedingter Sicherheit bestimmte. Und ein Kunstwerk glaubte er vollständig begriffen zu haben, wenn er es in den verschiedenen Arten des Erhabenen, des Einfach-Schönen, des Humoristischen u. s. w. einordnen konnte. Sobald er aber der Fülle der wirklichen Kunst gegenüberstand, merkte er seine Armut und Unwissenheit. Die Entwickelung des Schönheitsbegriffes ließ sich der zeitlichen Folge der Kunstweisen durchaus nicht anpassen, die Kunstwerke sträubten sich beharrlich, als bloße Beispiele der verschiedenen Kategorieen zu gelten. Dort Zwang, hier Freiheit, dort Eintönigkeit, hier größte Mannigfaltigkeit, dort ein erträumtes Reich, hier fester Boden, dort ein Schaukeln in Wolken, hier eine lebendige Welt, im Volke sicher wurzelnd, dessen liebste Gedanken und Empfindungen wiederspiegelnd. Die Entscheidung konnte nicht schwer fallen. Was das Auge lehrte, konnte keine nachträgliche Spekulation widerlegen. Das Auge predigte aber Achtung vor der Wirklichkeit, Anerkennung der Individualitäten, selbstständiges Wachstum der Kunst in den einzelnen Weltaltern. Wie die Kunstwerke entstanden sind, wie sich die künstlerischen Persönlichkeiten entwickelt haben, solche Untersuchungen führen am besten in das Kunstverständnis ein. Der Sieg der historischen Betrachtungsweise über das philosophische Credo brachte auch die Frage: Was aus mir werden solle? in Fluß. Die historischen Wissenschaften waren in Österreich heimatlos. Auf allen Disziplinen lastete ein schwerer Druck. Alle hatten unter dem beschränkten Hasse, der lächerlichen

7*

Angst der Regierung zu leiden. Kein Studium lag so tief zu Boden, wie das historische. Hier war der Regierung wirklich gelungen, einer Wissenschaft den Lebensfaden abzuschneiden. Keine Möglichkeit, sich über die Quellen, die Methode zu unterrichten, keine Gelegenheit, eine Arbeit vorzubereiten, den kritischen Sinn zu üben. Niebuhr, Ranke waren unbekannte Namen, ihre Bücher geradezu unauffindbar. Und dazu die öde Umgebung, der radikale Pessimismus bei dem jüngern Geschlechte, die Gleichgiltigkeit bei den Alten, die Verachtung des eigenen Staates, der Widerwille gegen die Gegenwart bei allen. Auf jede Anregung mußte ich Verzicht leisten, jeder Teilnahme an meinem Streben entbehren. Irgend eine gelehrte öffentliche Wirksamkeit war auf absehbare Zeit nicht zu hoffen. Das Gespenst eines verkümmerten Privatlehrers, welcher sich durch Stundengeben vom Hungertote rettete, stand drohend vor meinen Augen. Ich kannte mehrere, welche in ihrer Jugend gar reiche, gelehrte Pläne mit sich trugen, aber schließlich doch, weil sie sich der offiziellen Schablone nicht fügten, zu Grunde gegangen waren. Allerdings sehnte ich mich nach dem Familienleben in Czermaks Hause zurück. Aber Mama hatte die Absicht, mit Jaroslav, dessen Talent sich immer prächtiger entfaltete, Prag sobald als möglich zu verlassen, und eine andere Kunstschule — sie dachte schon damals an Antwerpen — aufzusuchen. So faßte ich den kühnen Entschluß, statt nach Österreich zurückzukehren, an einer deutschen Universität mich für die Gelehrtenlaufbahn vorzubereiten, zunächst mir hier den Doktorhut zu holen. Meine

Wahl schwankte nicht lange. In Tübingen besaß ich Gönner
und durfte einer freundlichen Aufnahme und guter Unterstützung gewärtigen. Nach Tübingen richtete ich meine
Schritte. Nachdem ich in Lugano noch meine Mailänder
Kunststudien ergänzt hatte, durchflog ich die Schweiz und
traf Anfang September in der Schwabenstadt ein.

7. Tübingen.

Mein erster Besuch galt Schwegler. Er war anfangs über meine jugendliche Erscheinung etwas verblüfft, da er mich für älter gehalten hatte. Nachdem ich ihm meinen Lebenslauf gebeichtet hatte, meine Kämpfe geschildert, meine Pläne und Wünsche dargelegt, sprach er mir Mut zu. Ich solle vorläufig mich in Tübingen niederlassen, ab und zu in Vorlesungen hospitieren, um mich an den akademischen Ton zu gewöhnen, in persönlichem Verkehr mit Lehrern die herrschenden Strömungen kennen lernen und im Laufe des Winters meine Doktordissertation ausarbeiten. Dann stehe es mir noch immer frei, entweder als Privatdozent in Tübingen zu bleiben oder an einer andern Universität mein Glück zu versuchen. Er glaube an die Möglichkeit eines Erfolges in Tübingen, da Vischer schon oft eine Ergänzung seiner ästhetischen Wirksamkeit durch einen Kunsthistoriker gewünscht habe, durch Vischer jedenfalls das Kunstinteresse unter den Studenten in hohem Grade gefördert werde.

Mein zweiter Gang führte mich in den Buchladen, wo ich Goethes sämtliche Werke kaufte. Eine Doppelschranke

hemmte den raschen Eintritt des Österreichers in das Reich
lebendiger deutscher Bildung. Er konnte seinen Sprach-
schatz nicht aus Luthers Bibel sammeln und stand Goethe
fremd gegenüber. Die Bibel war in Österreich kein Haus-
buch, vollends die Luthersche Übersetzung arg verpönt. Eine
Fülle der glücklichsten Redewendungen und kräftiger, das
Schwarze treffender Ausdrücke, welche dem deutschen Protestanten von Kindheit an geläufig sind, hatte der katholische
Österreicher in seiner Jugend niemals gehört. Ihm wurde
es daher schwer, volkstümlich, ungekünstelt zu schreiben, seine
Muttersprache nach der Tiefe hin auszubilden. Ebenso
erwarb sich von allen deutschen Klassikern Goethe am spätesten
in Österreich das Bürgerrecht und übte auf Sprachsinn und
Stilgefühl gar keinen Einfluß. Die eine Schranke wollte
ich wenigstens sobald als möglich wegräumen und so erwarb ich, trotz knapper Geldmittel, die stattliche Ausgabe
in dreißig Bänden, und zwar gleich in festen Einbänden,
um ja keine Stunde zu versäumen. Es war eine glückliche
Zeit, in welcher ich mich behaglich in Goethe einlebte, jedes
Wort in mich aufnehmen konnte und den Meister nicht
bloß im glänzenden Staatsgewande, sondern auch im einfachen Hausrock, in seinen kleinen Schriften und Aufsätzen
kennen lernte. Die in Österreich verehrten Götter: Schiller
und Jean Paul traten völlig in den Hintergrund zurück.

In kurzer Zeit wurde ich in Tübingen heimisch. Die
Tagesstunden verbrachte ich in meinem kleinen Stübchen
in der Neckarhalde oder in der Bibliothek bei der Arbeit.
Den Mittagstisch im Museum, die Tasse Kaffee bei Frau

Müller an der Neckarbrücke nahm ich gemeinsam mit einigen
Dozenten und jüngeren Beamten, und auch der Abend führte
uns öfter zu einem Schoppen Wein zusammen. Natürlich
schloß ich mich dem Kreise am engsten an, welcher in den
Jahrbüchern der Gegenwart seinen Mittelpunkt besaß, in
politischen und religiösen Dingen liberal dachte und gegen
die wissenschaftliche Schablone, den rein mechanischen Betrieb
der Universitätsfächer scharf zu Felde zog. Die Seele
unsrer Versammlungen war Friedrich Vischer. Die über
ihn verhängte Disziplinarstrafe, das Verbot der Vorlesungen
auf ein Jahr, hatte er kurz vorher überstanden. Er fühlte
sich durch die neuerwachte Teilnahme der Studenten gehoben, durch das längere Stillleben gekräftigt. Sein Erfolg als Lehrer war größer als je. In Haß und Liebe
der Alte, ließ er doch im Privatverkehre jetzt einen fröh-
lichern Ton walten. Vischer leitete regelmäßig bei unserm
Zusammentreffen den Gang der Gespräche, führte vorwiegend
das Wort und hielt uns durch geistreiche Scherze, pikante
Witze, scharfe satirische Hiebe in unaufhörlicher Bewegung.
Vorausgesetzt, daß er guter Laune war. Leider genügte
oft schon eine Kleinigkeit, um sie zu stören. Wenn sich
z. B. die sogenannte Amtspflege, der Messingapparat zum
Stopfen und Räumen der Pfeife, oder der Becher mit
Fibibus nicht an der gewohnten Stelle, links von seiner
Hand befanden, so blieb er für eine gute Viertelstunde
verschnupft und verärgert. Leicht faßte er auch eine rein
sachliche Bemerkung persönlich auf und schleuderte dann
unbarmherzig auf den Gegner spitze Pfeile. Man mußte

sich überhaupt erst an seine eigentümlich kräftige Ausdrucks=
weise, an seine lebhaften Phantasiebildungen gewöhnen, um
nicht unwillkürlich anzustoßen. So gab es gleich in den
ersten Tagen ein arges Mißverständnis. Vischer hatte mir
von seinem Hans erzählt, einem kleinen Prachtkerl, immer
munter, immer in Bewegung, der zwar der Frau schlecht
gehorche, ihm aber auf das Wort folge, dabei schon so klug,
daß man mit ihm über alles sprechen könne. Ich dachte
nicht anders, als daß von seinem Söhnchen die Rede sei.
Bald darauf besuchte ich seine Frau, eine Dalmatinerin
von fesselndem slawischen Typus, aber leider einem geringen
Verständnis für die Interessen ihres Mannes. Sie klagte
mir, daß sie sich oft ganz einsam fühle. Da meinte ich,
einen guten Trost zu spenden, indem ich auf Hans hinwies,
der ihr gewiß große Freude mache. „Das ist ja der Hund!"
rief sie lachend. Ich hatte in meiner Unschuld den Hund
mit dem Sohn verwechselt, was übrigens verzeihlich war,
da Vischer es liebte, mit Hans wie mit einer vernünftigen
Person zu verkehren. Noch später hatte ich oft, wenn er
von Schelmenstreichen in seinem Hause erzählte, die Frage
auf den Lippen: Meinen Sie Hans oder Robert?

Zu unserm Kreise gehörte außer Vischer und Schwegler
der Professor der Staatswirtschaft J. Fallati, ein Hamburger
von Geburt, der Mediziner Griesinger, später als Irren=
arzt berühmt, der Stiftsbibliothekar Dr. Reichardt, die
Dozenten Köstlin, Planck und Köhler, der Zeichenlehrer an
der Universität, Leibniß, und einige liberale Gerichtsbeamte.
Einmal in der Woche traten auch Uhland und Karl Mayer

hinzu. Uhland verhielt sich in der Regel schweigsam. Ein einziges Mal im Laufe des Winters entfesselte Zorn in ihm einen mächtigen Redestrom. Auf dem Turm hatte die Glocke noch nicht zehn Uhr ausgeschlagen, als ein Polizeidiener erschien, um uns Feierabend zu bieten. Nun war es allgemeiner Brauch, noch ein akademisches Viertel zuzugeben, gegenüber in der Post saßen die Regierungsbeamten oft bis elf Uhr ungestört zusammen. Wir befanden uns überdies nicht in der allgemeinen Wirtsstube, sondern in einem abgeschlossenen Privatzimmer des Museums. Wir wollten alle gegen die offenbare Polizeiboßheit laut protestieren. Aber Uhland kam uns zuvor. In unverfälschter schwäbischer Mundart schüttelte er einen Sack von Grobheiten auf den Polizeidiener, so daß dieser betroffen schnell die Thüre suchte. Dann hielt er aber zu unserer Überraschung eine förmliche politische Rede, in welcher er die schwäbischen „Befehlerle's" brandmarkte, und das im großen unfähige und feige, im kleinen brutale Regierungssystem Würtembergs ausmalte. Beim Nachhausegehen meinte Fallati: „Jetzt werde ich jeden auslachen, welcher Uhland die Redegabe abspricht."

Die Mehrzahl der Genossen waren Stiftler, entweder in dem evangelisch-theologischen Seminar, dem sogenannten Stifte, ausgebildet, oder noch mit ihm durch das Amt verbunden. Lauter grundgelehrte, scharfdenkende Männer, lautere Charaktere, fest in ihrer Überzeugung, gewissenhaft in ihrem ganzen Wesen, aber fast alle angekränkelte und angebrochene Naturen. Sie hatten wohl innerlich die abstrakte Stiftler-

bildung überwunden, fanden aber schon schwer den Übergang
zu freieren Lebensformen und einer frischern Weltanschauung.
Aus dem Kopfe hatten sie den Stiftler vertrieben, im
Buckel, in den Armen und Beinen steckte er noch immer.
Die ihnen anerzogene Stumpfheit gegen die Kraft sinn-
licher Eindrücke konnte nur mühsam bekämpft werden, die
Anerkennung der Macht der Thatsachen kostete schwere
Arbeit. Immer drohte die Gefahr, in die Gewohnheit
allgemeiner Abstraktionen und Spekulationen zurückzufallen.
Selbst Schwegler, von Natur energisch und rücksichtslos,
sprengte nur langsam die Fessel der Stiftlerbildung. Er
klagte bitter über die verlorenen Jahre und fürchtete, nie
mehr sein Leben harmonisch ausgestalten zu können. Die
theologische Laufbahn hatte er aufgegeben, dem philosophischen Lehramte sich zugewandt. Wenn er auch vorwiegend
die Geschichte der Philosophie trieb, so blieb es doch nicht
aus, daß er sich wiederholt im Walde der Spekulation
verstrickte, welcher er doch entfliehen wollte. Schon damals hegte er den Wunsch, sich ausschließlich dem Studium
der alten Geschichte zu widmen, wobei ihm die gediegene
philologische Gelehrsamkeit die größte Hilfe bringen mußte.
Er seufzte nur, daß es ihm schwer falle, die einzelnen
Nachrichten zu geschlossenen Bildern zu fassen und das
Leben der Alten sich farbig auszumalen. „Zu historischer
Kritik wurden wir im Stifte angeleitet, von historischen
Darstellungen besitzen wir keine Ahnung."

Diese und noch viele andere Dinge wurden in den
kurzen Plauderstündchen erörtert, zu welchen wir allabend-

lich nach gethaner Arbeit zusammen kamen. In diesen
traulichen Zwiegesprächen gewann ich von dem wissenschaft=
lichen Treiben der Gegenwart eine bessere Kunde, als in
den Vorlesungen, welche ich ab und zu besuchte. Das
Hospitieren gab ich bald auf, denn ich merkte, daß nament=
lich die älteren Lehrer dasselbe nicht liebten, durch die An=
wesenheit eines Fremden in Verlegenheit gebracht wurden.
Einzelne baten ausdrücklich um Einstellung meiner Besuche.
Am längsten hielt ich bei Vischer aus. Leider zeigte er
sich gerade in diesem Semester nicht in seiner wahren
Gestalt. Unter allen Vorwürfen, welche die Gegner gegen
ihn geschleudert hatten, erbitterte ihn keiner so heftig, als
der angebliche Mangel an streng wissenschaftlicher Form
seiner Vorlesungen. Er wollte den Leuten zeigen, daß er
auch grundgelehrt vortragen könne, wenn er nur wolle. In
den Vorlesungen über Ästhetik, erster Teil, welche er im
Winter hielt, that er offenbar des Guten zu viel. Er
diktierte immer erst einen Paragraphen und gab dann eine
ausführliche Erläuterung der einzelnen Teile desselben. Ab=
sichtlich steckte er sich in die schwerste spekulative Rüstung
und wahrte der Hegelschen Terminologie ihr volles Recht.
Nur ab und zu guckte der Schalk aus dem Helm heraus
und durchbrachen einzelne geistreiche Wendungen und witzige
Spitzen den eintönig gelehrten Vortrag. Übrigens mußte
ich bald aus äußeren Gründen den Besuch der Vorlesungen
einschränken. Je weiter der Winter vorschritt, desto mehr
nahm die Politik Zeit und Interesse in Anspruch. Mit
fieberhafter Spannung verfolgten wir den Sonderbunds=

krieg, über dessen Verlauf die Briefe einberufener schweizer
Studenten uns eingehend unterrichteten. Anfangs überwog
die Sorge, ob die liberalen Kantone dem Ansturm der
reaktionären Weltmächte widerstehen würden. Um so größer
war der Jubel, als der Sonderbund, trotz Landsknechten
und Jesuiten, österreichischer Waffen und französischen
Geldes, jämmerlich zusammenbrach und der Liberalismus
zum erstenmal seit vielen Jahren einen vollen, durch nichts
getrübten Sieg feierte. So war er also doch eine Macht,
praktische Erfolge, so lange selbst von den eigenen Anhängern
bezweifelt, keineswegs von der Zukunft ausgeschlossen. Unsere
politischen Hoffnungen schwollen gewaltig an und wo bisher
teilnahmlose Entsagung, Kleingläubigkeit, dumpfe Ver=
bitterung herrschte, regte sich die Lust zu wirken und zu
handeln. Der Rückschlag auf die deutschen Dinge ließ
nicht auf sich warten. Die Verfassungskämpfe in Preußen
wurden immer heftiger, im benachbarten Baden hob die
Kammeropposition immer mächtiger das Haupt, in Bayern
drohte eine sinnliche Verirrung des Regenten das Band
zwischen der Dynastie und dem Volke zu zerreißen. Die
allgemeinen Wünsche und unklaren Träume begannen sich
zu bestimmten Forderungen zu formen, überall traten die
politisch gereisten Männer einander näher, um sich zu einer
großen Nationalpartei zusammenzuschließen. Die Gründung
der „Deutschen Zeitung" in Heidelberg war die Frucht
dieses Strebens. Der politische Idealismus feierte goldene
Tage. Wir glaubten und hofften, daß alle staatlichen Re=
formen ohne schwere und lange Kämpfe eingeführt würden,

dank der Nachgiebigkeit der Regierungen und des maßvollen Sinnes im Volke, und ahnten nicht, daß an Stelle des beschränkten Unterthanenverstandes, der ebenso beschränkte souveräne Dünkel treten, die politische Rohheit der Massen der tönenden aber hohlen Phrase zur Herrschaft verhelfen werde.

Der politische Umschlag hatte auch für mich persönliche Folgen. Schwegler empfand es immer peinlicher, daß die Jahrbücher der Gegenwart als Monatsschrift stets den Ereignissen nachhinkten. Oft waren die letzteren bei dem raschen Laufe der Dinge schon halb vergessen, ehe sie in den Jahrbüchern erörtert wurden. Sie in eine Wochenschrift zu verwandeln, ging nicht an, da sie den schärferen Censurvorschriften wäre unterworfen gewesen. Schwegler entschloß sich daher zu einer zehntägigen Ausgabe. Dreimal im Monat sollte eine Nummer von einem bis zwei Bogen ausgegeben, der Politik und den unmittelbaren Tagesinteressen ein größerer Spielraum gegönnt, die Redaktion aber von ihm und mir gemeinsam geführt werden. Am 1. Januar 1848 erschienen die Jahrbücher zum erstenmal in der neuen Gestalt. Die Arbeit, namentlich der weitläufige Briefwechsel, war für einen Anfänger ziemlich beträchtlich, aber auch die Befriedigung, mitten im Strome fröhlich mitzuschwimmen, groß. Noch in anderer Weise wurde ich der praktischen Politik näher gebracht. Schon längst war der Wunsch der liberalen Tübinger Gelehrten gewesen, mit der ständischen Opposition, an deren Spitze der alte Römer stand, engere Beziehungen anzuknüpfen.

David Strauß, welcher in Stuttgart ganz heimisch war, übernahm die Vermittelung. Es wurden regelmäßige Zusammenkünfte in einer stillen Stuttgarter Weinstube verabredet, an welchen von den Tübingern Vischer und ich am eifrigsten teilnahmen. Die lange Fahrt im Stellwagen, übrigens nicht länger als die spätere Eisenbahnfahrt von Tübingen nach Stuttgart, verkürzte Vischer, ohne daß ich etwas weiteres zu thun hatte, als die Ohren offen zu halten. Immer lebendig und anregend, immer bereit, die Dinge unter einen überraschend neuen Gesichtspunkt zu stellen, geistreich zu beleuchten, reich an Paradoxen, aber nicht minder reich an Kernsprüchen, brachte er es zuwege, daß wir stets das Ende der Fahrt bedauerten. Bald unterhielt er uns über den wahrscheinlichen Verlauf der Reform oder der Revolution — denn allmählich begann das häßliche Wort bei uns häufiger über die Lippen zu strömen. Eine politische Revolution müsse auch von einer ästhetischen begleitet werden. Er malte die Erscheinungsweise der künftigen freien Menschheit farbig aus, erging sich in Schilderungen der rechten manneswürdigen Tracht. Die Trachtenfrage spielte überhaupt in seinen Gesprächen eine große Rolle. Forschte man freilich genauer nach, so ergab sich, daß er eigentlich nur den umstehenden Rockkragen, das „Pferdekummet" und den falschen (affenschändigen) Sitz der Taille hasse, in einem festgeschlossenen, grünen, kurzen Rock und grauen, weiten Beinkleidern das Ideal der freien Tracht erblickte. Über die richtige Stiefelform kam er nie in das Reine. „Sie wollen uns ja alle zu Förstern machen", war

häufig die Gegenrede. Der Widerspruch erregte gerade
bei diesem Anlaß seinen heftigen Zorn. Wer mit Bischer
gut stehen wollte, durfte über seine ideale Männertracht
keine Witze machen. Als er sich einmal in eigener Person,
nachdem er uns lange darauf vorbereitet, und wie ein Kleid
„gebaut" werden müsse, erörtert hatte, im grünen Röckchen,
grauen Hosen und grauen Schlapphut zeigte und einzelne
von uns das Lachen über die durchaus nicht anmutende,
sondern recht schwerfällige, etwas schneidermäßige Erscheinung
nicht unterdrückten, wurde er ernstlich böse. Doch zurück
zu unsern Postfahrten! Viehhändlern, welche gern, sobald
sie die Kutsche bestiegen, ihre schweren Stiefeln auszogen
und in ausgetretenen Pantoffeln es sich bequem machten,
hielt er halb grobe, halb launige Vorträge über Anstands-
lehre. Mit Gemeinderäten erörterte er die Lokalpolitik
und ließ sich von ihren Nöten und Kämpfen erzählen.
Präzeptoren gaben Anlaß zum Austausch persönlicher Erinnerungen. Nur wenn ein Helfer oder Diakon eine Strecke
mitfuhr, blieb er stumm und gab höchstens einige Knurr-
laute von sich.

Zu den wertvollsten Bekanntschaften bei den Stuttgarter Zusammenkünften gehörte jene Christian Märklins.
Die Tübinger waren seines Lobes voll, priesen ihn einstimmig als den tüchtigsten Charakter des ganzen Kreises.
Bischer, der für persönliche Schwächen ein gar scharfes
Auge hatte, nannte ihn stets einen ganzen Mann, den
einzigen, welcher den Stifter in seinem Wesen vollständig
begraben hätte. Wie hoch Strauß ihn stellte, sagt uns

sein Buch über Märklin, die beste Biographie, welche er geschrieben hat, gleichzeitig ein Ehrendenkmal für den Freund, wie ein wichtiger Beitrag für die Kenntnis der geistigen Kämpfe vor dem Jahre 1848. Märklin war ein Studiengenosse von Strauß und Vischer gewesen, hatte mit ihnen im kleinen Seminar von Blaubeuren, wie im Stifte in Tübingen Leid und Freud geteilt und nachdem er wacker und ehrlich durch theologische und philosophische Systeme sich durchgekämpft, im praktischen Lehrfach (in Heilbronn) Frieden und einen ihm zusagenden Beruf gefunden. Was ihn von den Genossen unterschied, war sein praktischer Sinn, seine klare, ruhige Anschauung der Dinge, sein unbestechliches Urteil. Bei Vischer übte Temperament und augenblickliche Laune oft einen unberechenbaren Einfluß auf das Urteil. Er hätschelte mit Vorliebe seine persönlichen Schwächen und gab ihnen eine Wichtigkeit, als ob das Weltheil von ihrer Befriedigung abhinge. In Strauß hatte die Kühnheit seiner Anschauungen, die geniale Freiheit nicht vermocht, gewisse Züge eines spießbürgerlichen Konservatismus gänzlich zu verwischen. So kam eine gewisse Schüchternheit und gewundene Zaghaftigkeit in sein Wesen. Märklin dagegen stand fest und tapfer für die Sache ein, sobald er sie als die rechte erkannt hatte und ließ sich durch kleine Bedenken, durch persönliche Stimmungen von dem einmal eingeschlagenen Wege nicht ablenken. Praktisch denken, kräftig handeln, that nach seiner Meinung den Deutschen, besonders den eigenen Stammesgenossen, am meisten not. Dieses Ziel zu fördern, darauf war sein Absehen vornehmlich gerichtet. Hätte ihm das Schicksal ein längeres Leben gegönnt (er starb unerwartet schon im Jahre 1849), so würde er in der Heimat gewiß eine hervorragende politische Stellung gewonnen haben. Auch bei unsern Zusammenkünften kam seine vornehme, klare Natur zur Geltung. Die Mitglieder des Landtags erschraken denn doch zuweilen über die Opfer, welche dem Partikularismus durch eine stramme Einheit Deutschlands zugemutet würden, die Abneigung gegen Preußen, die großdeutschen Träumereien ballten alle Pläne in abstrakte, leblose Formen. Märklin allein kam immer wieder auf den Satz zurück, daß, wer das Ganze wolle, sich nicht mit abgeschlagenen Splittern begnügen dürfe, und verteidigte ihn mit gewinnendem Eifer, wie er auch am kräftigsten das Mißtrauen gegen die preußische Führung zurückwies.

Es machte sich von selbst, daß ich bei dem öftern Aufenthalt in Stuttgart mit dem Schwäbischen Merkur, der würtembergischen Hauptzeitung, in Verbindung trat. Ich lieferte für die Beilage, Die Schwäbische Chronik, mehrere kleine Artikel und focht auch in ihr einen größern Streit aus. Nach altem Gesetz durften in Tübingen zwar Seiltänzer, Kunstreiter und ähnliches fahrendes Volk ihre Künste zeigen, Theateraufführungen dagegen waren im Weichbilde der Universitätstadt streng untersagt. Da machte ein anständiger Theaterunternehmer, ein Schüler Immermanns, Namens Kramer oder Kraner, das Angebot, im Laufe des Winters eine Reihe klassischer Vorstellungen zu geben. Vischer war für diesen Plan Feuer und Flamme.

Mir übertrug er die Aufgabe, in der Presse dafür zu
wirken und das Ministerium zur Rücknahme des veralteten
Verbotes zu bewegen. Ich stieß in ein arges Wespennest.
Die Pietisten im Lande erhoben einen greulichen Lärm,
allen voran der sogenannte Zionswächter Hoffmann in
Ludwigsburg, und verdammten nicht allein den Plan, sondern
auch seine Förderer in der Presse. Wie tief mußten die
gottlosen Junghegelianer gesunken sein, daß sie einen her=
gelaufenen Österreicher als Advokaten wählten. Der öster=
reichische Gesandte wurde angewiesen, meiner verderblichen
Wirksamkeit ein rasches Ende zu setzen. Zum Glück schützte
mich noch vorläufig ein regelrechter Paß; aus Vorsicht ließ
ich mir doch durch die Vermittelung des alten braven
Prokurator Lang das Gemeindebürgerrecht in einer kleinen
würtembergischen Stadt (Echterdingen) zusichern.

Unterdessen hatte ich meine Doktordissertation vollendet
und zur Prüfung eingereicht. Anfangs März 1848 erhielt
ich das Doktordiplom. Gegenstand der ziemlich umfang=
reichen Abhandlung war die Kritik der Hegelschen Geschichts=
anschauung. Ich wollte den künstlichen Aufbau des Systems
nachweisen und die inneren Widersprüche in Hegels Philo=
sophie der Geschichte darlegen, also das Werk fortsetzen,
welches Trendelenburg an der Logik Hegels, mein Lehrer
Exner an der Psychologie vollführt hatten. Indem ich
mich noch einmal in die Hegelsche Philosophie vertiefte,
Schritt für Schritt ihr willkürliches Spiel mit den That=
sachen verfolgte, hoffte ich zugleich, den spekulativen Mantel,
soweit er noch um meine Schultern lose hing, völlig ab-

8*

zuwerfen. Die Häutung gelang. Ich habe seitdem der
schulmäßigen Spekulation allen Einfluß auf meine Gedanken=
bildung gewehrt. Dieser persönliche Vorteil war der einzige
Nutzen, welchen mir die Schrift schaffte. Sie wurde ohne
Sang und Klang begraben, meines Wissens niemals in
einem kritischen Blatte besprochen, oder auch nur in irgend
einem Buche, welches von der Philosophie der Geschichte
handelt, erwähnt. Wahrscheinlich bin ich der einzige, der
von ihrem Dasein Kenntnis hat. Es war übrigens höchste
Zeit gewesen, daß die Arbeit vollendet wurde. In den
nächstfolgenden Monaten hätte ich sie schwerlich fortgesetzt.
Die Vorrede feierte bereits in burschikosem Tone den Be=
ginn einer neuen Periode, in welcher nicht philosophiert,
sondern Geschichte gemacht wird, der Humor seine Herr=
schaft in der Weltgeschichte antritt. Die Revolution begann
ihren Rundgang durch Europa. Die Nachrichten von den
Volksaufständen, von ihrem siegreichen Verlauf, von der
Nachgiebigkeit oder der Niederlage der Regierungen, der
Abdankung und Flucht mißliebiger Minister überstürzten
sich. Bald gab es keine Stadt und kein Städtchen in
Deutschland, in welchen nicht Volksversammlungen gehalten,
scharf lautende Beschlüsse gefaßt und kräftige Petitionen
an die Regierung unterschrieben wurden. Auch Tübingen
kam in Bewegung. Eine von Bürgern und Professoren
ausgeschriebene Versammlung fand in den ersten Märztagen
in der großen Universitäts-Reitschule statt, in welcher Uhland,
mit Jubel begrüßt, die Hauptrede hielt und die in einer
Petition niedergelegten Forderungen an die Regierung knapp

und bündig und doch auch mit wahrhaft poetischem Schwunge
begründete. In dem Uhlandbüchlein von Otto Jahn habe
ich viele Jahre später diese Scene beschrieben. Obschon
ich erst kurze Zeit in Schwaben weilte, hatte ich doch das
Vertrauen der Bürger gewonnen, daß sie auch meine Dienste
gern in Anspruch nahmen. Mit dem jungen Römer, dem
spätern Reichsgerichtsrat, zusammen hatte ich für zahlreiche
Unterschriften unter die Petition Sorge zu tragen. Sie
lag im Museum auf, wohin nun die kleinen Leute, die
Handwerker und Winzer vom Morgen bis zum Abend
pilgerten, nicht um einfach zu unterschreiben, sondern um
sich zunächst die Petition vorlesen und erklären zu lassen
und dann die Bitte auszusprechen, daß doch noch dieses
oder jenes besondere Anliegen, das ihnen am Herzen lag,
eingefügt werden könnte. Oft dauerte es eine Stunde,
ehe das Bäuerlein nachgab und seinen Namen unter die
Petition setzte.

Es war mir bestimmt, auch mit den Waffen in der
Hand, d. h. mit einer alten Vogelflinte, welcher das Schloß
fehlte, meinen neuen Mitbürgern zu dienen. Das politische
Possenspiel, welches einige Tage lang ganz Süddeutschland
in Aufregung hielt und die ehrsamen Spießbürger in
Währwölfe verwandelte, wurde auch in Tübingen aufge-
führt. Schwerlich hatte der hasenfüßige Schneidergeselle,
welcher zuerst in Kehl erzählte, daß sich in Straßburg ein
Arbeiter= und Emigrantenhaufe zum Einbruch in Deutsch=
land rüste, eine Ahnung davon, wie rasch das Gerücht
anschwellen und welche abenteuerliche Gestalt es im Hinter=

lande gewinnen werde. Der Feind rüstet nicht — er steht bereits am Rhein — er ist bereits im Lande eingebrochen. Der Haufe zählt nicht einige hundert Mann, sondern bildet ein wirkliches Heer, dem es an geschickter Leitung nicht fehlt. Reitende Boten, von geängstigten Bürgermeistern abgesandt, brachten die Nachricht von Ort zu Ort, in jedem Ort fügte die geschäftige Phantasie noch irgend einen schreckenden Zug hinzu, und so kam eines schönen Tages nach Tübingen die Kunde, das Arbeiterheer stehe bereits einige Meilen hinter Reutlingen und könne am nächsten Morgen Tübingen erreichen. Sofort versammelten sich die angesehensten Männer der Stadt auf der Universität zur Beratung, wir aber, das freie Volk, mehrere hundert Mann stark, standen aufgeregt auf dem Universitätsplatze und sahen im Geiste bereits die Augen des Vaterlandes auf uns tapfere Vorkämpfer gerichtet, was übrigens nicht hinderte, daß durch eine Stafette in Stuttgart die schleunige Sen= dung militärischer Hilfe erbeten wurde. Endlich trat ein Professor der Landwirtschaft, ein ehemaliger Offizier, einen mächtigen Pallasch in der Hand, auf den Balkon des Uni= versitätshauses und hielt eine feurige Ansprache, welche mit der Aufforderung schloß, uns sofort zu bewaffnen, militärisch zu organisieren und den bereits in der Nacht erwarteten Angriff des Arbeiterheeres kräftig zurückzuweisen. In wenigen Stunden war das friedliche Tübingen in ein wildes Kriegslager verwandelt. Die älteren Männer traten zu einer Schutzkompagnie zusammen, wir jungen Leute bil= deten gleichsam ein fliegendes Corps und wurden beordert,

die Neckarufer und das Vorland in der Richtung auf Reut=
lingen zu bewachen. Bei Anbruch der Nacht bezogen wir
die Postenkette, suchten die Neckarufer sorgfältig ab, stellten
auf allen Wegen und Stegen Wachen aus und sandten
auch einzelne Späher vor. Alle Mühe war umsonst. Der
Feind kam nicht, wohl aber am nächsten Tage die Nach=
richt, daß alles nur ein blinder Lärm gewesen sei. Ich
konnte meine Vogelflinte ohne Schloß unversehrt dem
Eigentümer zurückgeben.

Diese Komödie war glücklich vorübergegangen, die leiden=
schaftliche Aufregung und Unruhe blieb, das politische In=
teresse nahm uns ausschließlich in Anspruch und drängte
alle andern Angelegenheiten vollkommen in den Hintergrund.
Da mußte ich freilich mit mir zu Rate gehen, ob der alte
Plan ausführbar sei. Die Entscheidung erfolgte rasch.
Auf die Kunde von dem siegreichen Ausgange der Wiener
Revolution schrieb ich flugs in die Jahrbücher der Gegen=
wart einen Triumphartikel. Er wurde in den Prager
Zeitungen abgedruckt und fand allgemeinen Beifall. Darauf=
hin bestürmten mich alle alten Bekannten, ich möchte doch
eilig zurückkommen und auch meine Kräfte dem „Neubau
des Staates" widmen. Die Sorge eines Rückschlages sei
ganz ausgeschlossen, jetzt blühe in Österreich der Weizen
des Liberalismus üppiger als in Deutschland. Eine neu=
gegründete große Zeitung, das Constitutionelle Blatt aus
Böhmen, hoffe auf meine eifrige Mitwirkung und werde
mir in ihren Spalten freies Spiel geben. Gleichzeitig
bekam ich einen Brief meines alten Lehrers Exner, welcher

in Wien die Reformen des höhern Schulwesens leitete.
Ich hatte ihm meine Dissertation übersandt, als Antwort
kam gleichfalls die Einladung, in die Heimat zurückzukehren.
Er wisse, daß das Gedeihen der Universitäten von der
Einbürgerung des bis dahin in Österreich fast ganz unbe=
kannten Privatdozenten abhänge und glaube, wenn ich etwa
im Herbst als Dozent der Geschichte oder Kunstgeschichte
aufträte, mir guten Erfolg versprechen zu können. Also bis
zum Herbst Zeitungsschreiber, vom Herbst an Universitäts=
lehrer, diese Aussicht erfüllte meine Wünsche vollständig.
Da Schwegler ohnehin die Jahrbücher der Gegenwart auf=
geben wollte — sie hinkten, trotz der kürzeren Fristen, den
Ereignissen mehr als jemals nach) — der Besuch der Uni=
versität und der Vorlesungen sich zu verringern drohte, so
folgte ich dem Rufe und schied nach siebenmonatlichem
Aufenthalte von Tübingen, das mir im wahrsten Sinne
des Wortes eine Schule gewesen war.

8. Das Revolutionsjahr.

In den ersten Apriltagen kam ich in Prag an. Die erste Entwickelungsstufe der Revolution gehörte bereits der Vergangenheit an: die Kuß- und Umarmungsperiode, in welcher sich alle Welt verbrüderte, als ein Herz und eine Seele fühlte, jedermann sich im Geiste in ein weißes Gewand gehüllt, einen Palmenwedel in der Hand erblickte und eigentlich wunderte, daß ihm nicht über Nacht Engel= flügel angewachsen waren. Die Menschen hatten sich von dem Rausche ernüchtert. Die beiden Volksstämme begannen über Rechte und Vorrechte zu streiten, die politischen Par= teien gegenseitig Klage zu erheben und nach Verstärkung auszusehen. Da ich die Wonnewochen nicht miterlebt hatte, so merkte ich den plötzlichen Wechsel in der Stimmung weniger. Mein erster Gang führte mich zur Mama. Im Czermakschen Hause konnte ich leider nicht wohnen, da alle Stuben besetzt waren. Sie mietete mich ganz in der Nähe bei ihrer Schwester ein, und so blieb ich denn doch in täg= lichem innigen Verkehr mit ihr. Die seltene Frau, die noch immer im Glanze ernster Matronenschönheit strahlte, entzog mir ihren Rat nicht, sie billigte im ganzen mein Vorhaben,

nur predigte sie mir täglich Mäßigung, Gerechtigkeit und
gegen die Armen Wohlwollen. Die Armen aber, meinte
sie, wären die Czechen. Als ich das Kreuzherrenkloster
betrat, fand ich in Smetanas Stube einen förmlichen politischen Klub versammelt. In dem ersten Taumel des Frei-
heitsdranges hatten mehrere junge Priester ihre Stationen
verlassen und sich in das Kloster zurückbegeben, um hier
den weitern Verlauf der Dinge abzuwarten. Sie waren
alle des festen Glaubens, daß den Mönchsorden die letzte
Stunde geschlagen habe und ihnen das Recht zum Übertritt in den weltlichen Stand unbedingt zustehe. Von den
Anwesenden flößte mir ein einziger wahre Achtung ein,
ein jüngerer Priester, namens Walter, ein schmucker, fest
und klar blickender Mann. Er verhehlte nicht die Schwierigkeit seiner Lage, fürchtete eine falsche gemeine Auslegung
seines Austrittes aus dem Orden, erklärte aber doch geradezu, daß das Beharren in der gewöhnlichen Kaplans-
welt von einem wirklich gebildeten Manne jetzt nicht ertragen werden könne. Er wünschte in stiller Verborgenheit
ehrlich zu arbeiten, als Schriftsteller irgendwie Unterkunft
zu finden. Smetana war ganz der Alte geblieben; ihn
kümmerte die politische Bewegung nur so weit, als er von
ihr eine raschere Verwirklichung seiner Ideale hoffte. Er
trug das Manuskript seines Systemes Tag und Nacht bei
sich und glaubte die Welt erst dann aus allen Nöten gerettet, wenn er die Siegel von seinen Gedankenschätzen
gelöst haben würde — der reine Apokalyptiker! Bei den
andern Klerikern konnte ich nicht immer das Mißtrauen

gegen die wahren Beweggründe ihres Standeswechsels über=
winden. Geradezu verächtlich erschien mir schon damals
ein junger Kreuzherr, der sich mit Wollust in cynischen
Bemerkungen über Kirche und Religion erging, dem ödesten
Radikalismus huldigte, später in den Sold der reaktionären
Regierung trat und schließlich im Jesuitenorden Aufnahme
und freien Spielraum für sein Treiben fand (Wotka).
Auch in diesem Kreise war man der Meinung, daß die
liberale Partei mit den Czechen rechnen müsse. Die libe=
rale Thätigkeit ist nur so lange wirksam und fruchtbar,
als sie volkstümlich bleibt. Die breite Masse des Volkes
gehört aber dem czechischen Stamme an. Die Czechen
haben die meisten und stärksten Arme. Nur mit ihrer
Hilfe können wir unsere politischen Ideale durchsetzen.
Ähnlichen Ansichten begegnete ich auch in der Redaktions=
stube des „Constitutionellen Blattes aus Böhmen." In
diesem Punkte war sie also bereits fest organisiert. Die
Grundsätze waren geregelt, um so weniger, wie ich mich
gar bald überzeugte, der technische Betrieb. An der Spitze
der Zeitung stand ein älterer, ehrenwerter, gesinnungs=
tüchtiger Mann, Franz Klutschak. Er war schon an
zwanzig Jahre für die größte Prager Buchdruckerei, Gott=
lieb Haase Söhne, litterarisch thätig gewesen und hatte
Kalender, allerhand Lokalblätter unterhaltenden und be=
lehrenden Inhalts redigiert. Der lange Kampf mit der
Censur hatte ihn mürbe gemacht, die Fähigkeit, rasch und
bündig zu schreiben, geschwächt. Als ob er noch immer
von dem Censor bedroht würde, erwog und prüfte und

umschrieb er mühsam jedes Wort, so daß er selten mit
einem Aufsatze zu Rande kam und ihm regelmäßig die
festen Knochen herauslöste. Ihm stand Dr. Ambros zur
Seite, eine Autorität im Musikfache, litterarisch aber wegen
seiner phantastischen Neigungen unbrauchbar. In der einen
Tasche trug er Jean Paul, in der andern ein katholisches
Gebetbuch und ließ sich abwechselnd von ihnen inspirieren.
Übrigens war er zum Staatsanwalt bei dem Preßgericht
vorgeschlagen und legte schon in den nächsten Wochen die
Journalistenfeder nieder. Außerdem arbeitete in der Re=
daktion ein angeblicher Berliner Schriftsteller, den ich nach
seiner Bildung und seinen Gewohnheiten für einen Pots=
damer Schneidergesellen hielt und ein andrer zum Sammeln
von lokalen Neuigkeiten, deren Notizen aber stets umge=
schrieben werden mußten.

Am liebsten hätte mich Klutschak zu einem ständigen
Sitze in der Redaktionsstube verpflichtet. Dazu konnte ich
mich, so bereitwillig ich auch mein eifriges Mitarbeiten
versprach, doch nicht entschließen. Dafür empfahl ich als
Mitredakteur dringend den Kreuzherrenpriester Walter. Er
stellte sich vor, gefiel und arbeitete sich wunderbar rasch
in den neuen Beruf ein. Walter hat vierzig Jahre lang
an Klutschaks Seite und dann selbständig das Konstitutionelle
Blatt und später die Bohemia geleitet und die letztere
zur angesehensten Provinzzeitung in Österreich gehoben.
Für seine unantastbare Ehrenhaftigkeit spricht, daß der
entlaufene Mönch niemals von der Polizei und Klerisei
behelligt wurde, daß später sogar die ehemaligen Kloster=

brüder mit ihm, wenn auch unter gewissen Vorsichten, in
Verkehr traten, und, als es sich zweimal um die Wahl
eines Ordensvorstehers handelte, auf seinen Rat hörten.
Als er sich dem siebzigsten Jahre näherte, traf ihn ein
unheilbares Leiden. Er sah ein ödes, sieches Greisenalter
vor sich und schied (1888) lieber freiwillig aus dem Leben.

Das „Constitutionelle Blatt" konnte nicht als Partei-
organ im strengern Sinne des Wortes gelten, dazu waren
die politischen Verhältnisse nicht abgeklärt genug. Es hielt
im allgemeinen an liberalen Grundsätzen fest, stemmte sich
gegen den unreifen Radikalismus, welcher von der Wiener
Aula herwehte, sprach sich aber auch gegen die ängstliche
konservative Gesinnung tadelnd aus. Insbesondere suchte
es zwischen den beiden Nationalitäten ausgleichend und
versöhnend zu wirken. Eine kleine Gruppe von Deutschen,
an deren Spitze die beiden Dichter Alfred Meißner und
Moritz Hartmann standen, äußerten ihren Zorn über das
Fischblut der Zeitung. Aber weder Meißner noch Hartmann waren politisch ernst zu nehmen. Sie schwärmten
für republikanische Einrichtungen, hatten die Augen einzig
und allein auf das Frankfurter Parlament gerichtet, spotteten
über jeden Versuch, den österreichischen Staat in liberale
Bahnen zu leiten und hielten den nahen Zerfall Österreichs
nicht allein für wünschenswert, sondern auch für unvermeidlich.
Ebenso erwies ein Teil der czechischen Politiker, welche
von Deutschen- und Judenhaß sich nährten, dem Blatt
die Ehre grimmiger Feindschaft. Zum Glück war damals
diese Partei weder zahlreich noch mächtig. Unter den

politischen Wortführern der Czechen zählte man 1848 zahlreiche Staatsbeamte und gereifte Männer in praktischen
Lebensstellungen. Ich erinnere nur an den spätern Reichs-
tagspräsidenten Dr. Strobach. Phantastische, von Größenwahn eingegebene Zukunftspläne waren ihnen fremd. Sie
begnügten sich mit der Forderung bestimmter politischer
Rechte, welche ihnen vom liberalen Standpunkt unbedingt
zugegeben werden mußten, wie namentlich den freien Gebrauch beider Landessprachen im Landtage und Stadtrate,
die Verhandlungen vor Gericht in der Muttersprache der
Parteien. Das czechische Staatsrecht war 1818 noch nicht
erfunden und vollends der Anspruch, die czechische Sprache
an Stelle der deutschen zur Staats- und Kultursprache im
ganzen Lande zu erheben, nicht einmal von den ärgsten
Fanatikern erdacht worden. Wenn die wenigen Fanatiker
im pelzverbrämten Sammetmantel, mit einer kronenartigen
Mütze auf dem dicken Schädel, oder als polnische Sensen-
männer im Schnürrock und Konfederatka oder als serbische
Hirten mit einem bauschigen Hemde über dem Beinkleide
durch die Straßen ziehen konnten, war ihr nationaler Stolz
ganz befriedigt. Das Konstitutionelle Blatt hatte kein festes
Programm formuliert. Thatsächlich konnte aber als solches
die Anerkennung gleicher politischer Rechte für beide Volks-
stämme bei festem Einstehen für die Fortdauer deutscher
Bildung als des besten Bindemittels mit dem übrigen
Österreich und mit dem civilisierten Europa gelten. Diesem
Programm stimmte ich von ganzem Herzen zu und in diesem
Sinne habe ich ein Jahr lang und darüber am Konstitutionellen

Blatt mitgearbeitet. Auf meinen Anteil fielen die täglichen
Leitartikel und die kritischen Berichte über politische Ver=
sammlungen.

Die Februarrevolution hatte zwei Epidemieen in Europa
gezeugt: das Bewaffnungsfieber und die Redewut. Beide
breiteten sich auch in Prag aus. Vom buckligen Professor
und lahmen Kanzleimann bis zu den Jungens im Gymnasium
und in der Realschule schleppte sich jedermann mit einem
schweren Säbel. Mich befiel die Krankheit nicht. Ich
hatte in Tübingen über den Blödsinn des militärischen
Dilettantismus genügende Erfahrungen gesammelt und kam
erst nach Prag als sämtliche Corps und Legionen organisiert
waren. So blieb ich denn einfacher Civilist. Als Vor=
wand zu dieser allgemeinen Bewaffnung diente auch hier
die Furcht vor Raubzügen der Proletarier, welche aber
niemals erfolgten, oder auf die lärmende Zusammenrottung
von ein paar Dutzend halbwüchsigen Burschen ausliefen.
Eine derbe Tracht Prügel, von kraftvollen Bürgerhänden
ausgeteilt, bereitete diesem rohen und ganz ungefährlichen
Treiben ein rasches Ende. Leider fanden sich nicht immer
solche Hände und dann beharrte die tapfere Nationalgarde
in beobachtender Stellung, bis Regen oder Ermüdung Freund
und Feind nach Hause brachten.

Eine Zeitlang herrschte neben der Redewut noch die
Druckwut. Jeder erwachsene Mensch, oft auch der halb=
erwachsene, hielt sich berufen und berechtigt, seine Meinung
über das Staatswohl oder was ihm sonst am Herzen lag,
der Welt kundzugeben, die Zeitungen aber verpflichtet, seine

Leistung abzudrucken. Vergebens blieb jede Einrede. Die
Antwort lautete immer: „Aber bitte, wir haben jetzt Preß=
freiheit, da müssen Zeitungen alles drucken." Erst allmählich
legte sich der Schreibeifer, eingedämmt durch die Forderung
von Druckgebühren. Die Redewut ließ sich nicht füglich
besteuern, da half man sich durch die Versuche, sie an
einzelne Regeln zu binden. Seit den Märztagen versammelten
sich an hundert Männer verschiedener Stände täglich in
einem Saal, um in Gegenwart zahlreicher Zuhörer ohne
Mandat über allerhand nützliche und unnütze Dinge zu
beschließen. Dem Landespräsidenten war diese Neben=
regierung unbequem. Er entschloß sich zu einem Kompromisse,
verlieh der Versammlung einen halbamtlichen Charakter,
behielt sich aber den Vorsitz vor und schob eine Zahl von
ihm ernannten Mitgliedern ein. So kam der sogenannte
Nationalausschuß, eine Art von Vorparlament, zu stande,
über dessen Thätigkeit ich täglich zu berichten hatte. An=
fangs unter erschwerenden Umständen. Ich mußte im
Hintergrunde des Saales, innmitten des andrängenden Pu=
blikums, meist breitschultrigen Kleinbürgern und Bauern,
stundenlang stehen, hörte die Redner schlecht und sah sie
gar nicht. Da bäumte sich mein Journalistenstolz auf. Ich
erklärte in der Zeitung, von nun an keinen Redner mehr
mit dem Namen zu bezeichnen, da ich sie wohl vom Ge=
sichte, aber nicht vom Rücken zu kennen die Ehre hätte.
Das half. Unmittelbar unter dem Präsidentensitz wurde
mir ein besonderer, vollständig eingerichteter Kanzleitisch
eingeräumt. Die Diener hielten mich offenbar für einen

kaiserlichen Kommissar und erwiesen mir größere Achtung
als den sogenannten Deputierten. Auf die Dauer bot diese
Wirksamkeit nichts Erfreuliches. Der parlamentarische
Speisezettel war schrecklich eintönig. Täglich erschienen
Vertreter der Bauernschaften, um gegen die Fortdauer der
Frohnden (Robot) zu protestieren. Sie wurden in langen
Reden vom Präsidententische getröstet und beschwichtigt. Dann
kamen endlose Petitionen, zumeist czechischer Körperschaften
und Städte, an die Reihe. Zum Schluß folgten Beratungen
über Gesetzentwürfe, insbesondere über eine provisorische
Landtagsordnung, welche Palazky nach bekanntem englischen
Muster zusammengestellt hatte. Einen praktischen Wert
besaßen die Verhandlungen natürlich nicht; die Beschlüsse
widersprachen sich, empfingen eine unklare, oft ganz unbrauch=
bare Fassung. Um so leichteres Spiel hatte die Kritik und
diese übte ich auch wacker. Mit der naiven Sicherheit
und dem Übermute, welche der Jugend eigen, saß ich über
Personen und Einrichtungen zu Gerichte und fällte Urteile
über alle erdenklichen Fragen der Politik mit der Rücksichts=
losigkeit, welche der Mangel an Erfahrung erzeugt.

Dem Nationalausschuß und meinen politischen Stil=
übungen bereitete der frivole Pfingstaufstand in Prag ein
jähes Ende. Von dem komödienhaften Glanze des Slawen=
kongresses berauschte, von fanatischen Polen angestachelte,
auf die Macht der Wiener Aula neidische Studenten hatten
ihn mutwillig angestiftet, durch die Feigheit der Nationalgarde,
welche den Anfängen des Barrikadenbaues nicht entgegen=
zutreten wagte, und die Kopflosigkeit der Behörden über=

Springer, Aus meinem Leben.   9

flüſſig verlängert. Das Konstitutionelle Blatt stellte für eine Woche den Druck ein. Als es unter der Herrschaft der Kriegsgeſetze wieder erſchien, mußte es ſich großer Vorſicht befleißigen, obſchon ein Belagerungszuſtand 1848 viel duldſamer war, als das konſtitutionelle Regiment in den fünfziger Jahren. Einen Nutzen ſchuf der Pfingſtaufruhr inſofern, daß ſich jetzt die Aufmerkſamkeit der böhmiſchen Politiker dem Wiener Reichstage zuwandte, der bis dahin mit ſchnöder Gleichgültigkeit behandelt worden war. Er wurde der Schwerpunkt der ganzen politiſchen Entwickelung. Die A.SArtikel über den Nationalausſchuß ſcheinen trotz ihrer Mängel in weiteren Kreiſen gefallen zu haben. Denn Freund Klutſchak forderte mich auf, in ähnlicher Weiſe über den Reichstag zu berichten. Beinahe drei Monate (bis Ende September) verlebte ich in dem tumultreichen Wien, wo ſich der Reichstag und die demokratiſchen Vereine um die Herrſchaft in der öffentlichen Meinung ſtritten. Meine Geſchäfte und auch meine Neigungen brachten es mit ſich, daß ich mich um den demokratiſchen Verein wenig kümmerte, zumal die Vertreter der demokratiſchen Preſſe im Reichstag nicht danach angethan waren, Achtung für ihre Bildung und ihr Wiſſen zu wecken. Gelegenheit, dieſe zu prüfen, wurde ungeſucht in reichem Maße geboten. Der mir angewieſene Sitz befand ſich auf der linksſeitigen Journaliſtenbühne, welche von den Plätzen der Abgeordneten nur durch eine einfache Holzbrüſtung getrennt war. Die unmittelbare Nachbarſchaft der halb polniſchen, halb deutſchen Linken lockte natürlich alle Berichterſtatter der radikalen

Wiener Blätter auf diese Seite. Ich kam mir vor wie
Saulus unter den Propheten. Vor Beginn der Sitzung
tauschten sie ihre Bemerkungen über die noch nicht an=
wesenden Kollegen aus. Aus ihnen erfuhr ich, daß der
eine Journalist früher Barbier, der andere ein Hutmacher=
geselle, der dritte ein Tagschreiber gewesen war. Akademische
Bildung besaß kaum einer, und kam in den Verhandlungen
ein Fremdwort vor, so malte sich auf ihren Gesichtern
arge Verlegenheit. Als wichtigste Aufgabe des Reichstages
sahen sie die Anfragen an das Ministerium, die Inter=
pellationen, an. Wurde eine solche von einem Mitglied
der Linken — und das geschah beinahe täglich — gestellt,
so säumten sie nicht, ihren Beifall in lauter Weise zu
äußern und die natürlich immer mißliebige Antwort des
Ministers, besonders des durchaus tüchtigen, aber als Soldat
verabscheuten Grafen Latour und des als Renegat gehaßten
Bach mit Murren und Scharren zu begleiten. Geriet die
Verhandlung in ein ruhiges Geleise, so verloren sich lang=
sam die radikalen Journalisten, so daß ich zuweilen über
die ganze Loge verfügte. „Loge" ist allerdings ein häß=
liches Fremdwort, aber hier doch der einzig passende Name.
Denn ich kam mir in der That wie ein Theaterbesucher
vor, welcher der Aufführung einer politischen Komödie bei=
wohnt. Solange der Reichstag in Wien tagte, konnte
man ihn kaum ernst nehmen. Es gab noch keine politischen
Parteien, keine festumschriebenen Programme. Die Mehrzahl der Mitglieder hatte sich bis dahin mit politischen
Gedanken nicht geplagt; die wenigen politisch=sachkundigen

9*

Männer sprachen gern zum Fenster heraus und sorgten vor allem für eine gute rhetorische Wirkung. Wie Schauspieler von dankbaren Rollen, sprachen sie von dankbaren Reden. Und die Zeitungskritik behandelte auch die Abgeordneten wie Schauspieler, kümmerte sich wenig um den Inhalt oder gar Gehalt der Reden, sondern lobte und tabelte allein nach Umständen die Form. Erst als der Reichstag nach Kremsier verbannt wurde, kehrte Ernst und politische Würde bei ihm ein. Doch dann hatte ich ihm schon längst den Rücken gewandt.

Mein Tagewerk in Wien, vormittags im Reichstage, nachmittags am Schreibtisch, um den Bericht vor Postschluß zu vollenden, hätte mich auf die Dauer ermüdet, wären nicht die abendlichen Zusammenkünfte mit Hans Czermak und einigen alten Studiengenossen, durchgängig Medizinern, gewesen. Wir trafen uns in der Josephstadt in irgend einem stillen Gasthause und vergaßen auf einige Stunden alle Politik.

Ende September gab ich die Stelle eines ständigen Korrespondenten auf und verließ Wien, um meine Habilitation an der Prager Universität kräftig zu betreiben. Meine Laufbahn als Korrespondent schloß leider mit einem großen, von mir übrigens ganz unfreiwillig herbeigeführten Standal. In irgend einem czechischem Bezirke war ein gewisser Jelen zum Deputierten gewählt worden, ein leidlicher Musikant, in seiner bürgerlichen Stellung ein untergeordneter Kanzleibeamter. Der gute Mann hatte viele Kinder, großen Durst, wenig Geld — da dachte er, durch

ein öffentliches Konzert in Wien seine Lage zu verbessern.
Der mir befreundete Präsident des Reichstages, Strobach,
über diesen tollen Einfall bestürzt, kam zu mir und erbat
meine Mitwirkung, um Jelen von dem Vorsatze abzuhalten.
Strobach meinte, eine Notiz im Konstitutionellen Blatte,
welche das Gerücht von dem Konzerte erwähnte, werde
ihm die beste Waffe gegen Jelen in die Hand geben. Ich
ging auf seine Bitte ein. Wenige Tage später stürzte
aber Jelen auf der Journalistentribüne auf mich los, be-
drohte mich mit geballten Fäusten, brüllte, ich hätte seine
armen Kinder unglücklich gemacht und wurde nur mit Mühe
von den anwesenden Journalisten aus dem Saale gebracht.
Die Scene hatte noch ein ärgerliches Nachspiel. Die
czechische Partei hatte den sonst wenig brauchbaren, aber
immer dienstwilligen Jelen — er besorgte den Kollegen
Wohnung, Lebensmittel, Dienstboten, gegerbte Rehhäute
und noch manche andere Dinge — zum Ordner des Hauses
gewählt. Er mißbrauchte das Amt, um sich an dem gesamten Journalismus zu rächen. Während die Journalisten
bis dahin den Vorsaal gemeinsam mit den Deputierten benutzten, ließ Jelen in aller Haft zwei finstere, übelriechende
Rottreppen errichten, von welchen man unmittelbar zu der
Journalistenloge gelangte. Die Journalisten erhoben über
diese Vergewaltigung einen argen Lärm und setzten einen
förmlichen Strike in das Werk. Sie erzwangen schließlich
zwar nicht die Rücknahme, aber doch eine Milderung der
Maßregel. Ein Kumpan Jelens, der durch seine politisch-
kirchlichen Wandlungen berüchtigte Helfert, hat in seiner

„Geschichte Österreichs seit 1848" diese Vorgänge mit
andern Farben geschildert, in Wahrheit ereigneten sie sich
so, wie sie hier beschrieben sind. Das Nachspiel traf mich
übrigens nicht mehr in Wien.

Gleichzeitig mit mir verließ Hans Czermak Wien, um
in Breslau seine Studien fortzusetzen. Ein gemeinsamer
Freund, der Professor Dr. Langer, gab uns am Vorabend
der Abreise noch ein Abschiedsfest im Universitätsgebäude,
wo er seine Dienstwohnung hatte. Als wir um Mitternacht uns nach Hause begaben, herrschte in der Universität
fast unheimliche Grabesstille. Die Aula war finster und
leer, in der Wachtstube schnarchte die Mannschaft, selbst der
Wachtposten gab sich in einer Mauerecke gesegnetem Schlafe
hin. Wir hätten Waffen und Fahnen unvermerkt beseitigen
können. Niemand von uns ahnte, daß das Dornröschen Aula
in wenigen Tagen zu so entsetzlichem Leben erwachen werde.

In Prag war unterdessen meine Habilitation zu einem
glücklichen Abschluß gekommen. Das Ministerium machte
keine Einwendung, der akademische Senat verlangte nur
eine Ergänzung des (in Österreich viel umfassendern) Doktor-
eides und den Eintritt in die philosophische Fakultät, welche
in Prag noch eine feste Korporation bildete. Die Formalitäten (Austausch von Reden und Begrüßungen, Handschlag
und Umarmung) waren rasch abgethan. Mitte November
kündigte ich durch öffentlichen Anschlag den Beginn der
Vorlesungen über die Geschichte des Revolutionszeitalters an. Es wäre klüger, für mein Fortkommen
gewiß ersprießlicher gewesen, wenn ich einen ferner liegen-

den Gegenstand gewählt hätte. Wer kam aber im Jahre
1848 weit über die Gegenwart hinaus, wer konnte sich
mit Dingen, die nicht mittelbar oder unmittelbar mit der
Politik zusammenhingen, beschäftigen. Dann lebte aber in
mir die Erinnerung, in welcher Unwissenheit bisher die
akademische Jugend in der neuern Geschichte gehalten worden
war, welche bittere Scham uns erfüllte, daß uns das Völker=
leben in den letzten Jahrhunderten so ganz unbekannt blieb.
Dem Übelstande wollte ich in meiner jugendlichen Begeisterung
abhelfen. Auf warme Teilnahme hatte ich gerechnet, daß
ich aber einen so gewaltigen Erfolg mit den Vorlesungen
erzielen würde, ahnte ich nicht. Sie haben mich zu einem
populären Mann in Böhmen gemacht. Noch als Greis
wurde ich während meiner Sommerfrische bei Bodenbach
oft von Fremden, auch schon älteren Männern, begrüßt,
welche sich als meine Zuhörer zu erkennen gaben, und
mich durch die Recitation von ganzen Sätzen aus meinen
Vorlesungen überraschten. Mit klopfendem Herzen betrat
ich das Auditorium, um die (in der Bohemia abgedruckte)
Antrittsrede zu halten. Die Befangenheit stieg, als ich in
dem geräumigen Saale Mann an Mann, dicht gepreßt er=
blickte, darunter Professoren, Doktoren, angesehene Staats=
beamte, ältere Bürger. Mit zitternder Stimme begann ich
den ersten Satz: „Hätte man es vor kurzer Zeit noch ge=
wagt, den Namen der Revolution in diesen Räumen aus=
zusprechen, ohne ihm den gräßlichsten aller Flüche nachzu=
senden, ohne in demselben Atemzuge beizufügen, daß die
Revolution das Werk einiger Schurken und Tollhäusler

gewesen: ich glaube, diese Mauern hätten vor Schrecken über diesen Frevel gebebt, wären vor Entsetzen über dieses Wagnis zusammengebrochen."

Als ich den Satz geendigt hatte, ging ein leises Rauschen durch den Saal. Ich merkte, daß ich den richtigen Ton anschlug. Mein Mut wuchs, mein Redefeuer loderte auf, meine Stimme gewann an Kraft, die Gedanken flogen mir mit stürmischer Eile zu. Ich wies darauf hin, daß für die moderne Revolution Dichter und Denker kaum eine geringere Bedeutung besitzen, als die Männer der That. Aus der Stimmung der Zeit muß man den Wortlaut des letzten Satzes beurteilen, der freilich jetzt nur in kühlerer Fassung geduldet würde: „Daß der große Kampf der Gegenwart in dem unnahbaren Gebiete des Bewußt= seins ausgefochten wird, ist eine köstliche Wahrheit. Die Revolution des Bewußtseins kann nicht durch Kanonen unterdrückt, der Kampf der Geister nicht durch rohe Volks= gewalt entschieden werden. Unter der Oberfläche der Seele wirken die bewegenden Ideen fort, rastlos thätig, ihre Entwickelung zu fördern, ihre Herrschaft auszubreiten; sie leben fort, mögen auch die einzelnen Träger derselben fallen. Und haben sie ihre innere Entwickelung vollendet, so sprengen sie ihre Verpuppung, wie Pallas Athene entsteigen sie ge= harnischt dem Haupte der Gottheit; ihr Erscheinen ist auch schon ihr Sieg; sie treten in die Welt und die Welt liegt huldigend zu ihren Füßen." An dem mächtigen Beifall merkte ich, daß ich die Herzen der Zuhörer gewonnen, meinen Erfolg als Dozent gesichert hatte.

Als ich mich am nächsten Tage in das Universitätsgebäude (Klementinum) begab, kamen mir Pedell und
Studenten mit der Nachricht entgegen, daß der Saal die
Zahl der Zuhörer nicht fasse, ich ein geräumigeres Auditorium aufsuchen müsse. An der Spitze der Zuhörer marschierte
ich in den zweitgrößten Saal, welcher nach wenigen Minuten
sich bis zum letzten Winkel mit Menschen füllte. Das
nächste Mal wiederholte sich das Schauspiel. Abermals
genügte der Saal nicht, abermals mußte ich in ein anderes
Auditorium, das größte in der Universität, welches an fünf-
bis sechshundert Menschen faßte, wandern. Freilich genügte
in den folgenden Vorlesungen auch dieser Saal nicht. Doch
da ein größerer nicht zu haben war, mußte ich in ihm ver-
harren. Die Studenten halfen sich dadurch, daß sie auch den
Vorplatz besetzten, die Fenster nach der Hofseite aushoben,
Leitern anlegten und auf diesen oder auf den Fensterbänken
reitend, mir zuhörten. Als sich der Reiz der Neuheit verloren hatte, ließ das arge Gedränge nach, dicht gefüllt
blieb das Auditorium bis zum Schlusse, Ende Juni 1849.
Die begeisterte Teilnahme der Zuhörer schmeichelte meinem
Ehrgeize. Minder erfreulich war das Interesse der kleinen
Lokalblätter an den Vorlesungen. Sie brachten regelmäßig
lange Auszüge, in welchen mir der kraffeste Unsinn und
die rohesten Phrasen in den Mund gelegt wurden, ohne
daß meine öffentlichen Proteste beachtet wurden. Aus
dieser bittern Not rettete mich einer meiner eifrigsten Zuhörer, ein angesehener Prager Verlagsbuchhändler, Friedrich
Ehrlich. Er schlug mir vor, die Vorlesungen im Druck

herauszugeben und zwar heftweise und in kurzen Zwischen-
räumen, so daß eine authentische Form derselben vorläge.
Es war eine harte Zumutung, wöchentlich vier Vorlesungen
auszuarbeiten und unmittelbar, nachdem sie gehalten waren,
ihren Druck zu besorgen. Da ich frei vortrug, so mußte
ich jeden Vortrag noch am selben Abend aus dem Gedächtnis
niederschreiben. Dennoch gelang es mir, wenige Wochen
nach dem Schluß der Vorlesungen, den letzten Bogen in
die Presse zu bringen. Ohne diesen zwingenden Anlaß
hätte ich die Ausgabe des Buches nicht gewagt. Mir war
wohl bekannt, daß es auf wissenschaftlichen Wert keinen
Anspruch erheben könne, auf ungenügender Forschung beruhe,
dem leidenschaftlichen Pathos in der Form einen ungebühr-
lichen Einfluß einräume. Wenn ich aber verleumdet werde,
daß ich giftige Stechäpfel in meinem Garten anbaue, so
ist es mein Recht und meine Pflicht, von den Äpfeln, die
ich in Wahrheit gepflegt habe, Proben zu liefern, mögen
sie auch noch unreif sein. Das Buch ist glücklicherweise
verschollen und vergessen. Sollte jemand aus Neugierde
in ihm blättern, so wird er nichts Neues lernen, aber vielleicht ein gutes Stimmungsbild, wie das junge Geschlecht
im Jahre 1848 dachte und zur nächsten Vergangenheit sich
stellte und was sie von der Zukunft hoffte, gewinnen. In
diesem Sinne bat ich auch in der Vorrede, das Buch auf-
zufassen.

Mit dem Schlusse der Vorlesungen über „das Revo-
lutionszeitalter" begann für mich ein neuer Lebensabschnitt.
Trotz des äußerlich glänzenden Erfolges, trotz freundlicher

Aufnahme auch seitens einzelner ernster Männer Varn
hagen machte Humboldt auf das Buch aufmerksam, als ein
bedeutsames Zeichen der Zeit, Droysen und Prutz schrieben
mir aufmunternde Worte stand mein Entschluß fest,
wieder zu meinem eigentlichen Fache, zur Kunstgeschichte,
zurückzukehren. Ein Jahr hatte die Menschen und Dinge
doch sehr verändert. Die Revolutionsstürme tobten nicht
mehr. Eine scharfe Reaktion bereitete sich vor. Mit so
großer Schuld, selbst Verbrechen die Revolution sich beladen
hatte, sie mußte alles in gehäuftem Maße sühnen. Die
politische Thätigkeit wich politischen Flüchen, Seufzern, leisen
Hoffnungen, je nach dem Temperamente des Einzelnen, und
gab nun auch unpolitischen Gedanken und Interessen einen
freien Spielraum. Ehe ich aber zur Kunstgeschichte als Lehrfach
mich wieder zuwandte, fühlte ich die Notwendigkeit, die unter=
brochenen Studien fortzusetzen und zu einem äußern Ab=
schluß zu bringen. Ohnehin war ich nach dem arbeitsvollen
Jahre der Erholung bedürftig. So schnürte ich denn Ende
August 1849 abermals mein Bündel, um die niederländischen,
Pariser und englischen Galerieen und Sammlungen ein=
gehend kennen zu lernen.

9. Wieder ein Wanderjahr.

Die ersten Schritte lenkte ich nach Belgien, wohin Mama Czermak mit Jaroslav vorangegangen war, um ihn auf eine der blühenden belgischen Kunstschulen zu bringen. Sein großes Maltalent stand in Gefahr, in Prag vollständig ertötet zu werden. Auf den Rat ihrer Dresdener Freunde, Hübner und Bendemann, stellte sie ihn dem Direktor der Antwerpener Akademie, Wappers, vor, welcher nach Einblick in Jaroslavs Skizzen sofort die Aufnahme in die Malklasse zusagte. Wappers war ein untergeordneter Künstler, welcher seinen Ruhm vornehmlich einem Jugendwerk verdankte. Teils die patriotische Tendenz des Gegenstandes, er stellte den Bürgermeister von Leyden dar, welcher den hungernden Mitbürgern sein Blut darbot, teils der eifrige Versuch, die Malweise von Rubens nachzuahmen, lenkten die allgemeine Aufmerksamkeit (1830!) auf ihn und machte ihn mit einem Mal zum berühmten Manne. Wappers erfüllte die auf ihn gesetzten Hoffnungen nicht, aber er blieb lange Zeit ein ganz vortrefflicher Lehrer. Er ließ unaufhörlich nach der Natur malen und lenkte die Blicke auf die großen Koloristen in den benach-

barten Galerieen. In deutschen Kunstschulen sah man aber
gewöhnlich die Farbe als eine unvermeidliche Beigabe zur
Zeichnung an und ließ die Schüler so lange nach der
Antike kopieren, bis sie richtig das fröhliche Verständnis
der mannigfachen Formen im wirklichen Leben verloren.
Ich bemühte mich nach Kräften, die mir neue Unterrichts=
methode kennen zu lernen und benutzte zugleich die bequemen
Verkehrswege, um mich in die alte flandrische Malerei, so=
wohl des fünfzehnten, wie des siebzehnten Jahrhunderts
einzuleben. Mitte Oktober übersiedelte ich nach Paris.
Eine sehr beliebte Herberge für junge Leute, welche sparen
wollten und doch in französischer Weise leben, war die
Cour de commerce, im lateinischen Viertel, in der Nähe
der Rue de Medicis und Rue Mazarin. Die Luft in der
schmalen, ganz geschlossenen Cour de commerce war nicht
gut, die Gesellschaft nicht übermäßig fein, die Kost ziemlich
dürftig, aber das Haus war streng anständig. Wirt und
Wirtin, ein ehemaliger Kurier, aus der Schweiz gebürtig,
und eine englische Kammerjungfer, welche sich auf einer
Reise zusammengefunden und ihre Ersparnisse in diesem
kleinen Hotel garni angelegt hatten, duldeten nicht den
Einbruch lockerer Pariser Sitten. Unsere Gesellschaft be=
stand aus schweizer Medizinern, Korrespondenten deutscher
Zeitungen (auch des Konstitutionellen Blattes), angehenden
französischen Gelehrten, welche die Studententollheit abge=
streift hatten und jetzt als Muster des Fleißes und der
Arbeitsamkeit gelten konnten, deutschen Doktoren und Schrift=
stellern. Ab und zu verlor sich auch ein Flüchtling in die

Cour de commerce, doch hielten diese es unter uns Phi=
listern nie länger als ein paar Tage aus.

In der Cour de commerce machte ich auch die Be=
kanntschaft mit dem später so berühmt gewordenen Czechen=
führer Franz Rieger, der schon damals als der beste Redner
der Reichstagsrechten galt. Rieger hielt sich bereits mehrere
Monate in Paris auf, hatte sogar ein kleines politisches
Abenteuer hier erlebt. Der Zufall, vielleicht auch die Lange=
weile, welche er um jeden Preis fliehen wollte, brachten
ihn mit magyarischen und polnischen Emigranten in nähere
Berührung. Sie waren hoch erfreut, auch ein Mitglied
des österreichischen Reichstages, noch dazu der gemäßigten
Partei, in ihren Reihen zu zählen. Nach einer Zusammen=
kunft im Palaste des Fürsten Czartoryski, welcher er un=
vorsichtiger Weise beiwohnte, kam auch sein Name als eines
revolutionären Führers auf die Polizeiliste, und bei einer
Streifung nach anrüchigen Flüchtlingen seine Person ins Ge=
fängnis. Nur auf vierundzwanzig Stunden. Es bedurfte
gar nicht der Vermittelung eines befreundeten Banquiers; der
Polizeipräfekt Curlier überzeugte sich gleich nach dem ersten
Verhöre von seiner politischen Harmlosigkeit und daß er
ahnungslos den klügeren Magyaren und Polen in die Netze
gelaufen war und gab ihn frei. Er suchte seitdem nur
die Gesellschaft friedfertiger Leute auf. Prager Freunde
hatten ihn an zwei Landsleute empfohlen, welche schon
längere Zeit in Paris ansässig waren, an den Schneider=
meister Hulek und den Vorsteher einer Knabenpension,
Porak. Meister Hulek hatte im Lauf der Jahre seine

czechische Muttersprache vergessen, das französische nicht er=
lernt; Porak war kenntnisreicher, sprach namentlich ein
vortreffliches Französisch, wovon Rieger großen Vorteil zog.
Um seine Persönlichkeit war ein gewisses Dunkel verbreitet,
welches jeden andern als den harmlosen Rieger zur Vor=
sicht gemahnt hätte. Als Rieger von meiner Ankunft hörte,
besuchte er mich, um etwas Abwechslung in seinen Verkehr
zu bringen. Er gefiel sich in unserm Kreise so sehr, daß
er ein ziemlich regelmäßiger Gast an unserm Mittagstische
(6 Uhr) wurde. Oft verbrachten wir dann noch den Abend
in einem Kaffeehause, oder gingen in eines der kleinen
Theater, was nicht viel kostete, wenn man erst nach dem
Schlusse des ersten Stückes die Eintrittskarte kaufte.

Rieger war in jenen Tagen durchaus nicht der nationale
Fanatiker, welcher dem Traume eines czechischen Staates
die liberale Gesinnung und die feinere Bildung zu opfern
bereit war. Ihm hatte der von Stammesgenossen gestreute
Weihrauch noch nicht den Kopf umnebelt und zur Über=
schätzung seiner Kraft verleitet. Er war eitel, aber nicht
ehrgeizig, mit geringem Erfolge schon ganz zufrieden. Gern
sprach er von dem Aufsehen, welches sein starker schwarzer
Vollbart bei den Weibern aus dem Volke erregte. Als
ihm eine blutrote Sammetweste aufgeschwatzt wurde, welche
schon von weitem leuchtete, begrüßten ihn die Straßen=
jungen wegen dieser ungewöhnlichen Tracht als Türken.
Er fühlte sich dadurch nicht wenig geschmeichelt und vergaß
nie, uns von solcher Huldigung zu erzählen. Keine größere
Freude konnte ich ihm bereiten, als wenn ich ihn auf

forderte, in einem der Restaurants im Palais royal mit mir zu speisen und bat, eine Viertelstunde früher vorzusprechen, um das „Menu" festzustellen. Wenn ich eintrat, war alles in der schönsten Ordnung und er nun meines Lobes, das ich ihm natürlich niemals vorenthielt, gewärtig.

Vom Deutschenhasse war er noch weit entfernt. Er verkehrte fast ausschließlich mit Deutschen, sprach mit Vorliebe Deutsch — er war stolz auf seine deutsche Beredsamkeit und führte auch seinen Briefwechsel vorwiegend in deutscher Sprache. Die Politik konnte uns nicht füglich entzweien. Die Reaktion lastete gleichmäßig auf allen Völkern und dadurch wurde jeder Streit über das größere oder geringere Recht der einzelnen Stämme gegenstandslos. Das Ministerium Schwarzenberg-Bach hatte das Gezänke der Nationalitäten glücklich zum Schweigen gebracht. Dafür brachte uns das gemeinsame Interesse an der Volkswirtschaft näher. Wollte ich auch nichts mehr mit der praktischen Politik zu thun haben, so hatte ich doch meine Unwissenheit in allen ökonomischen Fragen, die Unkenntnis selbst elementarer wirtschaftlicher Gesetze zu bitter gefühlt, als daß ich nicht willig die Gelegenheit ergriff, mich darin zu unterrichten. Rieger war in der gleichen Lage gewesen. Und so kauften wir und lasen fleißig die gangbaren französischen Lehrbücher der Nationalökonomie. Bastiat, gerade wegen seiner Oberflächlichkeit, die keine Schwierigkeit sah, alles harmonisierte, in weiten Kreisen beliebt, wurde namentlich Riegers Führer. Wenn ich nicht irre, so hat er mehrere kleine Schriften Bastiats in das Czechische übersetzt.

Überraschend schnell verging der Pariser Winter. Erst nachträglich rechnete ich nach, daß ich doch eigentlich jeden Tag die gleiche Beschäftigung geübt, in Wahrheit ein recht eintöniges Leben geführt hatte. In Paris kennt man keine Langeweile. Ein Spaziergang an einem sonnigen Tage durch die Champs Elysées, am Abende über die Boulevards bringt stets Zerstreuung und Unterhaltung. Der Hauptgrund, daß mir der Aufenthalt in Paris so kurz schien, war das viele Neue, was mir das Museum Cluny für meine Studien darbot. Ich wurde nie müde, dasselbe zu besuchen. In der Louvregalerie waren mir eigentlich nur die französischen Maler völlig unbekannt geblieben. Gerade die Meister aus der Zeit Ludwigs XIV. — das achtzehnte Jahrhundert war damals nur dürftig vertreten — flößten mir geringe Teilnahme ein. Lesueurs in Blauwasser getauchte Brunobilder konnte ich ohne Lachen nie betrachten. Im Cluny=Museum trat mir dagegen eine ganz neue Welt entgegen. Es war die einzige öffentliche Sammlung, in welcher man die mittelalterliche Kunst eingehend studieren konnte. Das that aber nicht wenig not, da bis dahin, mit Ausnahme der Bauwerke, die Kunst des Mittelalters selbst für die Kunsthistoriker ein unwegsames Gebiet geblieben war. Einige Hauptwerke wurden aufgezählt, im übrigen begnügte man sich, mit bedauerlichem Achselzucken an den barbarischen Jahrhunderten vorüberzueilen. Was die Romantiker als Mittelalter begrüßten und priesen, war die frühe deutsche Renaissance. Das wahre Mittelalter war ihnen und den auf ihnen fußenden Kunstschriftstellern

fern geblieben. Im Museum Cluny sah ich die mannig=
fachsten Schöpfungen echter mittelalterlicher Kunst gesammelt
und geordnet, lernte die Rührigkeit und die eifrige Kunst=
pflege auch des sogenannten finstern Mittelalters kennen
und entdeckte, daß an dem falschen Urteile die unselige,
gar nicht berechtigte Trennung der kunstgewerblichen Leistungen
von künstlerischen Schöpfungen die Hauptschuld trage. So
wurde eine der empfindlichsten Lücken in meinem Wissen
ausgefüllt.

Die Zeit zur Fortsetzung meiner Kunstwanderschaft war
herangerückt. Vor Antritt meiner Reise hatte ich noch
Freund Noël in Rosawitz besucht und von ihm erfahren,
daß ihn Familienangelegenheiten im Frühjahre nach Eng=
land führen würden. Sein Angebot, die Reise mit ihm
gemeinschaftlich anzutreten, nahm ich natürlich mit Jubel
an. Einen bessern Führer und liebenswürdigen Mentor
konnte ich mir gar nicht denken. Als Stelldichein wurde
Antwerpen, wo sich Mama aufhielt, bestimmt, als Zeit=
punkt der Anfang April gewählt. Ich reiste drei Wochen
früher nach Antwerpen, um mit Jaroslav, der sich in der
Akademie prächtig entwickelt hatte, einen Abstecher nach
Holland zu machen. Rotterdam, Leyden, Haag und Amsterdam
wurden besucht, überall die Kunstschätze eifrig studiert. Mit
ganz andern Augen sah ich natürlich die Meister in ihrer
Heimat, wo die ganze Umgebung, die Luft, die Stimmung,
die Häuser, die Typen der Bewohner unmittelbar an sie
erinnerten. Ich betrachtete überhaupt die Gemälde jetzt
anders als vor drei Jahren auf meiner italienischen Reise,

frug nicht viel nach der Bedeutung und dem ästhetischen
Werte der Bilder, sondern bemühte mich, die eigentümliche
Natur der einzelnen Meister verstehen zu lernen. Die
große Gleichartigkeit der Darstellung zwang diese Betrachtungs=
weise von selbst auf.

Während ich auf Noëls Ankunft in Antwerpen wartete,
trat eines Tages Rieger unerwartet und wirklich unverhofft
in die Thüre. Überängstliche Prager Freunde hatten wieder
einmal vor den Gefahren, welche ihn in Paris bedrohten,
geschrieben, und ihm ohne allen Grund, wie sich später
zeigte, eine Höllenfurcht eingejagt. Er ließ alles im Stich
und kam mit einem kleinen Koffer nach Antwerpen mit
der Erklärung, die Reise nach London gemeinschaftlich mit
mir machen zu wollen. Im freien England fühle er sich
allein sicher. Ich verwies ihn an Noël, der mit gewohnter
Liebenswürdigkeit auch in diese Begleitung willigte, aber
Rieger unverhohlen darauf aufmerksam machte, daß er ohne
Kenntnis der englischen Sprache sich sträflich langweilen
werde.

In London mieteten wir mit Noëls Hilfe in einer
Nebenstraße der Oxfordstreet, in einem Kaffeehause, unsere
sehr bescheidenen Wohnungen und begannen nun unsere
Irrfahrten. Noël war unermüdlich, mich in die bessere
Gesellschaft einzuführen. Einer unserer ersten Gänge galt
Mrs. Jameson, der in England hochgeschätzten Kunstschrift=
stellerin, Noël als beste Freundin der Lady Byron noch
besonders nahe stehend. Rieger ging mit. Mrs. Jameson
hauste gemeinsam mit ihrer Schwester. Zwei prächtige

10*

Matronen voll Lebenslust und scharfen Geistes, dessen
Äußerungen sie durch die milde Form liebenswürdig dämpften.
Das Gespräch kam bald in lebhaften Gang. Nur der arme
Rieger wußte mit seiner Person nichts anzufangen. Während
wir am Kamin saßen, spazierte er in der Stube auf und
ab, betrachtete den Wandschmuck, nahm bald diese, bald
jene Nippsache in die Hand und näherte sich endlich dem
Schreibtische, um auch diesen genauer zu untersuchen. Das
war denn doch der Schwester der Mrs. Jameson zu arg.
Sie flüsterte Noël zu, daß sie in der Nebenstube allerhand
Spielzeug für eine kleine Nichte, wenn diese zum Besuch
komme, bewahre. Dieses wolle sie dem böhmischen Gentleman
bringen. Sie verschwand, kam aber gleich darauf, einen
Korb mit Aus= und Anziehpuppen im Arm, zurück und lud
Rieger in gebrochenem Französisch ein, an einem Neben=
tische Platz zu nehmen und mit den Puppen zu spielen.
Der in allen gesellschaftlichen Dingen überaus naive Rieger
war mit dem Vorschlag ganz zufrieden und unterhielt sich
stundenlang, die Papierpuppen aus= und anzukleiden. Er
nahm es auch Noël nicht übel, als dieser die Meinung
aussprach, daß Rieger wohl von nun an auf englische Ge=
sellschaften verzichten werde. Ich verlor Rieger, obschon
wir im selben Hause wohnten, beinahe ganz aus den Augen.
Das Frühstück nahmen wir im Kaffeehause gemeinsam ein,
sonst aber vergingen oft mehrere Tage, daß ich ihn sprach.
Ich hörte nur, daß er zumeist mit den Deutschen verkehre,
sich an Moritz Hartmann enger angeschlossen habe, fleißig
die Londoner Sehenswürdigkeiten studiere und am Abend,

wie er es in Paris zu thun gewohnt war, in den Haupt=
straßen flaniere. Er muß furchtbar viel Stiefeln in London
zerrissen haben.

Mich erfüllte das englische Leben von Tag zu Tag
mit immer größerem Behagen. Noël führte mich bei seinen
vornehmen Verwandten und seinen persönlichen Freunden
ein. Jede Familie, zu welcher ich den Zutritt gewann,
hielt sich verpflichtet, mich wieder bei ihren Freunden ein=
zuführen, so daß ich mich nach wenigen Wochen in einem
stattlichen Kreise eingebürgert fand. Im wahren Sinne
des Wortes eingebürgert. Erst in England lernte ich den
Wert echter Gastfreundschaft kennen. Hier wird nicht der
Gast mit einer Tasse Thee oder einem Mittagessen abge=
speist und dann einfach fallen gelassen. Wirt und Wirtin
sehen ihn als einen Schutzbefohlenen an, welchem sie zu
jedem Dienste verpflichtet sind. Sie gewähren ihm die
freieste Bewegung, drängen sich ihm niemals auf, suchen
aber jeden Wunsch zu erfüllen und sind bestrebt, ihm den
Aufenthalt so angenehm als möglich zu machen. Gar bald
stellt sich ein bequemer Verkehr, ein gemütlicher Ton zwischen
Gast und Wirten ein, so daß sich der erstere schließlich
ganz wie zu Hause fühlt und als Glied der Familie an=
sieht. Die in England verlebten Monate zählen denn auch
zu den schönsten Erinnerungen aus meinen jungen Jahren.
Mit Noël zusammen konnte ich noch eine kurze Reise nach
den großen Industriebezirken und dem Norden Englands
unternehmen. In Manchester suchten wir etwas vom Fabrik=
betriebe, neben welchem damals die deutsche Industrie zum

Spielzeug herabsank, abzusehen, versäumten aber auch nicht,
Mrs. Gaskell, die auf der Höhe ihres Ruhmes stehende
Verfasserin von Mary Barton, aufzusuchen, eine einfache,
liebenswürdige Dame, welche uns sofort bei ihren Freunden,
insbesondere bei der Familie Souchay einführte. Auch
Birmingham bereicherte unsere technischen Kenntnisse. In
Bristol dagegen lenkten unsere Gastfreunde, zwei Misses
Carpenter, die Tanten des bekannten Chemikers, unsere
Aufmerksamkeit auf die Wohlthätigkeitsanstalten und die
Versuche, der hier herrschenden großen Armut abzuhelfen.
Wiederholt mußte ich in den Bettelschulen (ragged schools)
dem Abend= oder besser gesagt Nachtunterrichte beiwohnen,
in einer derselben, auf die Bitte des Lehrers, sogar eine
kurze Rede halten. An einer Landkarte wies ich ihnen
den weiten Weg, welchen ich zurückgelegt hatte, erzählte
ihnen von den armen Kindern in meiner Heimat, für welche
nicht so gut gesorgt würde, wie für sie und ermunterte sie,
brav zu werden. Ein dreifaches cheer aus dem Munde
der Knaben, der Mehrzahl nach Taschendiebe, belohnte
meinen oratorischen Versuch. Bei Noëls Bruder in York=
shire endlich gewann ich einen Einblick in das wohlhäbige
englische Pächterleben.

Die freundliche Einladung eines Seidenbandfabrikanten,
Mr. Bray, führte uns nach Rosehill bei Coventry. Doch
ließen wir dieses Mal die industriellen Interessen ganz bei=
seite liegen. Mr. Bray war gleichfalls der Phrenologie
zugethan und stand mit Noël schon lange in brieflichem
Verkehre. Als er meinen Titel: Doktor der Philosophie

hörte und vernahm, daß ich in Tübingen Freunde besitze,
da klatschte er lebhaft in die Hände: das ist etwas für
die „Erzieherin meiner Kinder!" Miß Mary Anne Evans
wurde gleich gerufen und nach den ersten Begrüßungen
mußte ich sofort ein Kreuzfeuer von Fragen bestehen. Miß
Evans machte einen bedeutenden, aber keinen angenehmen
Eindruck. Das einfach zurückgestrichene Haar ließ die ohnehin hohe und breite Stirn noch mächtiger erscheinen, ihre
kalten, wenn mich die Erinnerung nicht täuscht, grauen
Augen bohrten sich förmlich in die Seele des Zuhörers
ein, die seinen zusammengepreßten Lippen deuteten mühsam unterdrückte, leidenschaftliche Empfindung an. Ihre
Bewegungen wie ihr Mienenspiel waren scharf und bestimmt, es fehlte ihnen aber die anmutige, weibliche Weich-
heit. Ich mußte ihr von Strauß erzählen, dessen Standpunkt sie nicht mehr teilte, dann von Feuerbach, dessen
„Wesen des Christentums" sie gerade übersetzte. Meine
offen ausgesprochene Meinung, daß das Junghegeltum sich
überlebt habe, überhaupt ein Widerstand gegen die spekulative Richtung sich vorbereite, schien sie unangenehm zu
berühren. Über die englischen Zustände sprach sie sich
herbe und bitter aus. Wer hätte gedacht, daß sich aus
diesem, wie auch Noël schien, etwas überspannten Frauen-
zimmer eine Dichterin ersten Ranges entpuppen werde.
Denn Mary Anne Evans ist der Familienname für die
nachmals so gefeierte Mrs. Elliot. Ich kam noch einmal
in späteren Jahren mit ihr in nähere Beziehungen. Sie
frug bei mir in Bonn an, in welchem deutschen Staate

die Wiederheirat eines von seiner Frau thatsächlich, aber nicht gerichtlich geschiedenen Mannes — dies war Mr. Lewis — auf die geringsten Schwierigkeiten stoßen würde. Ich empfahl ihr schließlich Coburg. Ob sie meinen Rat befolgt hat, weiß ich nicht.

Als Noël im Mai abreiste, vermochte ich bereits selbständig in der Londoner Gesellschaft zu schwimmen. Wie viele bunte Bilder zogen an mir vorüber, welche freundlichen Beziehungen ergossen sich in kurzer Zeit über mich. Ich bewahre noch jetzt mehr als ein halbes hundert Einladungen, welche meinen Erinnerungen an jene genußreichen Tage zu Hilfe kommen. Heute war ich auf einem „Rout" bei Lord und Lady Lovelace, der Tochter Lord Byrons. Hunderte von Personen drängten sich durch die Gemächer, Prinzen von königlichem Geblüte, Peers und Mitglieder des Unterhauses, Bischöfe und Gelehrte, letztere in ziemlich großer Zahl, da Lady Lovelace als mathematisches Genie in hohem Ansehn stand. Hier sah ich auch Macaulay, um welchen sich stets ein Kreis aufmerksamster Zuhörer sammelte, um seiner wunderbar fesselnden Plauderei zu lauschen. Am andern Tage konnte ich meinen Namen im Morning Chronicle und zwar gleich hinter den Bischöfen lesen. Mein simpler Doktortitel galt in England als Abzeichen höherer geistlicher Würde. Ein anderes Mal, in einer Abendgesellschaft bei dem Nationalökonomen Senior, traf ich die politischen Spitzen des Landes versammelt. Mr. Moncton-Milnes, der spätere Lord Houghton und Präsident des britischen Schriftstellervereins, führte mich in die litte-

rarischen Kreise ein, Tom Taylor, ein beliebter Komödieen-
dichter, gewährte mir Einblick in das muntere Leben
im Temple. An einem Tage hörte ich in einer privaten
Matinee die berühmtesten Sänger und Musiker der Season,
an einem andern Tage bekam ich eine Einladung, Mrs.
Procter mit ihrer Tochter in die italienische Oper zu begleiten. Ich warf mich in meinen besten Staat, fuhr mit
den Damen in die Oper, wo uns Rubini, Lablache ent-
zückten und geleitete sie nach Schluß des Theaters als
galanter junger Mann wieder an ihren Wagen, dann aber
schlug ich mich seitwärts, suchte eine noch offene Kneipe
auf und trank mitten unter Kutschern und Lastträgern
stehend einen Krug schäumenden Porters.

Am liebsten und häufigsten verbrachte ich meine Abende
in zwei Familien. Mrs. Jameson hatte mich an ihre
Freundin Miß Julia Smith empfohlen, eine Vorstands-
dame des Ladies-College in Bedfordsquare, in welchem, ich
glaube in London zuerst, Frauenerziehung nach liberalen
Grundsätzen durchgeführt wurde. Sie hatte dabei die Zuversicht ausgesprochen, daß ich von nun an gut versorgt
sei und keine weiteren Empfehlungen bedürfe. So war
es auch. Die kleine, behende, unaufhörlich thätige Dame
ließ mich nicht einen Augenblick aus den Augen. Sie
fand immer einen Gegenstand, für welchen sie ein Interesse
bei mir voraussetzte, entsann sich auf eine Persönlichkeit,
deren Bekanntschaft sie als nützlich oder wünschenswert ver-
mutete. Oft brachte mir die Post am Morgen das Tages-
programm, welches sie noch am späten Abend vorher für

mich entworfen hatte, oder sie sandte einen Boten, um
eine Zusammenkunft mit ihr zu verabreden. Miß Julia
Smith war die Seele und der Mittelpunkt einer weitverzweigten Familie. Sie stand dem Haushalt eines Bruders
vor, welchen Geschäfte zwangen, den größten Teil des Jahres
außerhalb Londons zu verleben und dessen Töchter unter
der Aufsicht ihrer Tante in London erzogen wurden. Sie
hatte aber außerdem auch noch auf die Familie eines
zweiten Bruders stetig ihr Augenmerk geworfen, deren
weibliche Mitglieder gleichfalls in London wohnten, während
der Vater mit Vorliebe auf einem Landgute (Combehurst)
weilte. In beiden Häusern war ich ständiger Gast, mit
den Töchtern machte ich, sobald es die Jahreszeit erlaubte,
Ausflüge nach Windsor, Hamptoncourt, Richmond oder
besuchte Londoner Ausstellungen und Konzerte. Niemals
belästigte uns eine steife Gardedame. Die gute englische
Sitte gestattet dem Verkehr zwischen jüngern Leuten beiderlei
Geschlechts große Freiheit und steigert dadurch, wie ich aus
eigener Erfahrung bestätigen kann, nur das Ehrgefühl und
den Sinn für feineren Anstand bei den jungen Männern.
Wir lebten wie gute Kameraden zusammen, ich selbst kannte
aber keinen höhern Stolz, als von Miß Julia freundlich
als echter Gentleman begrüßt zu werden.

Während in den verschiedenen Smithfamilien der Verkehr sich zumeist in den Grenzen der allerdings zahlreichen
Verwandten hielt, herrschte im Hause von Mr. und Mrs.
Proctor eine weitere Geselligkeit. Mr. Proctor hätte ich
niemals die Identität mit dem beliebten Dichter Barry

Cornwallis angesehen. Der rundliche Mann, ruhiges Behagen im Blicke, verhielt sich in der Regel wortkarg und
wenn er sprach, kam mehr der scharfe Verstand als die
leicht erregbare Phantasie zur Geltung. Einen ungleich
poetischeren Eindruck machte seine Tochter, eine wahrhaft
ätherische, wie sich später zeigte, auch hysterische Persönlichkeit. Sie ergab sich einer ungeregelten Phantastik und
starb als katholische Nonne. Mrs. Proctor, viel jünger
als ihr Gatte und noch immer eine anmutige Erscheinung,
liebte eine reiche Geselligkeit, zu welcher sie nicht allein
zahlreiche einheimische Notabilitäten, sondern auch mit Aus-
wahl an sie empfohlene Ausländer heranzog. Sie gab im
Monat drei größere Abendgesellschaften, außerdem sammelte
sich an jedem Sonntag ein engerer Kreis um ihren Thee-
tisch. Solange ich in London weilte, versäumte ich keinen
Abend. Hier lernte ich, außer vielen andern Berühmt-
heiten, auch Carlyle näher kennen. Er war seit Jahren
Hausfreund, doch jetzt in seinen Besuchen besonders eifrig.
Fanny Lewald, bei Mrs Proctor in hoher Gunst stehend,
war, wie wir bald entdeckten, der Magnet. Obschon nicht
mehr jung und von einer fast überquellenden Körperfülle,
fesselte Fanny durch den schönen Schnitt des Kopfes, ihre
feurigen Augen und ihr reiches, tiefschwarzes Haar noch
immer viele Männerherzen. Vielleicht danke ich dem Um-
stande, daß ich Carlyle manches über Fanny Lewalds Jugend
und Schicksale erzählen konnte, sein Wohlwollen. Er lud
mich ein, ihn in seinem kleinen Hause in Chelsea zu besuchen, was ich natürlich freudig annahm. Carlyle schrieb

damals seine Latter=day Pamphlets und beschäftigte sich viel mit politisch=sozialen Fragen. Was er darüber im Ge= spräche — er liebte wie Macaulay die Monologe — mit= teilte, war von größtem Interesse. Ich beherrschte aber den breiten schottischen Dialekt nicht genug, um ihm stets folgen zu können. Und so gewann ich doch nicht soviel durch Carlyles Verkehr, als ich erwartet hatte.

Man darf übrigens nicht glauben, daß diese reiche Geselligkeit meine Fachstudien ganz in den Hintergrund drängte. Sie nahm mir allerdings viel Zeit, doch ver= säumte ich darüber nicht den regelmäßigen Besuch des Britischen Museum und der Nationalgalerie. Mrs. Jame= sons Empfehlungen öffneten mir außerdem die Thüren zu vielen Privatsammlungen, welche Fremden sonst wenig zu= gänglich waren.

In den beiden Sommermonaten Juli und August lernte ich das englische Leben von seiner schönsten Seite kennen. Die Sonntage brachte ich regelmäßig bei meinen Freunden und Gönnern auf dem Lande zu, dehnte zuweilen die Besuche bis zu einer halben Woche aus. Der Sonn= tag in einem englischen Landhause besitzt bei weitem nicht den öden langweiligen Charakter, welcher ihm in den Städten, besonders in London anklebt. Die Morgenandacht wurde im Hause gehalten, da alle meine Wirte der Hoch= kirche fern standen, also auch nicht den öffentlichen Gottes= dienst in der ohnehin meist entlegenen Kirche besuchten. Dann zog sich jeder in seine Stube zurück oder las im Bibliothekzimmer, das in keinem größeren Landhause fehlt,

die eingelaufenen Wochenschriften. Dem zweiten Frühstück
folgte ein weiterer Spaziergang der jüngeren Welt. Eine
kurze Abendandacht nach dem „dinner" schloß die Sabbath=
ruhe. Nun kam die Musik, allerdings die ernste zu ihrem,
Recht. Die Macht der Töne zeigte sich nach der Stille
des Tages besonders wirksam und die heiligende Kraft der
Kunst wurde nach der vorangegangenen inneren Sammlung
der Seele in ihrer ganzen Gewalt offenbar.

Der gewöhnliche Zielpunkt der Sonntagswanderungen
war Combe=Hurst, durch die vielen anmutigen Nichten von
Miß Julia Smith belebt, dann Lea=Hurst in Derbyshire,
wo Mr. Nightingale einen reizenden Landsitz besaß und
ich die im Krimkriege so berühmt gewordene Tochter, ein
zartes, klug blickendes, in ihren Gedanken bereits für Armen=
und Krankenpflege erglühendes Mädchen zuerst näher kennen
lernte, und endlich Waverley=Abbey, dem Eigentum des
Mr. Nicholson. Alle diese Familien waren in irgend einer
Weise miteinander versippt und verschwägert, so daß ich
mich niemals völlig in der Fremde fühlte. In Waverley=
Abbey spielte die Musik eine Hauptrolle. Die jüngste
Tochter Marianne besaß eine silberhelle, gut ausgebildete
Stimme, auf deren weitere Pflege sie mit Recht bedacht
war. Ihr Musikmeister, mein Landsmann Kropp, den
das Schicksal von Prag nach London verschlagen hatte,
gehörte daher zu den ständigen Gästen in Waverley=
Abbey. Eines Abends kam die Rede auf Volkslieder und
alte nationale Gesänge. Ich wurde aufgefordert, einige
böhmische Volkslieder zu spielen und gab unter andern

Proben auch das Huffitenlied zum besten. Es ist bekannt,
daß Liszt von ihm so entzückt, von seinem historischen
Werte so überzeugt war, daß er die von der Censur ver=
weigerte Druckerlaubnis mit vieler Mühe bei dem Fürsten
Metternich endlich durchsetzte. Als ich die Melodie zu
Ende gespielt hatte und meine Erzählung, wie das Lied
jetzt beliebt sei, geschlossen, klopfte mir der Musikmeister
auf die Schulter. Er dankte mir für mein Lob und die
interessante Geschichte. Aber das Lied wäre kein Huffiten=
lied, sondern sein Eigentum, von ihm 1831 zu Ehren der
polnischen Revolution in Mainz, wo er als Theatersänger
engagiert war, komponiert worden. Als Beweis brachte
Marianne alsbald ein Musikheft herbei, und in der That,
hier stand schwarz auf weiß Kropp als der Kompositeur,
Schott und Söhne in Mainz als Verleger, die innern
Seiten zeigten die identische Melodie mit dem Huffitenlied.
Kropp hatte den Refrain einem altböhmischen Kirchenliede
entlehnt und dadurch der Melodie einen altertümlichen
Charakter verliehen. Darauf bauten die czechischen Musik=
patrioten ihre Fälschung auf. Eine Fälschung lag vor, eine
ganz grobe und gemeine, und Liszt, Metternich, zahlreiche
Musikfreunde waren ihr zum Opfer gefallen. Als ich
einige Tage später in London Rieger die Fälschung vor=
hielt, gab er sie sofort zu, meinte aber, das sei nicht
schlimm, da ja doch der Refrain wenigstens altböhmisch
sei. Im folgenden Jahre enthüllte ich den wahren Ur=
sprung des Huffitenliedes in Prutz' „Deutschem Museum",
erregte aber dadurch bei den Czechen einen gewaltigen Zorn,

besonders Palatky, der Historiker, sprach sich grimmig über
meine vorlaute Kritik aus, wodurch ein so „nützliches"
Denkmal czechischer Kultur im Werte herabgesetzt würde.

Ich kann die Reihe meiner englischen Freunde nicht
abschließen, ohne noch einer besonders werten Freundin zu
gedenken. Sie war keine Engländerin, sondern eine echte und
rechte Schwäbin, die aber schon lange als Erzieherin bei
einem Zweige der Smithfamilie lebte und als halbe Engländerin gelten konnte. Julie Becher, die Schwester des
Reichsregenten, mit Robert Mohl, dem Tübinger Baur,
Zeller nahe verwandt, war nichts weniger als hübsch, dabei
etwas radikal angehaucht, und auf die deutschen Zustände
schlecht zu sprechen. Man vergaß aber rasch ihre Häßlich-
keit und versöhnte sich mit ihrem Radikalismus, sobald sie
jemandem näher trat und ihr klarer Geist, ihr reiches Wissen,
ihre Herzensgüte sich offenbarten. Sie erwies mir nicht
allein viele freundliche Dienste, sondern gab mir auch in
liebenswürdigster Weise nützliche Winke, daß ich mir keine
arge Blöße in den geselligen Formen und Sitten gab. Sie
schmuggelte wahrscheinlich auch meine Schilderung der Re-
formthätigkeit Robert Peels aus der Geschichte des Revolutionszeitalters in die Daily News, wodurch mein Name
in weiteren englischen Kreisen bekannt wurde.

Mit schwerem Herzen schied ich Mitte August von
England, mit um so schwereren, als keine Hoffnung naher
Wiederkehr sich zeigte. Um so größer war meine Freude
über die Besuche so mancher englischer Freunde in den
beiden nächsten Jahren in Prag. Sie scheuten oft Umwege

nicht, um mich in meiner Heimat zu begrüßen. Zuerst kam Mrs. Anne Jameson, welcher zu Ehren ich in einem befreundeten Hause eine größere Abendgesellschaft improvisierte, dann Moncton-Milnes, bemüht, durch persönliche Anschauungen etwas Klarheit über die österreichischen Wirren zu gewinnen. Auch die Familie Nicholson überraschte mich durch mehrtägigen Besuch. Ich hatte die peinliche Aufgabe, sie auf den, durch Sturz des Postwagens in einen Abgrund erfolgten Tod ihres ältesten Sohnes in Spanien vorzubereiten. Nicht wenig stolz war ich auch durch Miß Nightingales Begrüßung auf ihrer Rückreise aus Griechenland. Sie trug stets eine auf der Akropolis gefangene junge Eule im Strickbeutel. — Leider hat schon nach wenigen Jahren Tod, Heirat, Übersiedelung nach den Kolonieen fast den ganzen schönen Kreis auseinandergesprengt.

10. Wochen-Redakteur.

Die Auflösung des Kremsierer Reichstages im März 1849 traf alle politischen und nationalen Parteien wie ein plötzlicher Blitzschlag. Gerade im Augenblick ihrer gewaltsamen Vertreibung aus der alten Bischofsresidenz waren die Abgeordneten der gegenseitigen Verständigung und friedlichen Einigung ganz nahe getreten und hatten sich in die Hoffnung einer endlichen Regelung der nationalen Kämpfe hineingeträumt. Deshalb konnten sie auch nicht glauben, daß der Staatsstreich des Fürsten Schwarzenberg das Schicksal Österreichs endgültig besiegelt habe. Sie erwarteten vielmehr mit Zuversicht einen nahen Umschwung der Dinge, darin bestärkt durch die Siege der ungarischen Truppen über die kaiserlichen Heere im Frühling 1849 und die grenzenlose Anarchie in allen Verwaltungszweigen. Ein Provisorium jagte das andere, so daß schließlich niemand mehr wußte, was gesetzliche Vorschrift war. Dazu kam die allgemeine Unzufriedenheit, erhöht durch die steigende Geldnot und heimlich selbst von hochstehenden Staatsmännern geschürt, welche die Unfähigkeit des Fürsten Schwarzenberg, einen großen Staat zu verwalten, rasch entdeckt hatten.

Es galt also, weiter zu kämpfen und Widerstand zu leisten, bis die erwünschte Veränderung eingetroffen sei. Noch bestand die Preßfreiheit zu Rechte; von einer Zeitung hoffte die Opposition den größten Erfolg.

Im Mai 1849 erhielt ich von einem Führer der Reichstagsrechten, dem allgemein beliebten und geachteten Advokaten Doktor Pinkas in Prag, die Einladung, einer Versammlung beizuwohnen, in welcher die Ausgabe einer großen Zeitung erörtert und beschlossen werden sollte. Mehrere czechische Abgeordnete waren zugegen, aber auch die deutsche konservative Partei hatte sich nicht ausgeschlossen. Die Aufgabe der Zeitung, die herrschende Reaktion zu bekämpfen und den im Kremsierer Reichstage festgestellten Verfassungs= entwurf zu verteidigen, wenn möglich wieder in Wirksam= keit zu setzen, brach die nationalen Gegensätze und ließ die Feindschaft zwischen den einzelnen Stämmen zurücktreten. Dem Ministerium war es glücklich gelungen, eine geschlossene Oppositionspartei, welche von Südtirol und Böhmen bis nach Siebenbürgen und Serbien reichte, in das Leben zu rufen. Die Verhandlungen verliefen daher ganz friedlich, auch die Wahl des Redakteurs machte keine Schwierigkeiten. Sie fiel mit allen gegen eine Stimme auf mich. Der griesgrämige Palazky allein, dessen Ekelfalten zu beiden Seiten des Mundes sich, seit er Politik trieb, bedenklich stark entwickelt hatten, brachte mit schalen Komplimenten gemischt allerhand Bedenken gegen mich vor und empfahl den Leipziger Magister Jordan, einen Wenden von Geburt, welcher sich seit einem Jahre in Prag als fahrender Litterat

herumtrieb. Dieser, meinte Palazky, hätte für die nationalen
Strömungen doch noch ein besseres Verständnis, sei überhaupt der beste Journalist der Gegenwart. Ich ließ Palazky
das Lob seines Schützlings singen, hörte ruhig zu, wie
Pinkas und die andern Herren den angeblich besten Journalisten
als eine litterarische Schmeißfliege ausmalten und erklärte
zum Schlusse, daß ein ganz einfacher Grund mir die Annahme des Vertrauensamtes unmöglich mache. Ich zählte
erst dreiundzwanzig Jahre, besaß also nicht das vom Gesetz
für den Herausgeber einer Zeitung vorgeschriebene Alter.
Dagegen war nun nichts einzuwenden und da gegen Magister
Jordan sich alle Stimmen, jene Palazkys ausgenommen,
erhoben, so mußte der Plan vorläufig aufgegeben werden.
Ich trat bald darauf meine Reise an und hörte lange Zeit
nichts von dem Unternehmen. Erst im nächsten Jahre,
während ich mich in London aufhielt, erfuhr ich, daß der
Zeitungsplan, wenngleich in veränderter Weise, doch zur
Ausführung gelangt sei. Mitglieder der Reichstagsrechten
hatten ein kleines Prager Lokalblatt gekauft, dasselbe in
die „Union" umgetauft und zum Redakteur meinen früheren
Lehrer, den aus seinem Kloster ausgetretenen Kreuzherrn-
priester Smetana, bestellt. Bald darauf kam die Kunde,
Smetana, welcher ganz überflüssig seine Unzufriedenheit mit
der katholischen Lehre und seinen Austritt auch aus der
katholischen Kirche zur Kenntnis der Abonnenten gebracht
und dadurch großes Ärgernis hervorgerufen hatte, sei be-
wogen worden, auf die Leitung des Blattes zu verzichten.
Als Mitarbeiter noch ferner thätig zu sein, hinderte die

11*

bald darauf erfolgte schwere Erkrankung des mehr wunder-
lich als tief angelegten Mannes. Meine Neugierde, wer
wohl Smetana als Redakteur folgen werde, blieb nicht
lange unbefriedigt. In einem sehr langen Briefe, einer
förmlichen Denkschrift, erbat Pinkas meine schleunige Rückkehr zur Übernahme der Zeitung. Ich schlug zuerst das
Anerbieten rundweg ab, weil ich weder den mir liebge-
wordenen Aufenthalt in England vorzeitig abbrechen, noch
der politischen Thätigkeit mich wieder vorwiegend oder gar
ausschließlich widmen wollte. Meine Absicht war vielmehr
auf die Wiederaufnahme meiner Vorlesungen an der Prager
Universität, jedoch im Fache der Kunstgeschichte, gerichtet.
Pinkas ruhte jedoch nicht. Brandbriefe folgten einander
auf dem Fuße nach. Er gab zu, daß das Schreiben einer
Zeitung, während noch das Kriegsgesetz herrscht — Prag
war im Mai 1819 wieder in Belagerungszustand versetzt
worden — geringe Annehmlichkeiten biete. Er ließ auch
die Mangelhaftigkeit des Redaktionspersonals durchblicken.
Der Belagerungszustand könne aber nicht mehr lange dauern,
außerdem gewähre das Militärgericht, wenn man nur persönliche Angriffe auf die Minister und den Soldatenstand
vermeide, politischen Erörterungen große Duldung. Das
Personal der Redaktion zu ändern stehe durchaus in meiner
Gewalt, sei sogar wünschenswert. Als ich noch immer mit
dem Jawort zögerte, berief sich Pinkas auf unsere persönliche Freundschaft und auf meine patriotische Pflicht. Er
sei jetzt, nachdem er seit Smetanas Abgang die Leitung
der Union ausschließlich besorgt, täglich ein bis zwei Artikel

für dieselbe geschrieben habe, mit seinen Kräften zu Ende.
Als persönlichen Dienst erbat er sich meine Zusage. Jetzt
sei ferner der Zeitpunkt gekommen, in welchem die Union
eine besonders fruchtbare Wirksamkeit entfalten würde.
Pinkas war damals noch optimistisch gesinnt und glaubte
an eine baldige Rückkehr verfassungsmäßiger Zustände. Nur
für diese voraussichtlich kurze Periode verlange er von mir
die Leitung des Blattes. Später könne ich mich ja der
akademischen Laufbahn wieder zuwenden, ja vielleicht auch
als Redakteur, wenn nur einmal die inneren Verhältnisse
der Union geregelt wären, Vorlesungen an der Universität
halten. So gedrängt, und weil ich in der That für Pinkas
die größte Hochachtung fühlte, entschloß ich mich dem Rufe
zu folgen, bestand nur darauf, daß ich noch den ganzen
Sommer in England verweilen werde.

Am 20. August 1850 kam ich in Prag an, am folgenden Morgen betrat ich zum erstenmal die Redaktions-
räume der Union. Peinliche Überraschungen harrten meiner.
Das ganze Personal arbeitete in einer und derselben allerdings saalartigen, aber überaus schmutzigen Stube. Von
den Mitgliedern der Redaktion kannte ich dem Ansehn nach
nur ein einziges, einen gewissen Dr. Gabler, welcher nach
Smetanas Austritt die Verantwortung für das Blatt getragen hatte und sich bereit erklärte, auch fernerhin dem
Kriegsgericht gegenüber als verantwortlicher Redakteur zu
gelten. Ich nahm selbstverständlich das Anerbieten willig
an. Gabler galt bei seinen Freunden als ein feiner Kenner
französischer Verhältnisse. Sie klagten nur über die legi-

timistischen Sympathieen, welche zuweilen sein politisches
Urteil färbten. Verehrung für eine hocharistokratische Dame
führten sie zur Entschuldigung des seltsamen Eifers für
die Bourbons an. In Wahrheit war es nur ein Liebes-
verhältnis zur Tochter eines Concierge im Faubourg St.
Germain, welches seine legitimistischen Anwandlungen verschuldet hatte. Neben dem unbedeutenden, nur ganz ober-
flächlich gebildeten, oder gutmütigen Gabler spielte ein Herr
Wawra eine Hauptrolle in der Redaktion. Ihm fiel die
Aufgabe zu, aus den französischen und englischen Zeitungen
die brauchbaren Nachrichten auszuziehen. Herr Wawra
hatte große Eile, mich über seine politischen Ansichten aufzuklären. Er beklagte den Verlust, welchen England durch
den Tod Pühls — so sprach er den Namen Peel aus —
erlitten hatte und versicherte mich seines Einverständnisses
mit dem General Zawagnatz (lese Cavaignac). Das waren
also meine Gehilfen. Mein Schrecken steigerte sich, als
ich an einem Ecktisch das runzelige Magistergesicht Jordans
entdeckte. So hatte also der alte Palatzky seinen Liebling
doch in die Redaktion der Union einzuschmuggeln verstanden.
Um das Maaß der erhebenden Eindrücke zu füllen, erfuhr
ich noch zu guterletzt, daß zwischen der Druckerei und dem
Herausgeber der Zeitung ein heftiger Streit ausgebrochen
sei, die erstere zum nächsten Monat gekündigt habe. Mut-
los eilte ich zu Pinkas. Durch sein kräftiges Eingreifen
war bereits eine neue Druckerei gewonnen worden und
was Jordan betraf, so kamen wir überein, ihn sobald als
möglich an die Luft zu setzen, schon jetzt aber seine Thätig-

keit auf das sogenannte Abendblatt der Union, eine Beilage, welche nur Lokalnachrichten bringt und eine kurze
Übersicht der Tagesereignisse brachte, zu beschränken. Dadurch würde der „Ränkeschmied" unschädlich gemacht werden.
Nun hatte ich zwar schon mancherlei Schlimmes über Jordan
gehört, das Anrecht auf diesen Ehrentitel war mir aber
noch neu. Pinkas belehrte mich nun eingehend über den
Mann und weihte mich zugleich in die mir bis dahin wenig
bekannten inneren Verhältnisse der Union ein.

Mehrere Mitglieder des aufgelösten Reichstages, einige
wohlhabende Advokaten, Gutsbesitzer und der Banquier
Lämmel hatten das Kapital zusammengeschossen und sich das
Aufsichtsrecht über die Verwaltung vorbehalten, während
Pinkas als politischer Ratgeber der Redaktion zur Seite
stehen sollte. Leider gehörte auch Palazky zu den Gründern
der Zeitung und zeigte sich sofort eifrig bemüht, sie seinem
Interesse dienstbar zu machen. Es kam zu einem scharfen
Kampf zwischen ihm und Pinkas. Der letztere dachte durchaus nicht daran, in der Union nur die besonderen Angelegenheiten der Czechen, ihre nationalen Anliegen und persönlichen Wünsche zu verteidigen. Die Zeitung sollte vielmehr die ganze Opposition um ihre Fahne scharen, zunächst
und vorwiegend das konstitutionelle Recht wieder zum Leben
erwecken. Palazky dagegen hatte nur Sinn für die czechische
Kirchturmpolitik, war viel zu einseitig und verbohrt, um
einer freieren Anschauung der Dinge zu huldigen. Ihn
erfüllte namentlich eine gehässige Mißgunst gegen alle Nicht-
czechen, und jedes zu gunsten der Deutschen, Magyaren,

Italiener gesprochene Wort erschien ihm schon als Verrat
an der eigenen Nation. Palazky unterlag den überlegenen
Waffen des Gegners; um es aber nicht zu einem schroffen
Bruch kommen zu lassen, wurde halb aus Mitleid Jordan
ein Plätzchen in der Redaktion eingeräumt. Kaum hier
warm geworden, begann er, ob auf eigene Faust, ob von
Palazky angereizt, seine Umtriebe. Jeder Redakteur sollte
unmöglich gemacht werden, bis endlich die Leitung ihm
von selbst zufiele. Jordan hatte Smetana zu der unglück-
lichen Erklärung in der Union verleitet, welche diesem das
Amt kostete. Und auch Gabler warf er heimtückisch spitze
Steine in den Weg. Die Beschränkung auf Wiedergabe
kurzer, zumeist lokaler Nachrichten half, wie ich mich bald
überzeugte, nicht viel. Jordan verstand es selbst in die
scheinbar harmloseste Notiz Gift zu tröpfeln. Die Nachricht, daß im Banate die neuerrichtete Gendarmerie bei
dem Landvolke hier und dort auf Widerstand stoße, erhielt
durch Jordan die Fassung, daß serbische Bauern die Gen-
darmen windelweich durchgebläut hätten. Einmal las ich
in dem Abendblatte die Notiz, daß sich eine Frau Blaha
für einen vom Militärgericht zu Stockprügeln verurteilten
Arbeiter bei dem kommandierenden General erfolgreich verwandt habe. Ich dachte nichts Arges dabei, hielt Frau
Blaha für die Mutter oder Gattin des Verurteilten, bis
mich eine grobe, durch eine noch gröbere Ordonnanz über-
brachte Zuschrift des Generals eines bessern belehrte. Er
nehme von Frau Blaha (einer Kaufmannsfrau) seinen Zucker
und Kaffee, habe aber sonst nichts mit ihr zu schaffen und

verbitte sich fernerhin das Herauszerren seiner privaten Ver=
hältnisse an die Öffentlichkeit. Das Tollste blieb aber doch
die Art, wie Jordan die Vollendung des von den böhmischen
Ständen gestifteten Denkmals Kaiser Franz I. den Lesern
der Union mitteilte: „Heute Nacht ist Kaiser Franz von
Arbeitern im gotischen Tabernakel auf dem Franzenskai
hinaufgezogen worden." Das war dem Militärgericht doch
zu viel. Wir mußten eine hohe Summe als Strafgeld
zahlen und außerdem wanderte der verantwortliche Redakteur
auf acht Tage zum Profossen. Das Haus Pinkas sorgte
dafür, daß es Gabler wenigstens an reichlichster Kost nicht
gebrach. Er brachte jedesmal — denn die Arreststrafen
häuften sich — vollere Backen in die Freiheit zurück.
Immerhin merkte ich, daß die Union nicht auf die Nach=
sicht der Militärbehörde rechnen könne.

Die wenigen Tage bis zum Antritt der Redaktion be=
nutzte ich, um mich über die Lage der Dinge in Österreich
und die Stimmungen in den verschiedenen Klassen zu
orientieren und den innern Geschäftsbetrieb besser zu ordnen.
Zum Schreiben kam ich nur selten. Meine Thätigkeit in
der Redaktion beschränkte sich wesentlich darauf, die selbst=
ständigen Beiträge meiner Kollegen zusammenzustreichen
oder einfach in den Papierkorb zu werfen. Auszüge oder
einfache Abdrücke aus fremden Zeitungen mußten vorläufig
genügen. In den ersten Septemberwochen übernahm ich
vollständig und ausschließlich die Leitung des Blattes. Ein
neuer tüchtigerer Drucker war gewonnen worden, die Abend=
beilage hörte auf zu erscheinen. Die Union wurde nur

einmal am Tage, aber in großem Folioformat, ausgegeben.
Als Ideal schwebten mir — man vergesse nicht, daß ich
fünfundzwanzig Jahre alt war und das Zeitungswesen in
Österreich noch in den Windeln lag — die Pariser Journale,
besonders Emile Girardins „Presse" vor Augen. Drei
bis vier kurze Leitartikel mit starken Drückern, epigram-
matischen Spitzen, volltönenden Schlußsätzen, sollte jede
Nummer bringen, darauf eine kurze Übersicht der Tagesereignisse und stets knapp gefaßte Berichte aus den Einzel-
ländern folgen. Auf Originalkorrespondenzen legte ich kein
Gewicht. Gute waren nicht zu haben, schlechte, in der
Regel je schlechter desto langstieliger, verdarben die Zeitung.
Wichtiger waren nur private Mitteilungen kundiger Männer,
welchen ich dann in den Leitartikeln vorarbeitete, und solche
begannen besonders aus Ungarn und den Balkanstaaten
ziemlich reichlich zu fließen.

Mein Tagewerk war folgendes: Von früh 8 Uhr an
als ich die eingegangenen Briefe und Zeitungen, strich an,
was übersetzt, ausgezogen oder ausgeschnitten werden sollte
und stellte die Übersicht der Tagesereignisse zusammen.
Magister Jordan übergab ich gleich am ersten Tage einen
dicken russischen Roman, den er für das Feuilleton übersetzen sollte. So wurde er unschädlich gemacht. Nach
kurzer Mittagspause kehrte ich in die Redaktion zurück,
schrieb die Leitartikel, las und korrigierte, was die andern
Mitglieder der Redaktion gearbeitet hatten und schloß um
sechs Uhr das Blatt ab Meine einzige Erholung war
der Abendbesuch auf dem noch in der Stadt, aber hoch und

frei gelegenen Landhause des Dr. Pinkas. Dorthin zog
mich in den ersten Tagen der geistreiche, allseitig gebildete
und mit mir in der Politik vollkommen übereinstimmende
Mann, gar bald aber die reizende, übrigens viel umworbene
Tochter, die ich später als Gattin heimführen durfte und
welche, solange ich lebe, mein höchstes, nie getrübtes Glück
ausmachen wird. Gleich bei dem ersten Besuche nahm sie
mein Herz durch ihre liebenswürdige Natur, ihre Schön=
heit und ihren feinen Geist gefangen und wenn bei der
Übernahme der Redaktion alle Skrupel des Verstandes
leicht wogen und ich rascher zusagte, als ich ursprünglich
die Absicht hatte, so lag der Grund in der blitzschnell auf=
keimenden Liebe zu meiner Isabella. Da war es nun
freilich hart, wenn gegen neun Uhr der Druckerjunge atem=
los gelaufen kam, um mir zu melden, daß die Satzberech=
nung nicht stimmen wolle und der metteur-en-page nicht
wisse, was er zurücklegen oder anfügen solle. Da half
nichts; ich mußte den gastlichen Tisch, und was mir noch
schrecklicher war, die Geliebte, um welche mehrere Neben=
buhler eifrig warben, verlassen, und eine gute halbe Stunde
von der Höhe des Laurenziberges bis in die Neustadt über
die Brücke eilen, um Ordnung zu schaffen.

Die Zeitung hatte mit dem neuen Quartal an Ab=
nehmern und noch mehr an Lesern gewonnen. Mit Be=
friedigung vernahm ich, daß man auch in Wien und in
Ungarn der Union eine größere Aufmerksamkeit zuwandte
und selbst einzelne Minister, wie Bruck, ihr Beachtung
schenkten. Das hinderte nicht, daß ich schon nach wenigen

Wochen die ganze Nutzlosigkeit meiner Arbeit erkannte. Ich schrieb die Zeitung sozusagen allein. Außer den Leit= artikeln mußte ich auch alle andern Beiträge, selbst die geringsten Notizen genau prüfen, oft völlig umschreiben, selbst Aufsätze für das Feuilleton fielen mir anheim. Die andern Mitglieder der Redaktion genossen Ferien, ich keuchte unter der Arbeitslast. Daß meine Kräfte auf die Dauer zusammenbrechen müßten, lag klar zur Tage. Dann aber gewann ich nur zu rasch die Überzeugung von dem Irr= tum optimistischer Anschauungen. Die Reaktion machte durch ganz Europa ihren Weg in aufsteigender Linie, war sichtlich noch lange nicht an das Ende ihrer Siege gelangt. Am wenigsten in Österreich, wo sie nach dem Fieber= rausche des achtundvierziger Jahres unstreitig eine gewisse Berechtigung besaß. Die allgemeine Ermüdung der Geister, das Ruhebedürfnis kam der Regierung zu statten. Jeder= mann war mit den einzelnen Maßregeln des Ministeriums unzufrieden, aber niemand wollte aus der Behaglichkeit des privaten Lebens heraustreten oder wohl gar für die all= gemeinen Interessen sich opfern. Der Kampf, welchen die Union gegen die Regierung führte, glich den Schlägen mit einem dünnen Stabe auf eine große Wasserfläche. Einen kurzen Augenblick kräuselte sich das Wasser und machte kleine Wellen, dann war alles wieder ruhig wie zuvor. Einige Unterhaltung gewährte der kleine Krieg mit dem Militärgericht und der Polizei. Ihre Befehle wurden mit höflicher Ironie behandelt, auf ihre Maßregeln für jeden Verständigen der Schein des Lächerlichen geworfen. Ein=

mal gelang es mir, die Militärbehörde und die Polizei
gründlich miteinander zu verfeinden. Im Herbst 1850
wurde bekanntlich ein Armeecorps im nördlichen Böhmen
unter dem Kommando des Erzherzogs Albrecht gesammelt,
um auf Preußens Entschlüsse in der deutschen Frage einen
starken Druck zu üben. Ängstliche witterten bereits den
Beginn eines preußisch-österreichischen Krieges. Selbst in
den militärischen Kreisen setzte man gar ernste Mienen auf
und rasselte gewaltig mit dem Säbel. Die Zeitungen erhielten ein strenges Verbot, über die Bewegungen des
Armeecorps irgend etwas mitzuteilen. In den Zuschriften
der Polizei an die Redaktion der Union war aber nur von
der Rückbewegung der Armee die Rede. Das gab mir
Anlaß, mich über den Mangel an Patriotismus bei der
Polizeibehörde zu beschweren, welche unsere tapferen Truppen
bereits auf dem Rückzuge, auf der Flucht begriffen, erblicke.
Wutschnaubend stellte das Militärkommando die Polizei
über diese „Dummheit“ zur Rede, die Polizei wieder warf
die Schuld auf den schlechten Stil der Militärkanzlei.
Kurzum, die beiden hohen Behörden lagen sich grimmig
in den Haaren, aber freilich, die Stellung der Union wurde
dadurch nicht gebessert. Doch hätte diese wohl noch lange
das Leben gefristet, wenn nicht ein unmittelbarer Befehl
des Ministerpräsidenten Fürst Schwarzenberg, aus Olmütz
datiert, ihr das Todesurteil gesprochen hätte. Der Anlaß
dazu war folgender:

Die brennende Tagesfrage war die künftige Stellung
Österreichs und Preußens im Deutschen Bunde. Die hessischen

Wirren, bei dem schroffen Gegensatze zwischen den beiden
Großmächten unlösbar, beschleunigten die Entscheidung.
Seit ich das deutsche Leben genauer kennen gelernt und
eine nähere Einsicht in die Zustände Österreichs gewonnen
hatte, galt mir als Eckstein meiner Politik die Ausschei=
dung Österreichs aus dem Deutschen Bunde, die ausschließ=
liche Leitung des letztern durch den preußischen Staat.
Das Recht des deutschen Volkes auf eine nationale Eini=
gung auch im Staatsleben durfte ich natürlich in einer
österreichischen Zeitung nicht ausschließlich in den Vorder=
grund rücken. Um so schärfer betonte ich das Unrecht,
welches die österreichischen Völker durch das Beharren im
Deutschen Bunde erleiden würden. Die festere Angliede=
rung der einzelnen Länder, Stämme — denn an die
Wiederherstellung des alten Dualismus Österreich=Ungarn
glaubte damals niemand, sie wäre auch durch eine folge=
richtige volksfreundlichere Verwaltung zu vermeiden gewesen
konnte nicht vollzogen werden, wenn sich Österreich vor=
wiegend als erste deutsche Bundesmacht fühlte, ebensowenig
war an die Durchführung einer selbständigen Verfassung
zu denken, wenn zwei Reichstage durcheinander sprachen.
Wir ahnten, daß der Wiederherstellung des alten Bundes=
tages das Verfassungswesen in Deutschland wie in Öster=
reich zum Opfer fallen werde, desto eifriger mußten wir
den Plan bekämpfen. Die Union brachte fast täglich Va=
riationen über das Thema: Die Vorherrschaft in Deutsch=
land gehört Preußen von Rechtswegen, Österreich dagegen
muß seinen Schwerpunkt im Osten sichern und schon jetzt

seine schützende, behutsam befreiende Hand über den Balkan=
staaten halten, um bei der unvermeidlichen Zersetzung der
Türkei nicht zu kurz zu kommen. Der Ruf: Heraus aus
dem deutschen Bund! traf die verwundbare Stelle des
Fürsten Schwarzenberg. In dem Augenblicke, in welchem
er, auf die Unterstützung der Großmächte bauend, in seinem
Stolze nicht wenig gehoben durch die demütige Huldigung
süddeutscher Fürsten, dem jungen Kaiser in Bregenz dar=
gebracht, sich anschickte, Preußen so tief als möglich zu
erniedrigen und dann zu vernichten, wagte es eine öster=
reichische Zeitung, seine Politik nicht allein als verwerflich,
sondern auch als thöricht und auf die Dauer erfolglos
anzugreifen. Der Warschauer Kongreß hatte mit den
Triumphen des Kaisers Nikolaus, mit der ängstlichen Nach=
giebigkeit Preußens geschlossen. Schon schwirrten die Ge=
rüchte von dem Siege der Friedenspartei in Berlin, von
noch weiterem Zurückweichen Preußens. In Wien begann
man bereits Siegeslieder anzustimmen, den Untergang des
„abscheulichen Liberalismus und Konstitutionalismus" zu
verkünden. Da thaten scharfe Trümpfe not. Von Anfang
Oktober an brachte die Union täglich einen geharnischten
Protest gegen Schwarzenbergs Politik.

Eine heftige Invektive der ministeriellen Zeitungen
gegen Radowitz, niemals hätte ein Minister ein so un=
würdiges Spiel mit der Ehre und den Interessen des
Staates getrieben; er verdiene daher auch die tiefe De=
mütigung und harte Strafe, welcher er jetzt entgegengehe,
gaben mir Anlaß zu der spöttischen Frage, ob nicht die

gleichen Worte noch auf andere Minister anzuwenden
wären. Ich gab den Citaten eine solche Fassung („Cham=
pagnerrausch des Übermuts" z. B.), daß alle Welt auf
Schwarzenberg mit Fingern wies. In einem andern Leit=
artikel bewies ich die materielle Unfähigkeit Österreichs,
einen großen Krieg zu führen. Der Kriegserklärung würde
die Bankerotterklärung auf dem Fuße folgen. Dieser Auf=
satz war mir aus naher Umgebung des Finanzministers
zugeflüstert worden. Dann schilderte ich die schlimme Ein=
wirkung eines österreichischen Sieges auf unsere Verfassungs=
zustände. Kein Zweifel, daß die leitenden Männer, durch
ihr Siegesbewußtsein aufgebläht, zum Absolutismus zurück=
kehren würden, ja zurückkehren müßten. Die Unterwerfung
des deutschen Volkes unter den Bundestag forderte not=
wendig noch in Österreich den Bruch der Verfassung. Selbst
die augenblickliche Niederlage Manteuffels, legte ein Leit=
artikel vom 7. November dar, könne den Verfassungskampf
nicht beenden. Der preußische und deutsche Volksgeist wird
sich nur um so leidenschaftlicher gegen die österreichische
Verwandtschaft auflehnen. „Wenn Stein und Hardenberg,
wenn Gneisenau und Scharnhorst noch heute lebten, sie
müßten sich zu den Wählern schlagen und wären, wie sie
es einst in ähnlichen Zeiten bereits halb und halb gewesen,
offene Rebellen gegen die legitimen Staatsgewalten, ist es
ja doch nicht bloß Deutschlands Heil, sondern auch Preußens
Ehre, die ihre schlechtesten Vertreter im Berliner Minister=
rate gefunden. Zerstampfe man nur die reiche Litteratur,
die über die Blütezeit preußischer Führer geschrieben worden.

Solange sie besteht, kann die preußische Regierung nicht
ruhig atmen. Jedes Wort, das dort gesprochen, ist ein
Verdammungsurteil ihrer gegenwärtigen Politik."

Mit scharfem Hohn übergoß ich wiederholt die Faseleien
der Großdeutschen, unter welcher Maske sich die Ultramontanen und österreichisch Gesinnten gern bargen. Einem
lügnerischen Traumbilde opfern sie die wirkliche Freiheit
und Selbständigkeit des deutschen Volkes. Leidenschaftlich
bekämpfte ich das in der Wiener Zeitung veröffentlichte
Programm des österreichisch=deutschen Großreiches. „Was
ist der Sinn des ganzen Manifestes? Österreich soll
deutscher sein als Preußen. Wir wissen wahrlich nicht,
sollen wir mehr über die uns Österreichern zugedachte
Beschämung, oder über jene, welche auf das deutsche Volk fällt,
ergrimmt sein. Wie, eine Bevölkerung von mehr als zwanzig
Millionen ist nur gerade so viel wert, um als Beiwerk
zum deutschen Bunde hinzugefügt zu werden, und auf der
andern Seite, Deutschland ist noch immer nicht reif zur
Selbstregierung, bedarf noch immer, daß Bundestagsgesandte
über sein Schicksal zu Gerichte sitzen, der Bundestag!
Was ist dieser Bundestag: er ist die Wiener Schlußakte,
die Karlsbader Konferenzbeschlüsse, die Mainzer Unter=
suchungskommission. An diesen Zeichen ist er zu erkennen,
diese Merkmale haben seinen zeitlichen Tod überlebt, mit
dieser Natur wird er wieder auferstehen." Wunderbarer
Weise nahm das Militärgericht an allen diesen Artikeln
keinen Anstand. Daß sie in der Stille gesammelt wurden,
um bei passendem Anlaß als Anklagestoff zu dienen, davon

besaß ich keine Ahnung. Die Nachsicht der Militärcensur stärkte meinen Mut und gab mir Lust zu noch heftigeren Angriffen.

In dem Leitartikel, am 10. November abgedruckt, ging ich dem Fürsten Schwarzenberg unmittelbar zu Leibe. „Mag auch Fürst Schwarzenberg ein kurzes Gedächtnis besitzen, schrieb ich, mag er vergangenen Reden und Gelöbnissen für seine Person keine bindende Kraft mehr zuschreiben, das hindert nicht, daß die österreichischen Völker den Wortlaut der Reichsverfassung, das Programm des gegenwärtigen Ministeriums und die Natur des ehemaligen Bundestages im Gedächtnisse behalten und den Minister an seine eingegangenen Verbindlichkeiten, an seine Pflichten erinnern.“ Ich hielt ihm sein Sündenregister, die Niederlagen, welche er im Orient, in der Handelsfrage erlitten hatte, vor, klagte ihn förmlich des Treubruches, an der Verfassung und dem eigenen Programm begangen, an. „Ist das Ministerprogramm keine Wahrheit und Wirklichkeit mehr, dann thut es Not, ein neues zu schaffen und mit demselben auch neue Lenker des Staates.“

Dieser Leitartikel, der allerdings scharf persönlich gefaßt war und großes Aufsehen erregte, brach der Union den Hals. Als er dem Ministerpräsidenten vorgelegt wurde, befahl er telegraphisch (12. November) die Unterdrückung des Blattes. Der Druck der Union wurde sofort eingestellt, der Redaktion aber nicht einmal gestattet, den Grund des Verbotes, „wegen ihrer in neuester Zeit gebrachten leidenschaftlichen, regierungsfeindlichen Leitartikel“ traf sie der Zorn des Fürsten — ihren Lesern mitzuteilen.

Fürst Schwarzenberg ahnte nicht, daß er mir durch
seine brutale Maßregel einen großen Dienst erwiesen hatte.
Anstandshalber legte ich eine kräftige Verwahrung gegen
das Verbot ein, welche an den Ministerrat gerichtet war,
aber natürlich ohne Antwort blieb. Im Herzen dankte ich
dem Fürsten, daß er mich aus einer unhaltbaren Stellung
verdrängt hatte. Ein gewaltsamer Tod war für die Union
unter allen Umständen ehrenvoller als ein langes unheil=
bares Siechtum. So konnte ich denn wieder ruhig meine
akademischen Pläne und kunsthistorischen Studien aufnehmen.
Ohne ein letztes Wort entließ mich aber Frau Politika
doch nicht. Wie ich im Jahre 1849 meine Eindrücke in
dem Büchlein: „Österreich nach der Revolution“ gesammelt
hatte, so gab ich jetzt eine kleine Schrift unter dem Titel:
„Österreich, Preußen und Deutschland“ heraus. Den un=
mittelbaren Anlaß bot eine Brochüre des ehemaligen Staats=
ministers, Grafen Ficquelmont, welcher die alte Metternichsche
Politik breit trat und die einfache Wiederbelebung des
Bundestages empfahl. Meine Schrift, welcher ich als Vor=
rede ein ziemlich spöttisches Sendschreiben an den edlen
Grafen vorangestellt hatte, blieb völlig unbeachtet. Denn
gleich am Tage der Ausgabe wurde die Auflage von dem
Militärgericht konfisziert und vernichtet. Persönlich blieb
ich völlig unangefochten und da ich auch sonst in keinem
politischen Prozeß verwickelt gewesen, so glaubte ich, daß
die Universität gegen die Wiederaufnahme meiner akademischen
Thätigkeit nichts einwenden werde. Ich richtete an die
philosophische Fakultät ein wohlbegründetes Gesuch, in

12*

welchem ich um die Zulassung als Privatdozent der Kunst=
geschichte bat. Ein Zeugnis des früheren Geschäftsleiters
der Prager Kunstakademie, Grafen Franz Thun, daß ich
einen Kursus kunsthistorischer Vorlesungen bereits an der
Kunstschule erfolgreich gehalten, lag bei, in meinen Augen
ein Haupttrumpf des Gesuches. Denn Franz Thun, der
Bruder des Unterrichtsministers, war jetzt der Kunstreferent
im österreichischen Ministerium und mir persönlich wohl=
gesinnt. Außerdem erbot ich mich, eine besondere Habili=
tationsschrift, wenn es verlangt würde, abzufassen. Trotzdem
wies die Fakultät das Gesuch in schroffster Weise, ohne
irgend einen Grund dafür anzugeben, oder meine Fähigkeit
zu prüfen, zurück. Wie ich nachträglich erfuhr, hatte selt=
samer Weise Georg Curtius, der aus Deutschland berufene
Philologe, am heftigsten gegen mich gesprochen und daß die
Fakultät sich durch meine Zulassung politisch kompromittieren
würde, am nachdrücklichsten betont. Politische Tapferkeit
war nie seine Sache gewesen, während seines Prager Auf=
enthaltes streifte die Furcht, irgend welchen Anstoß bei den
Behörden zu erregen, an das Lächerliche. So ließ er
z. B. sich bei Dr. Pinkas durch eine gemeinsame Freundin,
Frau Arnemann in Altona, entschuldigen, daß er den an=
fangs eifrig gepflegten Verkehr nicht ferner unterhalte, weil
der Umgang mit einem Liberalen ihm in den Augen des
Ministers, Grafen Leo Thun, schaden könnte.

Also auch dieser Weg ehrlichen Fortkommens war mir
in meiner Heimat abgeschnitten. Der alte Plan, nach
Deutschland zurückzukehren und hier mein Glück als Dozent

zu versuchen, gewann neues Leben. Doch nicht allein wollte
ich die Wanderung antreten. Ich hatte, zahlreichen Be-
werbern zum Trotze, das Herz meiner Isabella gewonnen.
Im Mai 1851 verlobten wir uns unter einem blühenden
Fliederbaume. Nun galt es freilich mit doppeltem Eifer
nach irgend einer festen Stellung auszuspähen, zunächst durch
eine größere litterarische Arbeit mich in deutschen wissenschaftlichen Kreisen einzuführen. In stiller Thätigkeit verging ein volles Jahr. Die einzige Erholung bot eine kurze
Reise nach Dresden zu meinem englischen Freunde, Ralph
Noël, die einzige Aufregung brachten die Scenen, welche
den Tod meines früheren Lehrers, Smetana, begleiteten und
mich wider Willen auf den politischen Schauplatz zurückführten.

Noël, von einer liebenswürdigen, feingebildeten Frau
unterstützt, lebte sehr gesellig. Er unterhielt sowohl mit
der vornehmen Dresdener Gesellschaft, wie mit litterarischen
Kreisen regen Verkehr. Da gerade die Dresdener Konferenzen
im Gange waren, so hatte ich Gelegenheit, mehrere klein-
staatliche Diplomaten kennen zu lernen. Großer Gott,
welche Summe von eigener Überschätzung, sklavischer Unter-
würfigkeit unter Österreichs Machtwort, von wildem Preußen-
hasse und bodenloser Unwissenheit war hier vereinigt zu
schauen. Der schlimmste Geselle unter diesen angeblichen
Staatsmännern war ein Staatsrat Strauß, der Vertreter
von Waldeck, dessen Stimme sich in ein förmliches Krähen
überschlug, wenn er auf das so schrecklich anmaßende Preußen
zu sprechen kam. In solcher Umgebung gewann ich die
später oft noch bekräftigte Überzeugung, daß selbst ein ganz

mittelmäßiger Journalist solche Dutzend=Diplomaten an politischer Sachkunde weit überrage. Der einzige Vorzug, die größere Personalkenntnis, nützt ihnen nichts, da sie den Wert der Persönlichkeiten nicht abzuschätzen verstehen, durch Äußerlichkeiten gewonnen oder abgestoßen werden.

Eine größere Anziehungskraft übten die litterarischen Freunde Noëls auf mich. Mit ihm im selben Hause wohnten Gutzkow und Auerbach, beinahe tägliche Gäste an seinem Kamine. Gutzkow erschien zugeknöpft, um seine Lippen spielte häufig ein ironisches Lächeln; das Bewußtsein der Überlegenheit prägte sich in den kurzen spitzen Bemerkungen, mit welchen er sich in das Gespräch mischte, deutlich aus. Er vergab nie das geringste seiner Würde, während Auer= bach nur zu oft durch seine, ich weiß nicht, ob natürliche oder künstliche Naivetät zum Lachen reizte. Auerbach zeigte damals häufig elegische Stimmungen. Er hatte den Sprung von der einfachen Dorfgeschichte zum großen sozialen Roman gewagt. Aber sein: „Neues Leben", der erste Versuch in dem Fache, griff nicht durch, eine Anzeige in Zarnckes Centralblatt, als deren Verfasser Mommsen galt, führte geradezu vernichtende Hiebe gegen das Buch. Da ging denn nun Auerbach klagereich herum und suchte nach einem Ritter, der zu seinen Gunsten gegen die Kritiker auf den Kampfplatz treten sollte. Auch mich wollte er für diese wenig dankbare Aufgabe werben, doch ließ er schließlich den Grund meiner Ablehnung, die geringe Bekanntschaft mit der deutschen Presse, gelten und bewahrte mir eine freundliche Gesinnung. Auerbach war überhaupt im Ver=

kehr eine liebenswürdigere Natur als Gutzkow. Er verfügte auch über volle Brusttöne, während Gutzkow durch sein hohles Pfeifen auf die Dauer erbitterte. Bei ihm hatte man immer die Furcht, daß er plötzlich die Maske des patronisierenden Wohlwollens abnehmen und ein von Eifersucht verzerrtes Gesicht zeigen könne. Niemals habe ich aus seinem Munde ein Wort unbedingter, freudiger Anerkennung eines Schriftstellers vernommen, dagegen besaß er für ihre Schwächen das schärfste Auge. Er verfügte über eine feine satirische Ader, entbehrte aber vollkommen des gemütlichen Humors. Selbst die Fehler Auerbachs waren harmloser Art. Wenn wir mit ihm spazieren gingen und Noël irgend einen guten Gedanken äußerte, zog Auerbach regelmäßig das Taschenbuch heraus und notierte sich den Satz mit den Worten: „Schenken Sie mir den Einfall, ich will Ihnen nächstens auch was Gutes schenken." Da Noël nur mit phrenologischen Studien sich beschäftigte, so kam er nie dazu, das Versprechen zu erfüllen. Wirklich geschmacklos war der gute Auerbach nur einmal, als er uns zur „Menschenerklärung" seines neugeborenen Kindes einlud. In einem Salon war der bekränzte Kupferstich der Sixtina aufgestellt und Auerbach hielt eine mit vielen Gemeinplätzen und Sentenzen gespickte Rede an die Freunde, das Kind und die Frau, welche letztere, wie mir schien, die Scene wenig erbaulich fand.

Bald nach meiner Heimkehr nach Prag erfuhr ich, daß Smetana auf den Tod krank liege. Frau Arnemann in Altona hatte den unglückseligen Mann im Hause des Dr.

Pinkas kennen gelernt und ihm nach seinem Abgang von
der Redaktion der Union, nach seiner feierlichen Exkommu-
nikation aus der katholischen Kirche, ein Asyl in Holstein
angeboten. Er folgte dem Rufe und übernahm eine Er-
zieherstelle bei dem Grafen Pourtales. Aber nur wenige
Monate hielt er in der Fremde aus. In engsten spießbürgerlichen Kreisen aufgewachsen, konnte er sich in neue
Verhältnisse nicht mehr finden. Die Butter war zu salzig,
der Aal zu fett, die Suppe zu süß, die Leute sprachen
anders und empfanden anders, als er gewohnt war, kurz,
das Leben wurde ihm unerträglich. Das Gefühl des rasch
nahenden Endes steigerte das Heimweh. Er wollte zu
Hause sterben. Und so kam er denn zur peinlichen Überraschung der Freunde schon nach wenigen Monaten wieder
in Prag an und fand Aufnahme im Hause seines Schwagers,
eines nicht gerade feingebildeten, aber kreuzbraven Mannes.

Smetanas Austritt aus der katholischen Kirche hatte
den Zorn der Klerisei in einem viel zu hohem Grade erregt, als daß er nicht ihre Rache hätte fürchten müssen.
Schon kündigten fromme Bettelweiber an, daß sein Leichnam,
wie der Kadaver eines räudigen Hundes, am Schindanger
werde verscharrt werden und Betschwestern hatten Visionen
des leibhaftigen Teufels, welcher auf die Seele des Un-
gläubigen lauere. Der Teufel kümmerte uns wenig, wohl
aber besorgten wir, daß die fanatische Priesterschaft den
Kranken in den letzten Augenblicken überrumpeln werde,
um einen Widerruf zu erzwingen. Die Bekehrung des
Philosophen wäre ein glänzender Triumph für die Ultra-

montanen gewesen. Unsere Sorge erwies sich als gut
begründet. Eines Morgens kam Smetanas Schwager
atemlos zu mir, um zu melden, daß der Kardinalerzbischof,
Fürst Schwarzenberg, für den Nachmittag seinen Besuch
angekündigt habe. Als treuer Hirt müsse er sich bemühen,
das verirrte Schaf zur Herde zurückzuführen. Smetana
rief meine Hilfe an und bat flehentlich, ihn mit dem Hirten
um keinen Preis allein zu lassen. In seiner Aufregung
sah er in dem Hirten den Wolf und fürchtete eine gewaltsame That. Eine kurze Beratung mit Freunden führte zu
dem Beschluß, daß der Kardinal nur in Gegenwart eines
Arztes mit dem Kranken sprechen dürfe. Der Zustand
des Kranken rechtfertigte unsere Absicht vollkommen. Nur
mußte erst ein Arzt gefunden werden, da der furchtsame
Hausarzt gewiß auf den ersten Wink des Kirchenfürsten
sich demütig entfernt hätte. Zum Glück war mein bester
Freund, Hans Czermak, welcher damals als Assistent im
physiologischen Institut arbeitete, gern bereit, die Rolle des
praktischen Arztes zu übernehmen. Pünktlich stellten wir
uns ein. Auch der Kardinal ließ nicht lange auf sich warten.
Er kam begleitet von einem baumstarken Priester, welcher
sich überdies mit einem derben Knotenstocke bewaffnet hatte.
Wunderbares Spiel des Zufalls! Derselbe Priester, namens
Hruscha, hat sich viele Jahre später als Bischof, aus feiger
Furcht vor dem Tode, erhenkt. Jetzt stand er bereit, einem
Sterbenden die letzte Stunde vergällen zu helfen. So
groß war die Macht der Gewohnheit, daß die anwesende
Familie des Kranken bei dem Eintritt des Kardinals sich

tief bis beinahe zum Kniefall beugten. Der Kardinal
spendete rasch den Segen und eilte in die anstoßende offene
Krankenstube. Hier traten wir ihm unerwartet entgegen.
Den vornehmen kalten Wink mit der beringten Hand, uns
zu entfernen, übersah ich, erklärte ihm vielmehr in der
höflichsten Weise, daß der Arzt bei der hochgradigen Aufregung des Kranken diesen keinen Augenblick verlassen dürfe,
ich selbst auf die Bitte Smetanas der Unterredung als
Zeuge beiwohnen werde. Unwillig wandte sich der Kardinal
zu dem Sterbelager und begann einen ziemlich seichten —
die Schwarzenberge haben, wie der Kardinal selbst einmal
bei einer Schulvisitation einräumte, das Pulver nicht erfunden — Sermon über die Unzulänglichkeit der Philosophie, die Kraft des Glaubens u. s. w. Der Kranke
drehte ihm den Rücken zu und wiederholte immer nur
keuchend die Worte: Fort mit ihm! Der Einsicht, daß
hier kein Sieg für die Kirche zu hoffen sei, konnte sich
selbst der Kardinal nicht verschließen. Zornig erhob er sich
und verließ, ohne sich um jemand weiter zu kümmern, die
Stube und das Haus. Pater Hruscha, welcher derweilen
im Nebenzimmer besonders der Mutter und den Schwestern
des Kranken mit Drohungen arg zugesetzt hatte, folgte ihm
grimmigen Blickes, die Augen rollend, den Stock schwingend.
Am folgenden Tage starb Smetana. Die ratlose Familie
übertrug mir die Sorge auch für die Bestattung. Fröhlichen Herzens übernahm ich die neue, voraussichtlich peinliche Aufgabe nicht. Ich bedang mir nur die Begleitung
des Schwagers als gesetzlichen Vertreters der Familie aus,

um den Vorwürfen, daß ich mich in fremde Angelegenheiten eigenmächtig mische, zu entgehen. So trotteten wir denn von Pontius zu Pilatus. An ein Begräbnis auf dem katholischen Friedhof war nicht zu denken. Die Kirchen= behörden wiesen unser Ansuchen als halben Wahnsinn zurück. Die Bestattung auf dem evangelischen Friedhofe unterlag gleichfalls großen Schwierigkeiten, da Smetana nicht zur protestantischen Gemeinde gehörte. Der humane Sinn und die wissenschaftliche Bildung des Pastors der deutsch= evangelischen Gemeinde, Martius, half sie glücklich lösen. Eine kirchliche Funktion werde er nicht üben, von einer solchen könne vernünftigerweise nur bei wirklichen Glaubens= genossen die Rede sein, selbstverständlich gönne aber die protestantische Gemeinde einem ehrlichen und ernsten Geistes= kämpfer eine Ruhestätte auf ihrem Boden. Vorausgesetzt, daß die Polizei zustimmte, hatten wir also ein Grab für den Verstorbenen gefunden. Den Gang in das finstere Polizeigebäude traten wir mit schwerem Herzen an. Wieder= holt mußten wir anklopfen, stundenlang warten, bis wir vor den Polizeigewaltigen, den berüchtigten Sacher=Masoch, vorgelassen wurden. Sacher=Masoch hatte bis 1848 das Amt eines Polizeipräsidenten in Lemberg verwaltet, in den Märztagen aber eiligst die Flucht ergriffen. Die Polen vergaßen nicht, daß er nach dem verunglückten Aufstande 1846 die Gefangenen in raffinierter Weise mißhandelt und zur Strafe stets noch grausamen Hohn zugefügt hatte. Sie bedrohten ihn jetzt, nachdem das Blatt sich gewendet, mit harter Wiedervergeltung. Sacher=Masoch fand ein Asyl in

Prag, wo er zuerst ein Privatbüreau für Polizeiinteressen einrichtete, später an die Spitze der Polizeidirektion gestellt wurde. Ich stand nicht das erstemal dem allgemein gehaßten, nicht minder gefürchteten Manne gegenüber. Als ich 1849 den akademischen Leseverein leitete, erbat er sich meinen Besuch, um mir ein reiches Büchergeschenk für den Verein zu übermachen und zugleich sein warmes Interesse an meiner Thätigkeit auszusprechen. Wollte er mich in das andere Lager ziehen oder mir nur eine Falle legen, und mich zu offener Kundgebung meiner Gesinnungen verlocken? Schon damals übte Sacher-Masoch einen abschreckenden Eindruck auf mich. Die Natur hatte ihn gezeichnet, den Typus des Häßlich-Bösen in ihm verkörpert. Zum pockennarbigen Gesicht gesellten sich kleine schielende Augen, struppiger Bart und unheimlich lauernde, an ein Raubtier erinnernde Bewegungen. Ich fand ihn bei der zweiten Begegnung nicht verschönert. Umgeben von einem zahlreichen Polizei= stabe trat er uns entgegen. Von unserm Begehren wollte er nichts wissen. Smetana sei ja kein Protestant gewesen, könne daher auch nicht als solcher begraben werden. Nach= dem er uns weidlich ausgeschimpft hatte, wandte ich mich mit den Worten der Thüre zu, daß wir ein stilles Be= gräbnis, das nach keiner Seite hin Anstoß erregen könnte, gewünscht hätten, die Polizei aber, wie es scheine, um jeden Preis einen Skandal hervorrufen wolle. Diese Erklärung würde ich öffentlich abgeben. Darauf kam er zur Besinnung. Er erlaubte endlich die Bestattung auf dem evangelischen Friedhofe, doch müßte ich persönlich die Verantwortung

tragen, und gewärtig sein, für jeden „Unfug" zur Rechen=
schaft gezogen zu werden. Was diese Rechenschaft bedeute,
erfuhr ich noch am selben Abend durch einen Brief, welchen
Dr. Pinkas von einem hochgestellten befreundeten Beamten
empfing. Er wurde gebeten, mich ja dringend zu warnen,
etwa eine Grabrede zu halten. Denn in diesem Falle war
der Befehl ergangen, mich zu verhaften und in ein
ungarisches Regiment als gemeinen Soldaten zu stecken.

Die Scenen, welche sich bei dem Begräbnis abspielten,
sind oft beschrieben worden. Da die von der Kirche be=
soldeten Leichenträger ausstanden, so mußten Freunde den
Sarg von dem Sterbezimmer zu dem auf der Straße
harrenden Totenwagen tragen. Uns war bange zu Mute.
Auf der Treppe und Hausflur drängten sich die Menschen,
auf dem Platze vor dem Hause standen sie Kopf an Kopf.
Unter ihnen allerdings liberale Studenten, Handwerker
und Arbeiter, aber auch die von Fanatikern kommandierten
Betschwestern und Bettelweiber fehlten nicht. Ein dumpfes
Gemurmel empfing uns. Wir wußten nicht, ob wir es
freundlich oder feindlich halten sollten. Da hatte einer der
Sargträger, Dr. Pinkas, die glückliche Eingebung mit er=
hobener Stimme: Hut ab! zu rufen. Das wirkte wie ein
plötzlicher Blitzschlag. Die Reihen öffneten sich, die Männer
entblößten das Haupt, die Weiber verstummten. Kaum war
der Sarg im Wagen, von welchem ein Kirchendiener mit
auffälligem Lärm das Kreuz abschraubte, geborgen, so be=
fahl ein Polizeikommissar dem Kutscher im Galopp zu
fahren und den Weg nicht wie gewöhnlich durch die Stadt,

sondern um die Stadtmauer herumzunehmen. Die nächsten
Freunde warfen sich in bereitstehende Kutschen und folgten,
so gut es ging, dem Leichenwagen. Nur wenigen Studenten
gelang es, auf einem kürzern Wege im Laufschritt, gleichzeitig mit der Leiche den evangelischen Friedhof zu erreichen.
Am Grabe angelangt, wurde ich von zwei Polizeiagenten
in die Mitte genommen. Sie warteten auf das erste Wort,
welches am Grabe gesprochen würde, um mich zu verhaften.
Ohne daß wir Freunde eine Abrede getroffen hätten, standen
wir fest und einig zu einander. Wir nahmen die Hüte
ab, warfen jeder einige Schollen in das offene Grab und
entfernten uns im tiefsten Schweigen. An Leib und Seele
müde, kehrte ich in das gastliche Haus des Dr. Pinkas
zurück, Trost suchend und findend bei dem wackern Manne
und der geliebten Tochter. Die Gefahr war glücklich überstanden. Ein zweites Mal wollte und sollte ich nicht mit
der Polizei in Berührung kommen. Der Gedanke rascher
Übersiedelung nach Deutschland reifte zum festen Plan.

Was sollte ich auch in Österreich, welche Thätigkeit
konnte ich im besondern auf dem heimischen Prager Boden
entfalten. In diesen Tagen wurde es für jeden Unbefangenen klar, daß die brutale militärische Herrschaft, unter
welcher wir seit der Unterwerfung Ungarns litten, durch
die klerikale Reaktion abgelöst werden würde. Militärrock
und Kutte zankten sich eine kurze Zeit miteinander, schließlich siegte die Kutte.

Rasselte im Jahre 1848 jeder halbwüchsige Junge mit
dem Säbel, so galt jetzt der Rosenkranz als gute Em-

pfehlungskarte. Das Strebertum kleidete sich in kirchliche
Farben. Spötter erzählten, daß man die beiden leitenden
Minister, Alexander Bach und Leo Thun, täglich in der
Michaelskirche antreffen könne. Der eine knie vor einem
Kruzifix rechts, der andere vor einem Marienbilde links
und wer ihrer Gunst sicher sein wolle, thäte gut daran,
sich neben sie auf die Kniee zu werfen.

In den ersten fünfziger Jahren wurde der Grund zu
der Schwächung der äußern Macht und zu der innern
Zerrüttung gelegt, aus welcher nur ein genialer Staatsmann Österreich wieder herausreißen kann. Wir warten
noch bis zur Stunde auf ihn. Die herrschende Regierungs-
form war einfach die organisierte Anarchie. Alle Staatskörper und Verwaltungskreise gerieten in Unordnung. In
der Armee deckte Gunst der Hohen die persönliche Un-
tüchtigkeit. „Intelligenz" machte einen Offizier verdächtig,
jedenfalls nicht beliebt. „Wir brauchen keine Räsonneurs,
sondern tüchtige Dreinhauer!" Die siegreichen Feldzüge in
der Lombardei hatten in die Reihen des Heeres einen
tollen Übermut verpflanzt. Man hielt sich für unbezwing-
lich. Wozu also arbeiten und mit dem Studium der Kriegs-
kunst sich plagen? Wie die Armee, so wurde auch die
Justizpflege grundsätzlich verdorben. Die neuerrichtete
Gendarmerie schien nicht dazu da zu sein, Verbrechen zu
verhüten und auszuforschen, sondern um die Justizbeamten
zu überwachen. Solange Exner lebte, waltete im Unterrichtsministerium der Grundsatz, daß wenigstens das philologische Studium nach Kräften gefördert werden müsse. Nach

seinem vorzeitigen Tode wurde die kirchliche Gesinnung bei
Berufungen maßgebend. Die Verwaltung verlor, da sich
die Gesetze, Verordnungen, Organisationen jagten, alle
Stetigkeit, die Beamten zeigten sich teils verbittert und
heimlich Oppositionsgelüsten zugethan, teils vollzogen sie
mechanisch den Dienst, wenig bekümmert um das Wohl
des Staates, desto eifriger dagegen befliffen, ihr persönliches Interesse zu wahren und ihre Beförderung zu be-
schleunigen. In dem Augenblicke, wo alle politischen
Gedanken im Volke streng verpönt waren, tauchten die
elementaren nationalen Bestrebungen wieder empor. Sie
waren 1848 nicht gefährlich gewesen, weil sie mit liberalen
politischen Wünschen Hand in Hand gingen. Jetzt fehlte
das politische Gegengewicht. In schroffer Einseitigkeit
wurden nationale Programme aufgestellt, langsam aber
stetig vollzog sich die Wandlung von Gleichgültigkeit zur
förmlichen Staatsfeindschaft. Nicht das Staatswohl, sondern das nationale Interesse lenkte die Stammesgenossen.
Auf nationaler Gliederung wollten wir österreichischen
Liberalen 1848 das österreichische Reich neu aufbauen;
nun mußten wir unthätig zusehen, wie die nationalen
Sonderinteressen den Staatskörper bedrohen und schwächen.
Die Reaktion der fünfziger Jahre hat den Größenwahn
der slawischen Stämme erzogen.

So fest unter diesen Umständen mein Plan stand, die
Heimat, die mir jedes ehrliche Fortkommen verwehrte, zu
verlassen, so hafteten doch an der Ausführung große
Schwierigkeiten. Wird mich eine deutsche Universität als

Privatdozenten aufnehmen, und welche sollte ich wählen? Als
der letzte Präsident des Frankfurter Parlamentes, Simson,
welcher gleichzeitig mit Dr. Pinkas in Karlsbad die Kur ge=
brauchte, von meinem Vorhaben hörte, lachte er über meine
Leichtgläubigkeit laut auf. Es sei gar nicht daran zu
denken, daß irgend eine deutsche Fakultät einen jungen öster=
reichischen Gelehrten zur Habilitation zuließe. Ich würde
von jeder als Ausländer angesehen und schon deshalb zu=
rückgewiesen werden. Dieser Einwand hätte mich leicht
entmutigt, wenn nicht gleichzeitig Droysen aus Jena, der
mich auf einer Durchreise freundlich in Prag aufsuchte, um,
wie er liebenswürdig sagte, das Handwerk zu grüßen, und
Robert Prutz, an dessen „Deutschen Museum" ich fleißig
mitarbeitete, mich aufgemuntert hätten, den Plan weiter
zu verfolgen. Um sicher zu gehen, wollte ich noch vorher an
einer größeren litterarischen Arbeit meine Kräfte versuchen.

Anfangs der fünfziger Jahre kam ein besonderer Zweig
wissenschaftlicher Litteratur, die Brieflitteratur, in die Mode.
Die Erläuterungsschriften zu Humboldts Kosmos hatten
dazu wesentlich beigetragen. Sie erschienen in der Form
von geologischen, botanischen Briefen, welchen psychologische,
ästhetische Briefe u. s. w. folgten. Der Schriftsteller hatte
dabei den Vorteil, daß er den trockenen Ton des Lehr=
buches leichter vermeiden, das Wesentliche in ein schärferes
Licht setzen konnte. Ich plante eine Reihe kunsthistorischer
Briefe, in welchen ich versuchen wollte, den Entwickelungs=
gang der bildenden Künste in großen Zügen zu schildern
und ihren Zusammenhang mit der übrigen, besonders

poetischen Kultur darzulegen. Als ich diese Gedanken meinem alten Freunde und Verleger, Friedrich Ehrlich, mitteilte, war er gleich bereit, den Druck zu übernehmen. Der Umfang wurde auf vier Hefte, den vier Weltaltern entsprechend, festgestellt. Mit Fleiß und Liebe ging ich an die Arbeit, so daß bereits im Winter 1851 das erste Heft, die Briefe über die altorientalische Kunst, ausgegeben werden konnte. Unerwartet stieß ich dabei auf Censur= schwierigkeiten. Der Militärrichter, welcher die Presse zu überwachen hatte, nahm Anstoß daran, daß ich den Hindus die antike Schicksalsidee absprach und dadurch die Mängel in ihren lyrisch so fesselnden Dramen erklärte. Der weise Salomon, Franz hieß er und Auditeurmajor war er, fand darin einen gehässigen Angriff auf die Hindureligion und zwang mich zu einer abgeschwächten Form meines Satzes und zum Umdrucke des ganzen Bogens.

Hatte das Heft sich nicht den Beifall der löblichen Militärbehörde erobern können, so fand es an anderer Stelle eine gute Aufnahme. Humboldt schrieb mir in seiner Weise einen schiefen und krummen Brief, aus welchem ich zwar die Lobeserhebungen als Höflichkeiten strich, aber doch entnahm, daß er die zehn Bogen mit Aufmerksamkeit gelesen hatte. Hermann Hettner zollte dem Heft im Deutschen Museum eine so reiche Anerkennung, daß ich schon eitel hätte werden können. Jedenfalls besaß ich jetzt eine litterarische Ein= führung in deutsche Fakultäten. Die folgenden Hefte er= schienen viel langsamer und waren nicht mehr mit gleicher Liebe gearbeitet. Mein Freund Ehrlich starb, der Erbe seines Verlags drang auf rasche Vollendung und wollte von einer Vermehrung der Hefte, die mir notwendig erschien, nichts wissen. Dadurch wurden die letzten Abschnitte überhastet und zu kurz behandelt.

Anfang Juni 1852 begann ich die Entdeckungsreise nach einer neuen Heimat. Zuerst sprach ich in Halle vor, um mit den persönlichen Freunden und politischen Verwandten, besonders Robert Prutz und Max Duncker, Rat zu pflegen. Sie waren der Meinung, daß ich sofort nach Berlin reisen und hier Johannes Schulze, dem vortragenden Rat im Kultusministerium und Universitätsreferenten, mich vorstellen sollte. Hätte ich dessen Zustimmung zu meinen Plänen, so wäre mir die Zulassung als Privatdozent an einer preußischen Universität gesichert. Die letztere hatte ich allerdings im Sinne, da ich nach meiner ganzen politischen Anschauung dem preußischen Staate zuneigte. Ich war sogar Thor genug, zu glauben, meine Verteidigung des Rechtes Preußens und Deutschlands gegen die gewaltsame Politik Schwarzenbergs würden mir in Berlin gut ausgelegt werden. Johannes Schulze, an den mich Prutz brieflich empfohlen hatte, empfing mich freundlich, hörte geduldig die Erzählung meines Lebensweges, meine Pläne an. Dann sprang er auf: „Liebes Kind, Sie gehen nach Bonn, nur nach Bonn. Dort allein ist der rechte Platz für Sie, dort allein können Sie Erfolg haben. Kommen Sie in einigen Tagen wieder, ich will an Ritschl schreiben Nach Bonn, nur nach Bonn!" So war in wenigen Minuten meine Laufbahn fest bestimmt.

13*

Den Aufenthalt in Berlin benutzte ich natürlich, um mich auch den ältern Fachgenossen vorzustellen. Schnaase, obschon seit Jahren kränkelnd und zurückgezogen lebend, nahm mich doch auf das freundlichste auf. Unvergeßlich bleibt mir die Erinnerung an den feinsinnigen, trotz seines großen Ruhmes überaus bescheidenen Mann mit dem durchgeisteten Antlitz, dem scharf und doch milde blickenden Auge, mit dem humorvollen Zuge um die Lippen, welcher so völlig frei von allen persönlichen Interessen nur der Wissenschaft und der guten Sache lebte, jeden, der es verdiente, gelten ließ, für jeden, dessen ernstes Streben er erkannte, wohlthuende Aufmunterung bereit hatte. Schnaase blieb seitdem bis zu seinem Tode mit mir in regem per- sönlichen und brieflichen Verkehr. Auch Waagen, ein jo- vialer, älterer Herr, den Kopf voll Schnurren und Anekdoten, aber auch voll wertvoller Kunstnotizen, erwies sich gleich- falls überaus wohlwollend. Durch die beiden Gönner wurde ich mit Gerhardt, Raumer, Passow, von Schlözer, dem alten Bendemann näher bekannt, so daß die Tage des Wartens in Berlin nur zu rasch verflogen. Unglück hatte ich nur mit Friedrich Eggers und Franz Kugler. Bei ersterem glaubte ich anfangs an einen Irrtum in der Adresse. Ich wurde in ein Damenboudoir geführt, in welchem es stark nach feinsten Parfüms duftete. Zierliche Blumenständer, ein glänzender Vogelkäfig, auf Tischen gold- geränderte Bücher, der Schreibtisch auf das säuberlichste geordnet, trafen mein Auge. Freilich als Eggers eintrat, in eleganter Haustracht, jedes Wort abgemessen, jede Be-

wegung abgerundet, da merkte ich, daß Stube und Be=
wohner trefflich zusammen passen. Wir wechselten einige
höfliche Redensarten und damit hatte die Begegnung ein
Ende. Kugler empfing mich mit unbegreiflicher Grobheit,
er ließ mich stehen, gab mir deutliche Winke, daß er meine
kunstgeschichtliche Thätigkeit für ganz überflüssig erachte
und schloß seine Rede, ohne daß ich eigentlich zu Wort
kam, mit der Versicherung, seine Zeit sei sehr kostbar, er
nehme selten Besuche an, erwidere sie niemals. Ich em=
pfahl mich und habe Kugler nie wieder gesehen.

Am Tage meiner Abreise nach Bonn konnte ich meiner
Braut schreiben, daß ich die Tasche voll gewichtiger Em=
pfehlungen an Bonner Professoren und Privatdozenten
besitze, und meine Absicht, mich in Bonn niederzulassen,
wohl gelingen dürfte. Wir schwelgten in kühnen Hoffnungen
und sahen den Tag unserer Verbindung merklich näher
gerückt. Allerdings waren wir uns der Unzulänglichkeit
der Einnahmen eines Privatdozenten zur Gründung eines
heimischen Herdes, und wenn er noch so klein wäre, be=
wußt. Aber auch in diesem Punkt wandte sich jetzt mein
Schicksal unerwartet zum guten.

Seitdem ich im „Konstitutionellen Blatte aus Böhmen"
und namentlich in der „Union" die orientalische Politik in
dem Sinne besprochen hatte, daß es in Österreichs In=
teresse liege, die Rumänen, Bulgaren, Serben in ihren
Ansprüchen auf größere Selbständigkeit zu unterstützen,
ihnen das stete Schielen nach Rußland abzugewöhnen und
bei der Pforte sich zu ihren Gunsten zu verwenden, stand

ich mit den südflavischen Politikern und Regierungsmännern
auf gutem Fuße. Hätte die Union länger ihr Dasein
gefristet, so wäre sie das Hauptorgan der südflavischen
Volksstämme geworden. Nach ihrer gewaltsamen Unterdrückung fehlte es an einem solchen Sprachrohre. Da
faßten der serbische Minister Garaschanin und sein Sekretär
Marinovich, ein Bulgare von Geburt, von den jüngern
südflavischen Staatsmännern unstreitig der tüchtigste und
gebildetste, den Plan, statt die Gunst einer einzelnen Zeitung zu suchen, lieber einen ständigen Agenten zu bestellen,
welcher die Vertretung der Interessen Serbiens und weiter
der Donauländer gegenüber der wenig günstigen Meinung
Westeuropas übernehmen sollte. Diese Rolle war mir zu-
gedacht. Am zweiten Tage nach meiner Ankunft in Bonn
erhielt ich die Aufforderung zu einer Konferenz mit Garaschanin und Marinovich in Köln. Sie waren auf der
Reise nach Paris begriffen und machten in Köln Halt, um
mit mir die Sache in Ordnung zu bringen. Garaschanin
sprach nur gebrochen Deutsch, Marinovich dagegen ein vortreffliches Französisch. Mit diesem verhandelte ich. Waren
wir über einen Punkt einig geworden, so verdolmetschte
er ihn für den Minister in das Serbische. In zwei Tagen
waren wir vollkommen einig. Mir fiel eine doppelte
Aufgabe zu. Ich sollte in den angesehensten Zeitungen
Frankreichs, Englands und Deutschlands alle Berichte, welche
sich auf Serbien bezogen, aufsuchen, in Auszügen an Marinovich senden, in dringenden Fällen die vorkommenden
Irrtümer gleich widerlegen. Dann aber fiel mir noch die

wichtigere Aufgabe zu, auf Grund der empfangenen Jn=
struktionen die öffentliche Meinung über die Zustände und
die berechtigten Ansprüche Serbiens aufzuklären. Als Richt=
schnur galt: Lockerung der türkischen Bande, Steigerung
der politischen und wirtschaftlichen Selbständigkeit und Ab=
wehr des russischen Einflusses. Anfangs ging unsere Mei=
nung dahin, daß sich das österreichische Ministerium für
die serbischen Interessen gewinnen ließe. Gar bald er=
kannten wir den Jrrtum. Die brutale und doch immer
ganz schwankende und unklare Politik der Wiener Staats=
kanzlei wurde dem Streben der Donaustaaten ebenso ge=
fährlich wie der russische Ehrgeiz. Als Jahresgehalt bot
mir die serbische Regierung 2000 österreichische Gulden
(ca. 1000 Thaler) an, eine Summe, die weit meine Er=
wartungen überstieg. Gehobenen Sinnes verließ ich Köln,
wo wir auf der Straße durch den uns stets auf dem Fuße
folgenden roten Serežaner mit Yatagan und Pistolen im
Gürtel nicht geringes Aufsehen machten. Lief nun noch die
Habilitation in Bonn ohne Gefährde ab, so stand ich auf
dem Gipfel des Glücks, durfte mit Sicherheit auf die nahe
Verbindung mit der geliebten Braut hoffen.

11. Bonner Anfänge.

An einem Sonnabend Vormittag kam ich in Bonn an und stieg im kleinen Hotel Rheineck am Landungsplatze der Dampfschiffe ab. So lernte ich das fröhliche Rheinleben gleich an der Quelle kennen. Kurt von Schlözer hatte mir in Berlin auf die Seele gebunden, doch ja zuerst und vor allen andern den jungen Historiker Otto Abel aufzusuchen. Das sei ein goldener Mensch, ein ehrlicher Schwabe und guter Deutscher, wohlwollend im Herzen, aber unbestechlich im Urteil. Dieser würde mir den besten Rat geben und mich über die Bonner Verhältnisse am besten unterrichten. Ich folgte Schlözers Mahnung und gewann in dem ersten Bonner Bekannten zugleich meinen besten Freund. Otto Abel war nicht allein Dahlmanns Liebling, sondern stand auch bei der ganzen Fakultät in verdientem Ansehen, genoß in den besten Familien die Rechte des Hausfreundes. Er hatte aus den Zeitungen schon mancherlei über mich gehört, so daß ich mich nicht förmlich bei ihm einzuführen brauchte. Im Laufe des Gespräches fand es sich, daß wir die gleichen politischen Grundsätze hegten und auch sonst in der Wertschätzung zahlreicher Menschen über=

einstimmten. Freilich machte ich die Entdeckung, daß ich auch in Preußen zur ecclesia pressa gehören werde, solche politische Anschauungen, wie sie Abel und ich hegten, in Berlin als schnöde Opposition galten.

An jedem Sonnabend versammelten sich im Sommer= semester die jüngeren Dozenten nachmittags zum Kegelspiel und einem Schoppen sauersten Weines in Honeckers Garten vor der Stadt. Abel lud mich ein, mitzuhalten, da ich auf diese Art ganz zwanglos mit einer größeren Zahl tüchtiger Kollegen in Verkehr treten könne. Wie viel Neu= gierde auf den Knaben aus der Fremde, wie viel persön= liches Interesse bei den einzelnen mit im Spiel war, konnte ich natürlich nicht abmessen. Im ganzen durfte ich mit dem Empfange wohl zufrieden sein. Aus den Gesprächen merkte ich, daß mein Eintritt in den Universitätskreis bereits als sicher angenommen wurde und die geselligen Beziehungen der Dozenten bei allem Freimut einen überaus liebens= würdigen, heitern Zug besaßen.

Unerwartet glatt und rasch verlief die vom Präsidenten Simson als Unding erklärte Habilitation. Die philosophische Sektion, an ihrer Spitze Ritschl und Welcker, hatten über mein Gesuch zu entscheiden. Beide Männer, von mir bald nach meiner Ankunft begrüßt, äußerten sich im Privat= gespräche wohlwollend und meinen Wünschen freundlich gestimmt. Sie bewährten das Wohlwollen vollauf auch in ihren amtlichen Gutachten. Durch die Wiedereinführung der Kunstgeschichte in den Kreis der Lehrfächer der philo= sophischen Fakultät wurde eine Lücke ausgefüllt, von meiner

persönlichen Befähigung lege aber das erste (und das unterdessen herausgegebene zweite) Heft der „Kunsthistorischen
Briefe" ein gültiges Zeugnis ab. Die Fakultät beschloß
von der Forderung einer besondern Habilitationsschrift oder
Prüfung abzusehen, mit der „Nostrifikation" sich zufrieden
zu stellen. Das heißt: ich sollte vor der versammelten
Fakultät eine in lateinischer Sprache verfaßte Abhandlung
vorlesen und gegen etwaige Angriffe verteidigen. Der
Gegenstand der Abhandlung wurde mir freigestellt. Ich
griff zu meinem alten Lieblingssatze zurück, daß die Natur
und die Gesetze der künstlerischen Thätigkeit richtig und
vollständig nur auf dem Wege der historischen Forschung
ergründet werden können, die spekulative Ästhetik immer
nur die in einem Zeitalter herrschenden Kunsterscheinungen
in eine allgemeine Form bringe, der Geschichte also nach-
hinke. Eifrig schritt ich an die Arbeit; alle meine cicero-
nianischen Erinnerungen rief ich wach, um ein halbwegs
genießbares Latein zu stande zu bringen. Mit Herzklopfen
las ich in der Fakultätssitzung meine Weisheit vor. Bei
einzelnen, wie mir schien, besonders eleganten Wendungen
und kühnen Konstruktionen glitt über Ritschls Antlitz ein
leises Schmunzeln. Er erzählte mir später, daß ihn mein
Vortrag nicht wenig ergötzt habe, das wäre kein geradezu
falsches, ja sogar ein fließendes Latein gewesen, aber von
der alten Römersprache hätte er nichts bemerkt. Ich hätte
ihm erst klar gemacht, was Kloster- und Jesuitenlatein bedeute. Das Herzklopfen steigerte sich, als ich die Vorlesung
geschlossen hatte und nun den Anfang der Disputation

natürlich auch in lateinischer Sprache erwartete. Zu meiner angenehmen Überraschung hielt der alte Brandis die Gegenrede auf gut Deutsch. So sehr er auch die Verdienste der historischen Forschung würdige, so habe doch nicht sie, sondern erst die Philosophie das letzte Wort zu sprechen. In diesem Punkte scheine ich ihm denn doch der Spekulation nicht gerecht zu sein. Ich schickte mich an, meine bescheidenen Einwendungen vorzubringen, wollte auf das Gebiet der Religion hinweisen, wo ja gleichfalls erst historische Untersuchungen das volle Licht in das Wesen und den Ursprung der religiösen Vorstellungen bringen. Doch Welcker kam mir zuvor: Brandis überschätze denn doch den Wert der philosophischen Betrachtung, welche nachweisbar niemals von selbst eine neue Auffassung des Kunstlebens und vor allem der Kunstentwickelung angebahnt hätte. Er geriet in immer größeren Eifer und steckte damit seinen Gegner an, welcher nun gleichfalls in Feuer geriet und seine Ansicht mit gesteigerter Leidenschaft verteidigte. Wir andern hörten erstaunt und ergötzt dem Kampfspiel der beiden Helden zu. Ich blieb ganz vergessen. Die für die Disputation anberaumte Zeit war längst verstrichen, mehrere Mitglieder der Fakultät wurden unruhig, da sie bereits in ihren Auditorien erwartet wurden. Der Streit, bei welchem ich unwillkürlich eine stumme Rolle übernommen hatte, schien noch lange nicht zu Ende zu sein. Da drang endlich Ritschl mit seiner scharfen Stimme durch. Er schlage vor, nachdem meine Abhandlung zu so fesselnden Erörterungen geführt habe, die Disputation als geschlossen, die Habilitation als voll-

zogen anzusehn. Ritschl, von Welcker unterstützt, that noch
mehr. Nachdem ich bereits an der Prager Kunstakademie
und Universität als Dozent aufgetreten sei, könne man von
einer Probevorlesung als Bedingung der Habilitation füglich
absehen. Ich solle zwar eine Probevorlesung am Anfang
des nächsten Semesters halten, aber schon jetzt seien mir
die „venia docendi" zu erteilen und meine Vorlesungen
in den Lektionskatalog aufzunehmen. Somit war ich also
dem Bonner Lehrkörper förmlich einverleibt. Weder Ritschl,
welchen wesentlich menschliches Wohlwollen und Abneigung
gegen unnütze Formalitäten leiteten, noch ich hatten eine
Ahnung, wie tief dieser Fakultätsbeschluß in mein Schicksal
eingreifen sollte. Jubilierend trat ich die Heimreise an.
Alles war mir geglückt, alle Pläne und Hoffnungen reiften
der Erfüllung entgegen. Meine materielle Lage erschien
vollkommen gesichert, mein Jugendideal, als deutscher Uni=
versitätslehrer zu wirken, stand als Wirklichkeit vor mir.
Nur zu rasch verflogen die Wochen in Prag. Natürlich
verbrachte ich alle freien Stunden in der Nähe der geliebten
Braut, welcher ich nicht genug von dem fröhlichen Leben
am Rhein, von den freundlichen Menschen in Bonn erzählen
konnte. Wir brauchten nicht mehr von einer glücklichen
Zukunft zu träumen, wir glaubten sie mit den Händen
bereits zu greifen. Nachdem ich meine Junggesellenwirt=
schaft aufgelöst, mit Isabella die Einrichtung unserer künftigen
Behausung verabredet hatte, — wir beschlossen für die
ersten Wochen in einer möblierten Wohnung zu wohnen
und gemeinsam dann unser endgültiges Heim zu wählen

kehrte ich im Herbst wieder nach Bonn zurück. Für das
Winterhalbjahr hatte ich als Publikum Raffael, als Privatkolleg eine allgemeine Übersicht der Kunstgeschichte gewählt.
Durch die letztere Vorlesung wollte ich mich selbst orientieren,
mit den Zuhörern Fühlung gewinnen, die erstere Monographie sollte meine besondern Kenntnisse bekunden. Abel
und die übrigen Freunde machten mich darauf aufmerksam,
daß ich bei der Neuheit des Gegenstandes nur in der
öffentlichen Vorlesung auf Zuhörer rechnen dürfe, das
Privatkolleg selten gleich das erstemal zu stande komme. Es
war also doch schon ein Erfolg, daß sich auch zu diesem
Zuhörer, allerdings nur vier meldeten, welche mir aber
sämtlich treu blieben. Mir sind ihre Namen bis heute
fest im Gedächtnis geblieben: von Noorden, Vater und
Sohn, der letztere nach vielen Jahren wieder mein Kollege
in Leipzig, Graf Solms-Laubach und Theodor von Bunsen.
Die öffentliche Vorlesung hatte gleich von Anfang eine
größere Zahl von Zuhörern versammelt, welche von Woche
zu Woche anschwoll, so daß gegen den Schluß des Semesters
der geräumige Hörsaal fast ganz gefüllt war.

Zur Befestigung meiner Stellung als Dozent trugen
vornehmlich zwei Umstände bei. Mehrere jüngere Univer-
sitätslehrer hatten sich vereinigt, zum Besten der vertriebenen
Schleswig-Holsteiner öffentliche Vorträge in dem weitbe-
kannten Saal zum goldenen Stern zu halten. Sie forderten
mich zur Mitwirkung auf. Damals waren öffentliche Vorträge noch nicht so abgegriffen und abgenützt, wie in den
späteren Jahrzehnten. Wer einen Erfolg erzielte, wurde

den besten Kreisen bekannt und gewann die Gunst der
öffentlichen Meinung. Es gelang mir, sowohl in Bonn,
wie bei der Wiederholung der Vorträge in Köln, zum
Besten der Dombaukasse, bei den Zuhörern Beifall zu finden.
Aber auch die andere schwerere Probe, eine Vorlesung im
Kreise der Kollegen und für diese ausschließlich bestimmt,
bestand ich mit Ehren. Der „Schwan" lebt nur noch dunkel
in der Erinnerung des jüngeren Geschlechts, da seine Glanz-
zeit schon in den sechziger Jahren zu Ende ging. Aus
einer fröhlichen Vereinigung einiger Privatdozenten hervorgegangen, ohne fest formulierte Satzungen, hatte er sich
allmählich zu einer ständigen, man möchte sagen, offiziell
anerkannten Universitätseinrichtung entwickelt. Jeden Sams-
tag abends versammelten sich im „Schwanen", einem Gast-
haus dritter Klasse, bei Honnecker, der dafür sorgte, daß
Speise und Trank stets die Nebensache, eine leidige Pflicht-
erfüllung blieben, die Privatdozenten und einige jüngere
Professoren, welche sich ihnen anschlossen, um zunächst einen
wissenschaftlichen Vortrag anzuhören und dann noch eine
bis zwei Stunden zwanglos zu plaudern, auch zu streiten.
Zweimal im Jahre, am Martinstag und am Sonnabend
vor Karneval wurde der Schwan selbst Gastgeber und lud
die alten Herrn der Universität zu einer solennen Bowle
ein. Man merkte es nicht allein den Trinksprüchen der
letzteren an, welches Ansehen der Schwan genoß. Schon
der Eifer, mit welchen auch die ältesten und angesehensten
Mitglieder, an ihrer Spitze Dahlmann, Brandis und Welcker,
der Einladung stets folgten, bewies, daß es der Schwan

wohl verstanden hatte, sich bei der ganzen Universität in
Achtung zu setzen. Er war der Gerichtshof, welcher über
jeden neuen Dozenten das Urteil fällte. Genügte dessen
Schwanvortrag nicht, zeigte er in den wissenschaftlichen Erörterungen arge Blößen, so hatte er Mühe, eine gelehrte
Regulative wieder zu gewinnen. Gerade in meinem ersten
Bonner Winter schwamm der Schwan im besten Fahrwasser.
Otto Abel hielt seinen berühmten Vortrag über die Legende
des böhmischen Nationalheiligen Johann von Nepomuk, in
welchem er die großartige, von Jesuiten verübte Geschichtsfälschung unwiderleglich nachwies und mit Humor erzählte,
wie der Heilige durch Mischung aus einem historischen
Johann von Pomuk und dem Magister Huß geschaffen
wurde. Ein czechischer Historiker, namens Tomek, hatte
ihm in Berlin die erste Anregung zu dieser kritischen Studie
gegeben, ich konnte ihm aus meiner Heimat mancherlei
Beiträge zu ihrer Stütze liefern, das beste hat aber doch
erst Abels Scharfsinn und unbestechlicher Blick für die Wahrheit hinzugefügt. Die Ultramontanen in Bonn, welche ich
bei diesem Anlaß zuerst kennen lernte, schäumten vor Wut,
der böhmische Episkopat hielt es für Pflicht, durch einen
obskuren Theologen eine lendenlahme Gegenschrift ausarbeiten zu lassen. Später bedachte sich die Kirche eines
besseren und suchte den wissenschaftlichen Streit totzu-
schweigen. Das gelang ihr auch in Böhmen. Die Czechen
fühlen bekanntlich den Boden unter sich zittern, wenn von
historischen Fälschungen die Rede ist und verbanden sich
mit den Klerikalen, die Jesuitenlegende noch fernerhin auf-

recht zu halten. Für die wissenschaftliche Welt hat Otto Abel das letzte Wort gesprochen.

Mein Schwanvortrag bewegte sich im ruhigsten Fahrwasser, da ich einen streng kunstgeschichtlichen Gegenstand behandelte, doch hatte er das Glück zu gefallen und das Mißtrauen, welches vielleicht anfangs einzelne Kollegen gegen den Mann aus Nazareth-Österreich hegen mochten, völlig zu zerstreuen. Bei den nächsten Wahlen wurde ich sogar in den Vorstand des Schwanen gewählt.

An Arbeit und auch an geselligen Zerstreuungen fehlte es mir in diesem Winter nicht. Dennoch schlich er entsetzlich langsam vorüber. Zählte ich doch die Wochen und dann die Tage bis zu meiner Heirat und stand es bei mir fest, sobald ich die Kollegien geschlossen hatte, auf der Stelle abzureisen. Beinahe hätte aber noch ein schlimmer Kobold meine Pläne zu Wasser gemacht. Das von der serbischen Regierung ausgeworfene Gehalt, obschon längst fällig, kam nicht, und auf meine Anfrage nur die Antwort, daß es zur Absendung bereit liege. Mein eigener Geldvorrat ging aber bedenklich zur Neige. Sollte ich ruhig in Bonn zuwarten, auf die Gefahr hin, daß vielleicht die Hochzeit verschoben werden müsse? Ich faßte einen verzweifelten Entschluß. Die schöne gebundene Gesamtausgabe Fichtes und Hegels, einige Prachtwerke ohne wissenschaftlichen Wert auf meinem Büchergestell schienen mich über meine arge Verlegenheit zu verhöhnen: „Ein schöner Bräutigam voll Liebessehnsucht, der sich nicht zu helfen weis! Uns brauchst du doch nicht und lässest uns nur verstauben! Mache, daß

wir in würdigere Hände kommen!" Es überkam mich
doch eine große Scham, als ich dem Antiquar meine
Bücher zum Kaufe anbot und nach geschlossenem Geschäft
meinen Namen nennen mußte, damit der Antiquar auch
eine Bürgschaft meines redlichen Erwerbes besitze. Mir
blieb aber keine andere Wahl. Die Zeit drängte und in
Prag allein konnte ich auf die eine oder die andere Art
aus meiner Verlegenheit mich reißen. Zum Glück nahmen
dieselben ein rasches Ende. In Prag lag mein Gehalt
bei dem Bankhause zur Auszahlung bereit. Und so feierte
ich am 5. April 1853 ohne jede äußere Trübung den
glücklichsten Tag meines Lebens.

Unsere Hochzeitsreise schränkten wir auf eine langsame
Rückfahrt nach Bonn ein, wo uns ein trauliches Nest und
die Freude einer ersten Hauseinrichtung winkten. Nach
einer kurzen Rast in Dresden bei Noëls wanderten wir
nach Hannover. Ich kannte die niedersächsischen Städte
noch nicht, auch Isabella war die norddeutsche Art fremd,
bisher sogar antipathisch gewesen: die Berliner Geheimräte,
mit welchen ihre Eltern in Karlsbad verkehrten, waren
allerdings nicht danach angethan, für Norddeutschland
Sympathieen zu werben. So machten wir also beide eine
Studienreise, beide mit gutem Erfolge. Lebendig trat mir
die alte, echte deutsche Kunst in den romanischen Kirchen
und in den schmuckreichen Holzbauten der Renaissance vor
die Augen. Meine junge Frau aber war überrascht von
der herzlichen Teilnahme, welche sich hinter scheinbar kühlen
Umgangsformen barg und erfreut über den reichen Interessen=

Kreis auch der Frauen. Nur unser Magen sehnte sich zuweilen nach der Heimat zurück; er ist bis zur Stunde gut
österreichisch geblieben.

Den längsten Aufenthalt machten wir in Hildesheim,
wo der würdige Senator Römer, der Bruder des Bonner
Dozenten, des Geologen Ferdinand Römer, als trefflicher
Führer und zugleich als liebenswürdiger Gastfreund uns
zu größtem Dank verpflichtete. Wir ahnten nicht, daß
unterdessen in Bonn eine dunkle Wolke aufgestiegen war,
welche sich über meinem Hause zu entladen drohte.

Schon im Laufe des Winters hatte mich der Staatsanwalt, oder Oberprokurator, wie er damals hieß, am
Bonner Landgericht, Herr von Ammon, der viel in Uni-
versitätskreisen verkehrte, darauf angesprochen, daß der
Prager Polizeidirektor Sacher = Masoch mich dem Gericht
als bedenkliche Persönlichkeit denunciert hätte. „Ich habe
ihm in einer Weise geantwortet, fügte er hinzu, daß er
uns wohl nicht mehr mit so gemeinen Anschwärzungen
behelligen wird." Da viele Monate vergingen, ohne daß
sich Sacher = Masoch regte, so hielt ich die Sache für abgethan. Als wir nun in Bonn in unsere kleine schmucke
Wohnung einzogen, fand sich unter den vielen Blumen und
Willkommengrüßen der Freunde auch ein Brief des Rektors
vor, in welchem er mich bat, ihn sofort, wegen einer
wichtigen Sache, zu besuchen. Er teilte mir mit, daß der
Prager Polizeidirektor, durch die erste Abweisung nicht
abgeschreckt, sich an das Unterrichtsministerium in Berlin
gewandt und in einer ausführlichen Denkschrift vor meinem

Thun und Treiben in Preußen gewarnt hätte. Er stützte seine Anklagen auf drei Punkte: auf meine Geschichte des Revolutionszeitalters, auf meine notorisch politische Anrüchigkeit in Prag und endlich auf meine demagogischen Umtriebe als Präsident des akademischen Lesevereins. Der Minister von Raumer forderte mein Buch ein und befahl dem Rektor, mich über die weiteren Anklagen zu vernehmen. Zwischen den Zeilen war zu lesen, daß der Minister vorhabe, mir die Erlaubnis zum Dozieren zu entziehen. Zum Glück für mich war der Rektor, der Professor der katholischen Theologie, Hilgers, ein überaus human gesinnter, milder und wohlwollender Mann. Er hatte selbst von kirchlichen Fanatikern mannigfache Verfolgungen erduldet und wußte daher aus eigener Erfahrung, wie leichtfertig solche Denunciationen in die Welt geschleudert werden. Ich sollte nur Mut fassen, er und die Universität würden gewiß für meine Rechte eifrig eintreten, nun aber ruhig überlegen, wie man die Anklagen Sacher-Masochs am besten entkräften könne. Auf den dritten Punkt lege das Ministerium das größte Gewicht. Welche Beweggründe mochten Sacher-Masoch zu einem so feindseligen, überdies verleumberischen Angriffe getrieben haben? Ich konnte keinen andern finden, als seine bekannte Polizeimanie. Er hielt den Tag für verloren, an welchem er nicht irgend eine Polizeiintrigue angezettelt, obere Behörden durch Schreckensnachrichten aus ihrer Ruhe gebracht, Körperschaften und einzelne Individuen hinterrücks verdächtigt hatte, das alles, um den Eifer und den Wert der Polizei in helles Licht

14*

zu stellen. Hatte er doch einige Jahre später ganz aus
dem blauen Himmel einen weitverzweigten revolutionären
Bund böhmischer Bauern erfunden und denselben in Wien
angezeigt, nur um den Statthalter Böhmens, der nun zum
Bericht aufgefordert wurde, in Verlegenheit zu bringen.
Diese letzte That brach ihm übrigens den Hals und hatte
seine Absetzung vom Amt zur Folge. Wahrscheinlich spielte
auch tiefer Groll gegen meinen Schwiegervater bei der
gegen mich gerichteten Denunciation mit. Pinkas war der
einzige angesehene Politiker, welcher Sacher-Masoch unver-
holen Verachtung zeigte, während die anderen Mitglieder
der Reichstagsrechten, insbesondere die Czechenführer, ihm
scherwenzelten. In mir sollte Pinkas getroffen werden.

Gar trübselig saßen nun Isabella und ich beisammen,
sinnend, wie wir die über uns zusammenstürzenden Himmels-
stützen wieder befestigen könnten. Die „notorische Anrüchigkeit in Prag“ konnte ich glänzend widerlegen. Unter den
Papieren, welche ich der Universität der Vorschrift gemäß
vorlegen mußte, befand sich auch ein „sogenanntes Sittenzeugnis“, die Bestätigung des Prager Magistrats, also der
zuständigen Behörde, daß ich mich bisher eines guten Leu-
mundes erfreut hätte. Mein Schwiegervater, welcher mir
das Sittenzeugnis besorgte, erinnerte den betreffenden Beamten daran, daß das Schriftstück in das Ausland ginge;
er möge es daher nicht nach dem üblichen „Schimmel“, d. h.
der Schablone abfassen, sondern sich eines guten Deutsch
befleißigen. Der Beamte verstand ihn so, daß er einen
pathetischen Ton anschlagen müsse und sparte nicht die

Ausdrücke des Lobes. Ich stand als wahrer Musterbürger da, welcher die höchste Anerkennung bei allen Klassen der Bevölkerung genoß. Diesem Pfeile aus Zachers Köcher war also glücklich die Spitze abgebrochen. Wie sollte ich aber beweisen, daß der nach dem Muster deutscher Universitätsvereine gegründete akademische Leseverein ein durchaus harmloses unpolitisches Institut gewesen sei? Auf den Wunsch gemäßigter deutscher und czechischer Studenten hatte ich den Vorsitz übernommen, mit der offen ausgesprochenen Absicht, hier einen neutralen Mittelpunkt für d e u t s ch e Bildung zu gewinnen. Die Universitätsbehörden unterstützten den Verein, waren sogar willig, ihm in der Universität Räume anzuweisen, was nur aus Mangel an passenden größeren Stuben nicht ausgeführt wurde. Im Verein lagen außer einigen Zeitungen zahlreiche wissenschaftliche Zeitschriften auf, außerdem wurden ab und zu Vorträge über litterarische Gegenstände gehalten, so z. B. von mir über Goethes Faust, über Lessings Laokoon, über Winkelmann. Übrigens stand ich seit dem Herbst 1849, seit meiner Reise nach Paris und England, mit dem Verein in keiner Beziehung mehr.

Um uns in unsern Kümmernissen zu zerstreuen, schlug Isabella vor, wir sollten doch die unterdessen angelangten Ausstattungskisten öffnen. Jeder Teller, jede Tasse des Eßgeschirrs war säuberlich in ein Blatt der amtlichen Prager Zeitung verpackt worden. Wir glätteten das Packpapier und legten es auf einen Haufen, um in der Stube einige Ordnung zu schaffen. Da fiel unser Blick zufällig auf meinen großgedruckten Namen im amtlichen Teil der Zeitung. Neugierig nahm ich das Blatt zur Hand, und welcher Jubel! hier las ich meine glänzende Rechtfertigung. Im Namen des akademischen Lesevereins sprach ich dem Herrn Polizeidirektor Sacher-Masoch meinen Dank aus für ein reiches Büchergeschenk, sowie überhaupt für die wohlwollende Gunst, welche er dem Verein seit dessen Gründung unabläſſig gewidmet habe. Atemlos eilte ich zum Rektor, um ihm meinen Fund mitzuteilen. Aus seiner herzlichen Freude ersah ich, daß ich an ihm, wie an den Universitätsgenoſſen überhaupt wackere Beschützer und Helfer gewonnen hatte. Sacher-Masochs Namen wurde in Bonn als Bezeichnung eines dummen Verleumders geradezu volkstümlich.

Der Bericht des Rektors an den Miniſter wies in ſcharfen Worten auf die vollkommene Grundloſigkeit der Anklage, auf die ehrloſe Verlogenheit des Denuncianten hin und ſprach die Erwartung aus, der Miniſter werde für die der Univerſität zugefügte Beleidigung ausreichende Genugthuung fordern. Das that ein Miniſter Raumer nicht. Nach mehreren Wochen kam ein Miniſterialſchreiben: Meine Habilitation ſei nicht rückgängig zu machen, wohl aber die Eile, mit welcher ſie vollzogen wurde, zu tadeln.

Einen großen Eindruck hatte Sacher-Masochs Denunciation auf den Miniſter Raumer doch gemacht und die ſchlimmen Folgen der Anſchwärzungen hatte ich bis zum Ende der fünfziger Jahre zu ſpüren. Ich wurde dem Oberpräſidenten der Rheinprovinz, Kleiſt-Retzow, zur ge-

nauften Beobachtung empfohlen, und erhielt auf privatem
Wege den Bescheid, daß eine Beförderung, solange Raumer
Minister bleibe, unbedingt ausgeschlossen sei. Mein Name
kam endlich in das schwarze Buch der deutsch-österreichischen
Polizei. Das letztere wurde mir auf meinen vielen Reisen
besonders unbequem. Überall, wo ich hinkam, mußte ich
mich auf das Polizeiamt begeben, um meinen Paß vorzu-
zeigen und bei der Paßvisitation an den Grenzen wurde
ich nicht viel besser als ein vagierender Handwerksbursche
behandelt. Das jüngere Geschlecht hat keine Ahnung von
den Paßplackereien, welche wir in den Jahren 1850 bis
1860 zu überstehen hatten. Auch wir haben sie, Gottlob!
vergessen und die Regierungen seitdem haben uns das Vergessen leicht gemacht. Wer sich aber jetzt über den ver-
bitterten und gereizten Ton in der Presse jener Jahre
wundert, das beinahe blinde Mißtrauen, welches wir den
Staatsmännern entgegenbrachten, nicht begreift, der weiß
eben nicht, in welchem Maße wir gepeinigt und in klein-
licher Weise geärgert wurden.

Jede Reise wurde, dank der österreichischen Polizei, zu
einer Kette von Drangsalen. Meine Frau pflegte einige
Sommermonate bei ihren Eltern in Prag zu verleben, ich
holte sie und später unsere kleine Familie im Herbst dann
ab. Solange ich in Prag weilte, blieb mein Paß in der
Verwahrung der Polizei. Erst am Tage der Abreise wurde
er mir zugleich mit einem sogenannten Passierschein aus-
gehändigt. Den letzteren lieferte ich im Eisenbahnwagen
ab, der erstere wurde schon in Bodenbach wieder von einem

Polizeibeamten abgenommen. In einer schmierigen Stube
versammelten sich vor Abgang der Züge die Reisenden, um
den Paß wieder aus den Händen der groben Polizeibeamten
zu empfangen. Mein Paß befand sich stets auf einem
Nebentisch, regelmäßig wurde ich, nachdem ich vom Kopf
bis zu den Füßen gemustert worden war, der letzte auf-
gerufen. Blieb ich einen Tag in Dresden oder Leipzig,
so legte die Polizei wieder gleich nach meiner Ankunft
Beschlag auf meinen Paß, bis zur Stunde der Abreise.
Außerdem wurde er auch auf den Bahnhöfen einer genauen
Musterung unterworfen. Der gleiche Vorgang wiederholte
sich in Magdeburg und in Minden. Beinahe auf jeder
Reise war ich da oder dort in Gefahr nicht mehr mit dem
Zuge mitzukommen, da die Polizisten absichtlich die Heraus-
gabe meines Passes bis zur letzten Minute verzögerten.
Uns war nicht danach zu Mute, in das Lied einzustimmen:
„Welche Lust gewährt das Reisen!“ Aber schließlich waren
wir jung und lebten in jeder andern Hinsicht so glücklich,
daß wir diese dunkeln Punkte leicht nahmen. In Dahlmanns Hause fanden wir eine zweite Heimat. Frau Luise
Dahlmann beriet und beschirmte mütterlich meine Frau,
und blieb, solange sie lebte, eine treue, auf unser Wohl
unaufhörlich bedachte Freundin. Durch Dahlmann wurde
ich in die besten deutsche Welt eingeführt. Der einzige
Mann vereinigte in seiner Person gediegenste wissenschaftliche Bildung mit strenger sittlicher Würde. So trat er
mir gleich nach den ersten Begegnungen entgegen. Bei
näherem Umgang zeigten sich auch die vielen liebenswürdigen

Züge, welche die fast rauhe Außenseite dem Fremden ver-
hüllte. Dahlmann galt als größter Schweiger. Das war
er auch gewöhnlich. Wenn er aber im Kreise der Familie
und der nächsten Freunde am Abend im Lehnstuhl behaglich saß, bei der Verteilung des frugalen Abendbrotes, welche
er sich nicht nehmen ließ, jede Gabe mit einem leichten
Scherz begleitete, wenn er dann aus seinem Leben, aus
seiner schleswig-holsteinischen Heimat erzählte, ruhig, ohne
jede Bitterkeit, aber mit scharfen Accenten, oder wenn er
uns aus Goethe oder andern Lieblingsdichtern vorlas, dann
merkte man, daß ihm nicht nur die Lust an vertraulichen
Mitteilungen innewohnte, sondern ihn auch eine tiefe Empfindung beseelte. Selbst wenn er sich im ganzen schweigsam verhielt, so bewiesen doch einzelne eingestreute Apho-
rismen, daß er dem Gange des Gesprächs aufmerksam
folgte. Heimisch fühlten wir uns auch in Boisserées Hause.
Leider starb Boisserée bald und seine Frau verzog in ihre
schwäbische Heimat, um erst in den letzten Jahren meines
Bonner Aufenthaltes zurückzukehren. Dann freilich knüpften
sich die nahen freundlichen Beziehungen wieder an. Sulpiz
Boisserée, das Ideal eines schönen kräftigen Greises, hatte
aus der alten Zeit die zierlichen Umgangsformen, die feinere
Verkehrssitte und gegenüber Frauen die liebenswürdig ga-
lante Höflichkeit sich bewahrt. Schon ihn anzusehn, that
wohl. Aber auch die Unterredungen in seiner Arbeitsstube
boten mannigfache Genüsse. Es war leicht, die Punkte zu
vermeiden, in welchen wir auseinandergingen. Am liebsten
brachte ich das Gespräch auf seine Entdeckungen alter Bilder

in den Rheinlanden, auf seine Dombaustudien. Hier war
er unerschöpflich in anmutigen Erzählungen, hier holte ich
mir die genaue Kenntnis der rheinischen Kunst.

Auch in den andern Professorenfamilien waren wir
gern gesehene Gäste, so daß wir schier zum eisernen Bestand
aller größeren und kleineren Gesellschaften gehörten und
als „die unvermeidlichen Springers" von dem Spottvogel
der Universität, dem Geologen Römer, begrüßt wurden.
Wir übten in unserer bescheidenen Wohnung auf der
Koblenzer Straße gleichfalls Gastfreundschaft und boten
wir auch den Freunden nur mäßige materielle Genüsse,
so verstand es doch meine Frau vortrefflich, durch allerhand wirtschaftliche Scherze (maskierte Weinflaschen, kostü-
mierte Braten, u. dgl.) die Zusammenkünfte fröhlich zu
beleben. Daß der Sylvesterabend nur bei uns gefeiert
werden konnte, nahmen die jüngeren Kollegen, die ver-
heirateten und ledigen, als selbstverständlich an.

Die akademische Wirksamkeit befriedigte mich vollständig.
Seitdem ich an die rheinische Kunst in den Vorlesungen
anknüpfte, durch regelmäßige Ausflüge nach Köln, Schwarz-
rheindorf u. a. dem Wort die Anschauung folgen ließ und
die kunsthistorischen Vorlesungen durch kulturgeschichtliche
ergänzte, gewann ich einen festen Zuhörerkern, welchem sich
von Semester zu Semester eine immer größere Zahl von
Studenten aller Fakultäten anschloß. Es gab damals für
junge Dozenten keinen bessern Tournierplatz als die Rheinische
Hochschule. Bonn besaß eine stattliche Reihe von berühmten
Namen, erfreute sich trotzdem keiner vollkommenen Blüte.

Die berühmten Männer, wie Arndt, Dahlmann, Welcker, Brandis, Löbell, Treviranus, waren alt geworden und entfalteten nicht mehr eine so ausgedehnte Wirksamkeit, wie in früheren Jahren. Sie standen in höchstem Ansehn, galten in jeder Hinsicht als Autoritäten, aber ihr Einfluß auf die Studenten war im Schwinden begriffen. Kostbare Schmuckstücke der Universität, aber nicht ihr eigentlicher Hausrat. Bei den späteren Berufungen bewies das Ministerium selten eine glückliche Hand. Insbesondere schleppte die Universität eine ganze Reihe von Extraordinarien als unnützen Ballast mit sich. Am tiefsten lag die medizinische Fakultät darnieder. Keinem Bonner fiel es ein, in ernsten Krankheitsfällen sich an einen Kliniker zu wenden. Auf meine naive Frage, in welchem speziellen Fach der Kliniker für innere Krankheiten besonders glänze, erhielt ich schmunzelnd zur Antwort: In der Geographie Amerikas. Aber auch die andern Fakultäten zeigten, neben einzelnen hervorragenden Männern, bedenkliche wissenschaftliche Nullen. Und wären jene nur immer am rechten Platz gestanden. Welche erstaunliche Gelehrsamkeit besaß Eduard Böcking. In der deutschen humanistischen Litteratur des sechzehnten Jahrhunderts war er, der berühmte Herausgeber der Werke Huttens, zu Hause wie kein anderer. Die Natur hatte ihn zum Philologen bestimmt, äußere Umstände ließen ihn die juristische Laufbahn wählen. Ihm fehlten aber alle von den Studenten geschätzten Eigenschaften eines Pandektisten. Der Professor der Chemie, Bischof, trieb mit Vorliebe Geologie, so daß der eigentliche chemische Unterricht

einem ehemaligen Apotheker überlassen blieb, dessen Ge=
schicklichkeit im Fleckputzen von Frauen gerühmt wurde. Der
wahre Held der Universität, welcher ihr Richtung gab und
ihren Charakter bestimmte, war der Philologe Friedrich
Ritschl, der größte Philologenerzieher unserer Zeit, damals
noch nicht von schwerem Siechtum heimgesucht, vielmehr
von frischem Lebensmut und unverwüstlicher Thatkraft.
Ihm dankte es Bonn, daß es zwei Jahrzehnte das Mekka
aller deutschen Philologen wurde. Bei dieser Sachlage
machte es sich von selbst, daß die alten Herren und die
wirklich hervorragenden Lehrer über die Köpfe der andern
Professoren hinweg zu uns Privatdozenten in befreundete
Beziehungen traten und wir mit jenen am innigsten zu=
sammenlebten. Frei von jeder Eifersucht, suchten sie uns
nach Möglichkeit zu fördern und in unserm akademischen
Wirken zu unterstützen. Es befanden sich aber unter den
Privatdozenten auch manche lebenserfahrene Männer oder
Gelehrte, welche bereits auf tüchtige Leistungen zurückweisen
konnten. Der Geologe F. Römer hatte eine längere
Forschungsreise in Texas gemacht, Otto Abel sich im diplo=
matischen Fache versucht, als Historiker bewährt. Der
Ruf des leider tauben Nikolaus Delius als Shakespeare=
kenner war im Steigen begriffen, von dem Theologen
Albrecht Ritschl, einem Vetter des Philologen, bekannten,
wenn auch sauersüß, die älteren Kollegen, daß er sie alle
an Scharfsinn und dialektischer Kunst weit übertreffe. Die
Privatdozenten erfreuten sich auch sozial allgemeiner Achtung,
sie verkehrten mit den Professoren auf gleichem Fuße und

genoffen hier ein höheres Anfehn, als an vielen andern
Hochschulen. Sie wurden bald das Salz, bald wenigstens
der Pfeffer der Universität genannt. Den Beigeschmack
des Pfeffers dankten sie den scharfen Zungen A. Ritschls
und Römers.

Die akademische Thätigkeit durfte die litterarische
Arbeit nicht ganz zurückdrängen. Zunächst galt es, ältere
Schulden abzutragen, also die „Kunsthistorischen Briefe"
schlecht und recht abzuschließen. Unterdessen war schon eine
ähnliche Aufgabe an mich herangetreten. Ein Stuttgarter
Verleger gab eine Encyklopädie der Wissenschaften heraus,
zu welcher Friedrich Vischer einen Abriß der Kunstgeschichte
zugesagt hatte. Jahre vergingen, ohne daß er sein Wort
einlöste. Da der Buchhändler immer heftiger drängte,
wandte sich Vischer in seiner Not an mich, ob ich nicht
in seine Stelle rücken wollte. Sein Vertrauen mußte mich
ehren; dennoch hätte ich unbedingt den Antrag zurückgewiesen,
wenn Vischer nicht den persönlichen Dienst betont hätte.
Ich hatte so viel Freundliches, so zahlreiche Anregungen
von ihm erfahren, daß jede fernere Weigerung ein schnöder
Undank gewesen wäre. Hart war die Bedingung, den
ganzen Verlauf der kunstgeschichtlichen Entwickelung auf
zwanzig Bogen zu erzählen und die Forderung, das Manuskript
in kürzester Frist fertig zu stellen. Ich war damals in
Buchhändlersitten so unerfahren, daß ich diese Zumutungen
für vollen Ernst nahm und zu meinem Schaden sie pünktlich erfüllte. Bald nach Antritt der Dozentur besuchte mich
auch ein Bonner Buchhändler, um mich für ein anderes

litterarisches Unternehmen zu gewinnen. Kinkel hatte eine Geschichte der christlichen Kunst zu schreiben begonnen und eine große Reihe von Tafeln lithographieren lassen, welche nun, da Kinkel an die Fortsetzung des Buches nicht dachte, nutzlos bei dem Buchhändler lagerten. Ließen sich die Tafeln, um einige passend vermehrt, nicht als Illustrationen in einer knappen Schilderung der mittelalterlichen Architektur verwenden? Vieles sprach für diesen Plan. Aus meinen Vorlesungen wußte ich, daß den meisten Zuhörern selbst die elementaren Begriffe in der mittelalterlichen Kunstge-schichte abgingen. Die Buchhändler aber (Henry und Cohen) waren überzeugt, daß das Buch in der Provinz, wo sich gerade ein regeres Interesse für die alten Denkmäler wieder zu regen begann, guten Absatz finden werde. So schrieb ich denn als Vorschule zur Archäologie der christlichen Kunst einen kurzen Leitfaden der „Baukunst des christlichen Mittel-alters."

Mein litterarischer Weg war bisher vom Allgemeinen zum Besondern gegangen, oder richtiger gesagt, ich war im Allgemeinen, in den universalhistorischen Übersichten, in Schilderungen ganzer weiter Weltalter stecken geblieben. Die Gefahr der Verflachung, und die noch schlimmere Ge-fahr, die Lockung, durch populäre Handbücher den Beifall der Halbgebildeten zu gewinnen, lag nahe. Es war ein Glück, daß ich rechtzeitig den bedenklichen Ausgang des bis jetzt eingeschlagenen Weges entdeckte und zur Umkehr mich anschickte. Standhaft wies ich von nun an alle Auf-forderungen zu neuen Auflagen, alle Anträge auf die Ab-

fassung halbwissenschaftlicher populärer Darstellungen zurück.
Erst nach dreißig Jahren, als ich mir die volle Herrschaft
über den Lehrstoff erworben hatte, lenkte ich in die alte
Bahn wieder ein. Durch diesen Entschluß wurde ich der
Sorge ledig, schließlich zu einem oberflächlichen Vielschreiber
und Kompilator herabzusinken. Bald merkte ich sogar, daß
das wiederholte Durchackern des ganzen kunsthistorischen
Bodens auch gute Folgen haben könne. Ich blieb nicht
an dem Einzelnen haften, lernte den Zusammenhang der
Dinge schärfer in das Auge fassen. Schon um die Eintönigkeit des Studiums zu vermeiden, wechselte ich die Betrachtungsweise und legte bald (nur für mich) auf diesen,
bald auf jenen Punkt den stärkern Nachdruck. Eine Reihe
von Problemen, von ungelösten Aufgaben und Fragen, die
dringend eine klare Antwort heischten, tauchten vor mir
auf. Allmählich gewann ich die Überzeugung, daß die
wissenschaftliche Kunstgeschichte erst geschaffen werden müsse.
Aber auch für die historische Methode war es von Vorteil,
daß ich gezwungen war, stets ein größeres Ganze zu über-
blicken, die richtigste, der innern Entwickelung des Stoffes
entsprechende Gliederung zu prüfen, überall den Wurzeln,
Blüten und Früchten, dem Wachstum der Kunstperioden
nachzuspüren, den Einfluß der Volksbildung, der herrschenden Anschauungen auf das Kunstleben zu übersehen. Alle
diese Dinge ließ ich langsam in mir ausreifen und befliß
mich in den nächsten Jahren einer großen litterarischen
Enthaltsamkeit. Vom Jahre 1855—1860 gab ich nur
zwei Schriften wissenschaftlichen Inhalts heraus, beide durch

meinen Pariser Aufenthalt, bei Gelegenheit der Weltaus=
stellung 1855 angeregt und veranlaßt: Paris im drei=
zehnten Jahrhundert und die Geschichte der
bildenden Künste im neunzehnten Jahrhundert.
Sie dürften wohl die ersten Schriften sein, welche man
mir nicht als Jugendsünden anrechnen wird. Beide Schriften
hatten wenigstens in der Fremde einen großen Erfolg.
„Paris im dreizehnten Jahrhundert" wurde von Victor
Faucher in das Französische übersetzt und von Aubry in
einer reizenden Ausgabe dem Trésor des pièces rares ou
inédites einverleibt. Aus der andern Schrift brachte die
Fine art quarterly Review größere Auszüge.

12. Harte Zeiten.

Wer hätte gedacht, daß der Krimkrieg auch in meine privaten Verhältnisse scharf eingreifen, meinem ganzen Leben einen andern Zuschnitt geben würde. Sorglos, fröhlichen Blickes in die Zukunft, atmeten wir die rheinische Luft. Das von der serbischen Regierung ausgeworfene Gehalt reichte vollständig für unsere Bedürfnisse aus. Mißlich waren nur die unregelmäßigen Zahlungsfristen, welche uns zuweilen in bittere Verlegenheit brachten. Eines besonders peinlichen Augenblicks entsinnen meine Frau und ich uns noch heute mit größter Lebendigkeit. Wir hatten am späten Abend unsere Kasse untersucht und gefunden, daß sie bis auf einige Thaler ganz leer sei. Die nächste Geldsendung war zwar angekündigt, konnte aber noch mehrere Tage sich verzögern. Wir beschlossen, am nächsten Morgen nach Köln zu reisen und bei dem Antiquar eine schöne Goetheaus= gabe zu versilbern. Da wurde plötzlich die Hausglocke scharf gezogen. Auf unsere Frage, kurz vor Mitternacht, zum Fenster heraus, kam die Antwort: die Köchin aus Prag mit einem Schiffsmanne. Meine gute Schwiegermutter, für unser leibliches Wohl stets bedacht, hatte für uns eine treffliche

Köchin angeworben. Sie war nun da, aber zu ungewohnter
Stunde. Sie hatte offenbar die Eisenbahn in Köln ver=
säumt, den weiteren Weg mit dem Dampfschiffe angetreten.
Wie dann, wenn ihr Reisegeld nicht reichte, der Schiffs=
mann etwa dasselbe einforderte. Uns standen Angsttropfen
an der Stirn. Aber das Reisegeld war bezahlt. Meine
gute Schwiegermutter hatte außerdem für eine so reiche
Reserve gesorgt, daß die Köchin uns ein Päckchen Bank=
noten einhändigen konnte. Die Reise nach Köln unterblieb
diesmal. Solche Scenen wiederholten sich öfter, mein
Goethe mußte doch später einmal die Wanderung zum
Antiquar antreten. Aber schließlich kam doch immer wieder
alles in das richtige Geleise. Die Fortdauer meiner Thätig=
keit im Interesse Serbiens auf mehrere Jahre hinaus schien
mir nicht zweifelhaft. Schrieb mir doch Marinovich wieder=
holt von der Zufriedenheit der Regierung mit meinen
Diensten und von meiner wachsenden Unentbehrlichkeit.
Mit dem Beginn der orientalischen Wirren steigerte sich
die Arbeitslast. Wöchentlich langten bogenlange Instruk=
tionen aus Belgrad an, welche mich teils mit politischem
Materiale versorgten, teils die Richtpunkte ihrer Benützung
angaben. Sie mußten stets so rasch als möglich in größeren
und kleineren Artikeln, bald deutsch, bald französisch oder
englisch verwertet werden In den Richtpunkten war eine
mir ganz begreifliche Änderung eingetreten. Ich wurde
angewiesen, die Versuche, die Sympathie des Wiener
Kabinetts für Serbien und die Balkanländer zu gewinnen,
fortan zu unterlassen, da dieses jede freundschaftliche An=

näherung schroff zurückweise. Die hochmütige Beschränktheit
der österreichischen Staatskunst erreichte in der Behandlung
der orientalischen Frage ihren Gipfel. Zwei Minister,
welche der böse Feind nicht schlimmer für den alten Kaiserstaat schaffen konnte, leiteten nacheinander die äußere
Politik. Fürst Felix Schwarzenberg, eine entnervte Natur,
der nur noch durch hochgesteigerte leidenschaftliche Aufregung
seine Lebensgeister aufrütteln konnte, hatte an die Spitze
seiner Politik einfach die Brutalität gestellt. Was bei
diesem Staatsverderber ein Ausfluß moralischer Krankheit
war, faßte sein schwächlicher Nachfolger, Graf Buol, in die
Form allgemeiner Grundsätze. Schwarzenberg hätte sich
nicht einen Augenblick besonnen, seine roh-gewaltsame Politik
durch gewaltsame Mittel durchzuführen. Dazu fehlten Buol
die Kraft und der Mut. Den großen Worten folgten keine
oder halbe Thaten nach.

Seit dem Jahre 1849 war die Pforte von der Wiener
Staatskanzlei in Acht und Bann gethan worden. Sie
hatte die ungarischen Flüchtlinge gastfrei aufgenommen, ihre
Auslieferung verweigert. Dieses Verbrechen mußte gesühnt
werden. Als 1853 Omer Pascha sich anschickte, die in
das türkische Gebiet eingefallenen montenegrinischen Räuber-
banden zu züchtigen, hielt ihn Österreichs Einspruch zurück.
Eine unerhört grobe Note verbot der Pforte jeden Angriff
auf Montenegro und um die Drohung zu verstärken, wurde
General Leiningen nach Konstantinopel geschickt, mit dem
Auftrage, durch grobe Worte die Wirkung der groben
Depesche zu verstärken. Leiningens Sporengeklirr war

15*

das Vorspiel zu Menschikoffs Paletotmission. In deutschen
diplomatischen Kreisen bewunderte man die Klugheit der
Wiener Staatskanzlei. Sie hätte durch diesen kühnen
Eingriff Rußland die Vorhand abgewonnen und die Pforte
gegen russische Zumutungen geschützt. Aber die brutale
Ausführung dieses angeblichen Schutzes schüchterte die Pforte
nur ein und bewies ihr, daß sie von Österreich keine ehrliche Unterstützung erwarten könne. Man sollte meinen,
wenn das Wiener Kabinett zu gunsten der Montenegriner
einschritt, daß es auch den übrigen Balkanländern einiges
Wohlwollen zuwenden werde. Ganz im Gegenteil. Sie
standen nicht auf streng legitimen Boden, hatten sich in
den letzten Jahren allerhand liberale Schwachheiten zu
schulden kommen lassen. Sie wurden daher mit der
gleichen schnöden Verachtung, mit demselben blinden Hasse
behandelt, wie die hohe Pforte.

Nachdem ich in zahlreichen Zeitungsartikeln auf Grund
vortrefflichen Materials — ich publizierte z. B. zuerst die
Aktenstücke, welche sich auf Leiningens Sendung bezogen
— die öffentliche Meinung über die russische und österreichische Politik unterrichtet hatte, empfing ich den Auftrag, die Wünsche der Südslaven in einer größern Denkschrift zusammenzufassen. Sie wurden in französischer
Sprache den Mitgliedern der Wiener Konferenz 1854
mitgeteilt, in deutscher Sprache, unter dem Titel: „Zur
Orientalischen Frage" als Broschüre in Leipzig ausgegeben.
Was ich als fromme Wünsche in der Denkschrift aussprach, ist allmählich zu wirklichen unumstößlichen Thatsachen

geworden. Die Denkschrift verlangte die Vereinigung der beiden Donaufürstentümer, das Aufhören der Tribut= pflichtigkeit Serbiens, die Schöpfung eines, wenigstens halb unabhängigen Zwischenstaates (Bulgarien), welcher die un= mittelbare Berührung Rußlands mit der Türkei verhindere, gleichsam als Puffer dienen sollte, das Aufhören des ein= seitigen österreichischen oder wohl gar russischen Protekto= rates, die Stellung der Balkanstaaten unter den gemein= samen Schutz der europäischen Großmächte. Sie fand bei der serbischen Regierung ungeteilten Beifall, auch bei ein= zelnen Mitgliedern der Konferenz stille Billigung, offiziell wurde sie vollkommen totgeschwiegen. Rußland zog aber die Lehre aus ihr, daß seinem herrschenden Einflusse über die Südslaven durch solche Selbständigkeitsgelüste Einbuße drohe und nahm seine Maßregeln danach. Der Rubel rollte in Serbien; die russische Partei gewann wieder das Übergewicht, das Ministerium Garaschanin mußte seine Entlassung nehmen. Nach einigen Monaten schrieb mir Marinovich, daß er gezwungen sei, auf jede politische Thätig= keit zu verzichten, demnach auch mein Verhältnis zur Re= gierung gelöst sei. Das war, da der Ankündigung die Ausführung auf dem Fuße folgte, für mich ein harter Schlag. Meine Sache, doch nein, unsere Sache, denn ich war inzwischen Familienvater geworden, war wieder auf nichts, auf rein zufällige Einnahmen gestellt. Aber ver= zagen durfte ich nicht. Ich hatte mit vielen angesehenen Zeitschriften und Zeitungen Beziehungen geknüpft, in den letzten Jahren von verschiedenen Seiten dringende Auf=

forderungen, einen geschlossenen Kreis von Vorlesungen zu
halten, empfangen. Als Journalist und Wanderlehrer hoffte
ich bis auf weiteres mich durchzuschlagen. Den ersten
Versuch, einem weitern Kreis von Zuhörern einzelne Abschnitte der Kunstgeschichte in geschlossenen Bildern vorzu-
führen, wagte ich in Bonn. Er gelang. Nach der ersten
Vorlesung mußte ich den zuerst gewählten Saal mit einem
größern vertauschen. Bald gab es keine angesehene rheinische
Stadt, in welcher ich nicht zur Winterszeit, in manchen
mehrere Jahre nacheinander, solche Vorträge gehalten hätte.
Überall wurde ich überaus gastfrei empfangen, überall erwarb ich gute Freunde, so in Krefeld Alexander Heimendahl
und Beckerath, in Barmen Bredt, in Elberfeld Simons, alle
im Rheinlande hochgeschätzte und allgemein beliebte Persönlichkeiten. In Köln nahmen mich der Regierungspräsident
von Möller und die Generäle von Schack und von Gans-
auge unter ihren Schutz, nach Düsseldorf führte mich eine
Einladung des Malkastens. Künstlern gegenüber von kunstgeschichtlichen Dingen zu reden, hat seine besonderen Schwierigkeiten. Die Erörterung technischer Fragen darf nicht in
den Vordergrund geschoben werden, da Künstler mit Recht
in diesen Dingen sich ein schärferes Urteil zutrauen, als
der gelehrte Laie besitzt. Sie stehen zu den einzelnen
alten Meistern in dem Verhältnis von Liebhabern. Je
nach ihrer eigenen Richtung und Stimmung schwärmen sie
für bestimmte Künstler und schütteln ungläubig den Kopf,
wenn diese von dem Historiker nicht gebührend gerühmt
werden, während andern, ihnen viel weniger sympathischer,

große Ehren erteilt werden. Ich muß aber doch das
richtige Maß getroffen haben, trotzdem ein auserwähltes
kritisches Publikum, u. a. Lessing, Achenbach, Schröbter
mir gegenüber saß. Denn am Schluß des zweiten Cyklus
wurde ich einstimmig zum Ehrenmitglied des Malkastens
gewählt und mir ein von dem Maler Michaelis kunstreich
ausgestattetes Diplom zugleich als Dankadresse überreicht.
Später sind solche Vorlesungskreise und Einzelvorträge, die
ich gleichfalls in verschiedenen Städten (Bonn, Koblenz,
Frankfurt, Berliner Singakademie) hielt, in Mißkredit gekommen. Ich nahm sie sehr ernst, bereitete mich auf das
sorgfältigste auf sie vor, bemühte mich, in leichtgeschürzter
Form auch neue Früchte wissenschaftlicher Forschung zu
bieten und hatte die Freude, mir zahlreiche, bis zu dieser
Stunde treu anhängliche Freunde im Rheinlande zu erwerben.

Auf die Gegenstände der Vorträge kann ich mich noch
heute besinnen; was ich aber alles in jenen Jahren in die
Zeitungen und Zeitschriften, natürlich anonym geschrieben,
darüber fehlt mir jede sichere Erinnerung. Selbst die
Zeitungen könnte ich jetzt schwerlich vollständig aufzählen.
Ich weiß nur, daß ich am fleißigsten in die Kölnische
Zeitung, die Freund Kruse, von Dahlmann hoch geschätzt,
in Bonner Kreisen auch als Gelehrter und Dichter angesehen, leitete, und die Allgemeine Zeitung schrieb und ein
eifriger Mitarbeiter an den Grenzboten und (etwas später)
Preußischen Jahrbüchern wurde. Für die „Gegenwart",
eine encyklopädische Ergänzung des Konversationslexikons

von Brockhaus, lieferte ich so viele Aufsätze, daß sie füglich
einen stattlichen Band bildeten. Es sollte mein Schicksal
sein, trotz eifrigen Widerstrebens, der Politik immer wieder
in die Arme zu fallen. Politische Artikel waren die am
meisten begehrte Ware, solche zu schreiben, vorausgesetzt,
daß sie mein Vaterland Österreich betrafen, kosteten mir
die geringste Mühe. Ich traute mir eine ziemlich gute
Kenntnis der Thatsachen und Persönlichkeiten zu, besaß
überdies an meinem Schwiegervater eine ebenso vortreff-
liche wie unerschöpfliche Quelle. Dr. Pinkas stand in
hohem persönlichen Ansehn in allen Schichten der Gesellschaft, seine wohlbekannte Uneigennützigkeit und Unbefangenheit des Urteils öffnete ihm alle Herzen. So gewann sein
Verkehr den weitesten Umfang, erstreckten sich seine freundschaftlichen Beziehungen auf die mannigfachsten Kreise. Ihm
klagten die Beamten ihr Herzeleid über die administrative
Anarchie, ihm berichteten die Mitglieder der Aristokratie,
haßerfüllt gegen das „Bachministerium", über die geheimen
Vorgänge in den maßgebenden Wiener Kreisen; mit ihm
berieten die Banquiers und Industriellen alle wichtigen
Pläne, an ihn wandten sich vertrauensvoll die Genossen
des alten Reichstages, um ihm die Nöte in ihren Provinzen vorzutragen. Er war geradezu der Beichtvater aller
Stände und Parteien geworden. Soweit er sich nicht zum
Schweigen verpflichtet hielt, weihte er mich in die politischen Dinge ein, so daß meine Artikel sich vor vielen andern
durch die lebhafte Färbung und neue Mitteilungen aus-
zeichneten. Die umfangreichste Leistung waren die vier

Abhandlungen in der „Gegenwart" über die Geschichte
Österreichs von den Märztagen 1848 an bis zur Aufhebung der Verfassung und ein ziffernreicher Aufsatz über
die wirtschaftlichen Zustände in Österreich. Beide Aufsätze
sind als Quellen zwar nicht oft angezogen aber häufig
benutzt worden.

Dank meinem Journalistenfleiße tröpfelte es zwar dünn,
aber stetig in unsere Hauskasse. Zuweilen kamen auch
recht dicke Tropfen. Das größte Prager Bankhaus: Laemel,
hatte vom Ministerium das Vorrecht zur vorläufigen Zeichnung
und Vermessung einer Eisenbahnlinie von Nürnberg nach
Prag, die sogenannte Westbahn, empfangen. Nach Vollendung und Genehmigung des Planes wollte Laemel eine
Aktiengesellschaft zum Bau und Betriebe der Eisenbahn
gründen. Zahlreiche Ingenieure machten sich an das Werk,
zeichneten, maßen, rechneten fleißig, so daß Laemel bald
daran denken konnte, diese Einzelaufnahmen zusammenstellen
zu lassen. Zu dieser Arbeit wurde ich ausersehen. Viele
Wochen lang saß ich über den Detailplänen, Rechnungen
und Tabellen, machte Anschläge über die Kosten des Grund-
erwerbes und des Baues, stellte Mutmaßungen an über
den Frachtverkehr und erwog die Größe des Baukapitals,
sowie den möglichen Gewinn. Die stattliche Denkschrift
etwa vierzig Bogen stark — wurde von Laemel gebilligt
und honoriert. Ihr praktischer Nutzen war freilich gering,
da Laemel, unter dem schlimmen Einflusse des Krimkrieges
auf den österreichischen Geldmarkt, schließlich vor der Größe
des Planes zurückschrak und sein Privilegium an eine

Wiener Gesellschaft verkaufte. Wie in dieser Sache, so
spielte auch in einer andern, welche mir mehrere Jahre
hindurch lohnende Beschäftigung gab, mein Schwiegervater
den Vermittler. Durch eine Verordnung des Ministeriums
war bald nach der Aufhebung der Verfassung den Juden
die Fähigkeit, Grundbesitz zu erwerben, wieder abgesprochen
worden. Auf den kleinen Grundbesitz, die Bauerngüter,
eingeschränkt, ließ sich diese Verordnung wenigstens für die
slavischen Provinzen rechtfertigen. Der Ausschluß der Juden
vom Großgrundbesitze war eine ganz überflüssige Beleidigung
gerade des besten und vornehmsten Teiles der österreichischen
Judenschaft und außerdem eine ganz verderbliche wirtschaftliche Maßregel. Der kapitalkräftigste Teil der Bevölkerung
wurde von dem Mitbewerbe ausgeschlossen. Auf die Beschwerde der Verletzten an hoher Stelle in Wien über
diese ebenso gehässige wie thörichte, von der hohen Klerisei
durchgesetzte Verordnung kam die vertrauliche Antwort,
augenblicklich sei ihre Aufhebung nicht möglich, wenn aber
die öffentliche Meinung sich scharf und beharrlich dagegen
ausspräche, wäre ein Erfolg über kurz oder lang zu gewärtigen, zumal der Finanzminister zu den entschiedenen
Gegnern dieser Ghettopolitik gehöre. Daraufhin vereinigten
sich mehrere angesehene jüdische Kaufherren und Fabrikanten
zu einer planmäßigen Bekämpfung des Verbotes in den
Zeitungen. Die Seele dieser Gesellschaft, Herr von Port-
heim, einer der edelsten und tüchtigsten Männer Prags,
beriet mit seinem Freunde Pinkas, in wessen Hände die
Agitation gelegt werden könne. Pinkas brachte natürlich

mich in Vorschlag und so wurde ich mehrere Jahre lang
der wohlbestallte Vertreter des Vereins. Der Zufall war
uns überaus günstig. Es kamen fast gleichzeitig mehrere
große Herrschaften unter den Hammer. Nach Verabredung
boten jüdische Magnaten die höchsten Summen, die aber
zurückgewiesen werden mußten, so daß die Güter entweder
viel niedrigere Preise erzielten, oder wegen ungenügenden
Angebotes der Verkauf überhaupt eingestellt wurde. Das
war Wasser auf unsere Mühle. Es kostete wohl einige
Mühe, die Leser nicht durch die wiederholte Vorführung
einer und derselben Klage zu langweilen.

Meine Aufgabe bestand in dem Ersinnen verschiedener
Variationen auf das eintönige Thema. Schließlich krönte
der Erfolg unsere fortwährenden Angriffe. Ich hatte der
guten Sache mit Eifer gedient, so daß viele glaubten, ich
verteidige die eigene. Als das Verbot für die Juden,
Großgrundbesitz zu erwerben, aufgehoben wurde, telegraphierte
mir der Redakteur der National=Zeitung, der alte Zabel,
einen Glückwunsch zum Siege meiner Glaubensgenossen.

Mein tapferes Weib half mir durch fröhlichen Zuspruch
und stets mutigen Sinn die wirtschaftlichen Sorgen leicht
tragen. Sie blieb auch in einer andern schweren Bedrängnis
meine feste Stütze, mein treuer Kamerad. Wir waren
beide im katholischen Glauben erzogen worden, hatten aber
bisher von der Klerisei nicht die geringste Anfechtung er=
fahren. Wir hörten von Rosenkranzbrüderschaften unter
dem gemeinen Volke, hatten für die armen bethörten Leute
Mitleid, wir merkten in den letzten Jahren, daß die Bischöfe

eine größere politische Macht erstrebten und das Ohr des
Regenten zu gewinnen anfingen. Aber niemals dachte ein
Pfarrer oder ein Kaplan daran, unberufen sich in das
Privatleben der besseren Bürger zu mischen, in Fragen der
Bildung eine Stimme in Anspruch zu nehmen. Er wäre
einfach verlacht worden. In den rein katholischen Ländern
traten die Kirche und ihre Vertreter viel gemütlicher, fried=
fertiger auf und besaßen nicht die Kampflust, welche sie in
Landschaften gemischten Bekenntnisses zur Schau trugen.
Das Verhältnis der gebildeten Katholiken zu ihrer Kirche
war ähnlich jenem der gebildeten Juden zu ihrem Bekenntnis.
Sie bekannten sich offen zur Gemeinde, sie nahmen auch
mehr oder minder eifrig Teil am Gottesdienste, die Kultus=
handlungen flößten ihnen jedenfalls ehrerbietige Achtung
ein, wie auch der naive Volksglauben nie von ihnen grob
angefeindet wurde. Aber die Bildung des Verstandes
hielten sie frei von jedem kirchlichen Einflusse. Dem kirch=
lichen Dogma sprachen sie nicht das Recht zu, den Gang
der Wissenschaften zu bestimmen. Hier galt allein die er=
probte Wahrheit. Auf diese Art wurde der Frieden zwischen
der Kirche und der gebildeten Gesellschaft gewahrt. Man
hat später dieses Verhältnis als schnöden Indifferentismus
gescholten und verdammt; in Wirklichkeit sollten nur zwischen
der kirchlichen und der profanen Welt feste Grenzen ge=
zogen werden, welche jedem Streite, jedem Übergriffe vor=
beugen.

Wir glaubten in unserer Naivetät am Rhein ähnliche
Zustände zu finden. Die bitterste Enttäuschung harrte

unserer. Ich horchte anfangs ganz verblüfft zu, wenn ich von heidnischer Wissenschaft und katholischer Kunst reden hörte, wenn Bücher wegen ihrer Rechtgläubigkeit gepriesen, andere, als mit protestantischen Gedanken befleckt, getadelt wurden. Eine abgeschlossene katholische Welt, der protestantischen in schroffer Feindschaft gegenüberstehend, stieg vor meinen erstaunten Augen auf. Anfangs verdeckte äußere Freundlichkeit die innern Gegensätze. Der Privatdozent der Philosophie, Clemens, ein Jesuitenzögling, von dem behauptet wurde, daß er zum Aufseher aller katholischen Professoren bestellt sei und seine Berichte Sonnenschein oder Sturm bei dem Erzbischof von Köln und der Kurie schafften, brachte mich mit August Reichensperger zusammen, in der Hoffnung, daß ich mich zu dessen Anhänger herausbilden werde. Ich wurde sogar in den ersten Semestern würdig befunden, bei den Generalversammlungen des akademischen Dombauvereins als Redner aufzutreten. Das war nebenbei gesagt eine schwere Aufgabe. Der Präsident des Vereins, der Professor der Theologie, Dieringer, ein ziemlich umgänglicher Mann, da die frische Schwabennatur zuweilen die harte ultramontane Kruste durchbrach, lud die Mitglieder des Vorstands und die Redner — aus Köln kam entweder Reichensperger oder Zwirner — vor der Sitzung zu Tisch ein. Das Mahl begann nach ein Uhr. Auf eine fette Suppe folgte eine fettere Zuspeise, ein noch fetterer Schweinebraten und endlich eine fetteste Sahnemehlspeise. Dazu wurde Pfälzer Wein getrunken, welcher Feuer in die Adern goß. Kaum hatten wir den letzten

Bissen verzehrt, ging es im Trabe nach der Universität.
Schlag zwei Uhr betrat ich die Rednerbühne in der Aula,
um mich im Lobe und Preise der gotischen Architektur,
ihrem idealen Schwunge u. s. w. zu ergehen. Gar bald
trat aber eine völlige Entfremdung ein. Die Ultramon=
tanen erkannten die Unmöglichkeit, mich in ihre Netze ein=
zufangen; ich aber gewann nur zu bald die Überzeugung,
daß man mir niemals Duldung und für meine wissen=
schaftlichen Studien ungehinderte Freiheit gewähren, viel=
mehr auf die unbedingte Unterwerfung bestehen werde.
Die katholische Kirche hatte am Rhein viel von dem vor=
nehmen Charakter verloren, welchen sie in früheren Zeiten
besaß und wenigstens teilweise noch in rein katholischen
Ländern sich gerettet hat. Sie ist beinahe zur Partei
herabgesunken, erblickt in der strammen Disziplin das
wesentlichste Heilsmittel und hat die milde Lehre von der
Liebe durch die finstere Mahnung zum Haß ersetzt. Ab=
neigung gegen Preußen, gehässige Gesinnung gegen den
Protestantismus, Widerwille gegen die ehrliche Wissenschaft,
welche sich Weg und Ziel nicht aufzwingen läßt: auf ein
solches Parteiprogramm ließ ich mich nicht einschwören.
Und wenn diese Leute nur auf eine rein katholische Bildung
den Anspruch hätten erheben können. In den romanischen
Ländern schloß sich die Kirche ohne Widerspruch den Wand=
lungen des Volkslebens an, nahm teil an der Entwickelung
des nationalen Geistes. Nicht so in Deutschland. Seit
der Reformation verzichtete der katholische Teil der Be=
völkerung auf die lebendige Mitwirkung an dem nationalen

Kulturleben, er verstummte in der Litteratur, sperrte sich gegen die Fortschritte der Wissenschaft ab, führte überhaupt ein völlig abgesondertes stilles Dasein. Der protestantische Teil des Volks gewann im Lauf von zwei Jahrhunderten einen so gewaltigen Vorsprung, daß er nicht mehr nachgeholt werden konnte, zumal die protestantische Bildung tief im deutschen Volksboden wurzelt. Als die deutschen Katholiken seit dem Ende des vorigen Jahrhunderts die schroffe Absonderung aufgaben, nahmen sie unwillkürlich, häufig, ohne es zu ahnen, protestantische Gedanken in ihre Seele auf. Die gebildeten Katholiken in Deutschland, von den kirchlichen Fanatikern abgesehen, sind Halbprotestanten. Gegen die beiden Thatsachen, daß die protestantische Kultur seit drei Jahrhunderten in Deutschland herrsche und durch keine Macht mehr zerstört werden könne und daß der wirklich gebildete deutsche Katholik von protestantischen Anschauungen angesteckt sei, kann selbst die verlogenste Geschichtsfälschung nichts vorbringen. Man streiche aus dem deutschen Kulturleben der letzten Jahrhunderte die Thaten der Protestanten, lasse bloß die Leistungen der Katholiken stehn, man vergleiche die romanischen oder slavischen Katholiken mit den deutschen und man wird ihre Richtigkeit nicht länger in Zweifel ziehen.

Trotz aller persönlichen Anfechtungen sträubte ich mich gegen den Bekenntniswechsel. Er hat für einen reifen Mann, welcher sich eine feste persönliche Anschauung der Dinge erobert hat, immer etwas Mißliches. Freilich, vor die Wahl gestellt, auf eine deutsche wissenschaftliche Bildung

zu verzichten, oder mit der die Kirche beherrschenden Partei
zu brechen, konnte die Entscheidung nicht schwanken. Mehrere
Jahre glaubte ich an die Möglichkeit, durch ruhige Zurück=
haltung dem Streite auszuweichen. Die Ultramontanen
richteten aber ihre gehässigen Angriffe gegen meine arme
Frau. Ihr Kirchenbesuch wurde einer strengen Kontrolle
unterworfen. Verhetzte Nachbarinnen riefen ihr, wenn sie
vorüberging, gemeine Schimpfworte nach. Vor der Taufe
eines jeden meiner Kinder erhielt sie Mahn= und Droh=
briefe, sich nicht von mir verführen zu lassen, reuig in den
Schoß der rechtgläubigen Kirche= zurückzukehren. Unsere
Dienstmädchen wurden in der Beichte peinlich befragt, ob
wir die Festtage hielten und unsere Kinder beten ließen,
ob wir nicht ketzerische Reden führten, mit wem wir Um=
gang pflegten; sie wurden sogar förmlich angewiesen, uns
zu beobachten. Ein Kaplan äußerte ganz offen, wenn
unsere Kinder einmal die Schule besuchen würden, wollte
er schon in ihnen uns eine Zuchtrute binden. Nun war
kein weiteres Zögern gestattet. Den Frieden in der
Familie, die Liebe der Kinder durften wir uns nicht rauben
lassen. So schwer auch meiner Frau, mit Rücksicht auf
ihre Familie, welche von solchen Parteikämpfen keine Ahnung
hatte, der Entschluß fiel, so erkannte sie doch sofort, was
die Pflicht gegen die Kinder von ihr verlangte. Durch
Vermittelung Albrecht Ritschl's nahm sie das Abendmahl
in der Schloßkapelle zu Brühl und ließ sich und die Kinder
der evangelischen Kirchengemeinde zuschreiben. Meinem
persönlichen Übertritt stellten sich zunächst noch Schwierig=

leiten entgegen. Der ängstliche evangelische Kirchenvorstand
verlangte eine Bestätigung des katholischen Pfarrers, daß
ich aus seiner Kirche ausgeschieden sei. Das hieß mit
andern Worten, ich sollte an mir noch Bekehrungsversuche
anstellen lassen. Erst wenn diese scheiterten, konnte ich die
Entlassung aus der katholischen Kirche fordern. Einer
solchen Demütigung konnte ich mich nicht aussetzen. So
blieb die Sache noch in der Schwebe. Der evangelische
Pfarrer, ein wahrer Johannesjünger, mild und klar in
seinem Wesen, der viel zu früh verstorbene Dr. Wolters,
tröstete mich: Sie gehören thatsächlich zu uns, wenn auch
nicht vielleicht als evangelischer Christ, so doch als ganzer
Protestant. Das genügt vorläufig, bis sich später Gelegen=
heit findet, den Übertritt noch formell zu regeln. Sie
fand sich bei meiner Übersiedelung nach Straßburg. Wir
hatten noch lange, unseres Schrittes wegen, Haß und Zorn
zu tragen, meine Frau wurde in ultramontanen Broschüren
geradezu beschimpft. Das focht uns aber wenig an. Hatten
wir doch unsern Kindern den Seelenfrieden und die reine
deutsche Bildung gerettet.

Auch aller schlimmen Dinge sind drei. Zu den materiellen
Sorgen, zu den religiösen Bedrängnissen gesellte sich noch
die Überzeugung von der dauernden Feindseligkeit der
Regierung. Die vom Oberpräsidenten angeordnete polizei=
liche Überwachung dauerte, wie ich zufällig erfuhr, noch
fort. Nach einem Martinsschmause im „Schwanen" be=
gleitete mich der Jurist Sell nach Hause. Die Natur
hatte ihn mit so viel Gutmütigkeit und Schwatzlust begabt,

daß andere Eigenschaften, die man gewöhnlich bei Professoren
sucht, sich nur schlecht entwickeln konnten. Die starke Bowle
hatte dieses Mal auch die Wahrheitsliebe in ihm geweckt.
Trotz der weit vorgeschrittenen Nacht konnte er das Ende
des Bekenntnisses nicht finden, wie er mich liebe und achte,
wie leicht er mir hätte schaden können, aber stets auf mein
Wohl warm bedacht gewesen sei. Kurz, er gestand, daß
er und der Theologe Hasse die Ausspähung meines Thuns
und Treibens im Auftrage Kleist-Retzows übernommen
hätten. Er hätte nur Gutes über mich geschrieben und
berichte jetzt gar nicht mehr. Dagegen sollte ich dem
Theologen Hasse gegenüber Vorsicht üben. Nun war das
Rätsel gelöst, das mich und meine Freunde oft beschäftigt
hatte, die merkwürdige Teilnahme Hasses an meiner Per=
sönlichkeit. Wo er mich sah, stellte er mich und über=
schüttete mich mit Fragen, was ich schreibe, wie ich über
dies oder jenes denke. Hasse war in unserm Kreise bis=
her nur wegen seiner Kellnertracht — er kleidete sich stets
in Frack und weiße Weste — und wegen seiner Trägheit
bekannt. Selbst seine maßlos reaktionären Ansichten über
Kirche und Staat hatten einen lächerlichen Anstrich. Es
kommt doch selten vor, daß jemand sich selbst hündischer
Gesinnung zeigt. Als ein angesehener italienischer Gelehrter
ihn, wie die andern Professoren, besuchte, um eine Unter=
stützung der von den Österreichern vertriebenen Universitäts=
lehrer in der Lombardei zu erbitten, wies er ihn mit dem
Ausruf: Je suis un Autrichien ab und fuhr in gesteigertem
Zorn über die Zumutung, für liberale Zwecke Geld zu

geben, fort: oui un chien, chien, chien! Jetzt entpuppte
sich der fromme Mann als geheimer Spion. Seinen Berichten hatte ich es wohl zu danken, daß auf die wiederholten Anträge der Fakultät auf Beförderung ein immer
schrofferes „Nein" aus Berlin als Antwort kam.

In den ersten Bonner Jahren lachten wir oft darüber,
daß, während der Oberpräsident in Koblenz mich auf die
Liste der verdächtigen und bedenklichen Personen setzte, der
Regierungspräsident in Köln, Herr von Möller, mir offen
seine Gunst angedeihen lasse. So oft ich in Köln eine
Vorlesung hielt, nahm ich im Regierungsgebäude mein
Absteigequartier und blieb der Gast des Präsidenten. Leider
sollte ich diese Gunst ohne meine Schuld verscherzen. Zu
den größten Annehmlichkeiten des Bonner Lebens gehörte
der rege Fremdenverkehr. Wer vom Norden nach dem
Süden, vom Osten nach dem Westen reiste und den Rhein
berührte, rastete gern ein paar Tage in Bonn. In jedem
Sommer klopften zahlreiche Freunde an Dahlmanns, Brandis,
Bluhmes, Welckers Thüre. Auch Fremde, Engländer und
Franzosen, sprachen häufig vor, um diese berühmten Männer
kennen zu lernen, mit ihnen politische und wissenschaftliche
Meinungen auszutauschen. An diesem belebenden Verkehr
hatten wir, dank der Freundschaft unserer Gönner, den
größten Anteil. Regelmäßig wurden wir bei jedem Fremden-
besuche mit zu Gaste gebeten, wie Frau Dahlmann sagte:
„auf die Fremden eingeladen". Mit Jakob und Wilhelm
Grimm, Pertz, Gerhardt, Tocqueville und noch vielen anderen hervorragenden Männern verlebten wir auf diese

16*

Art die genußreichsten Stunden. Zuweilen wurde auch
von Fremden unmittelbar an meine Thür geklopft. Madame Hortense Cornu, angeblich die Milchschwester Kaiser
Napoleons, jedenfalls seine Vertraute, brachte nach seinem
Regierungsantritte alljährlich am Rhein mehrere Wochen
zu. Sie war seit ihrer Jugend mit der Fürstin Hohen-
zollern und mehreren Kölnischen Damen nahe befreundet.
Ob sie mit ihren Reisen politische Zwecke verband, weiß
ich nicht. Bei mir führte sie sich als Künstlerfrau und
Fachgenossin ein. In der That hat sie unter dem Namen
Albin zahlreiche kunsthistorische Abhandlungen in Pariser
Zeitschriften geschrieben. Sie wünschte über die neuesten
kunstlitterarischen Leistungen in Deutschland belehrt zu
werden und die Bekanntschaft Welckers zu machen. Der
überaus klugen, feinen und allseitig gebildeten Dame stellte
ich mich gern zur Verfügung und begleitete sie auch wiederholt auf den Landsitz der Frau Deichmann, der Gattin
eines Kölner Banquiers, in Mehlem, welche sie gleichfalls
seit ihrer Schulzeit in Mannheim kannte. Sie kam hier
mit dem alten Hausfreunde der Deichmannschen Familie,
dem Regierungspräsidenten, zusammen und wurde von diesem
auf das freundschaftlichste begrüßt. Als nun einmal statt
Madame Cornu ihr Mann in Begleitung seines Freundes
Cernuschi bei mir vorsprach und den Wunsch äußerte, auch
Frau Deichmann in Mehlem zu besuchen, schlug ich vor,
den Plan gleich auszuführen. Es war ein Sonntag, an
welchem stets auch unerwartete Gäste, wie ich aus Erfahrung wußte, bei dem Mittagstische willkommen waren.

Daß der Regierungspräsident jeden Sonntag in Mehlem weile, war mir nicht unbekannt, mir fiel aber nicht im Traume ein, daß dieser Besuch ihn irgendwie peinlich berühren könne. Der Freund, dessen Namen ich zum erstenmal hörte, war allerdings ein italienischer Flüchtling. Gegen die österreichische Gewaltregierung hatten aber so viele Ehrenmänner die Waffen getragen, Cernuschi erfreute sich außerdem in Paris bereits einer angesehenen Stellung und war schließlich durch Cornus Freundschaft gedeckt. Unmöglich konnte ich in seinem Besuch eine Beleidigung des Herrn von Möller erblicken. So wurde er aber aufgefaßt. Gleich bei der Vorstellung vor Tische begnügte sich der Regierungspräsident mit einem steifen Kopfgruße, bei Tische blieb sein Platz leer, nach Tische aber wurde mir von der Hausfrau allerdings ganz höflich bedeutet, daß sie unsern Besuch als beendigt ansehe. Ich schämte mich vor den beiden Fremden der schlechten Aufnahme und ersann allerlei Entschuldigungsgründe. Für mich schloß die Sache mit einer zornigen Standrede des Regierungspräsidenten. Ich hätte ihn, so behauptete er, durch die Vorstellung Cernuschis arg kompromittiert und gezeigt, daß ich immer noch mit den Revolutionären unter einer Decke stecke, und ich müßte es mir nur selbst zuschreiben, wenn die Regierung mir mißtraue, meine Beförderung verweigere. Von diesem Augenblicke an verwandelte sich Herrn von Möllers Gunst in offenbare Abneigung. Sie warf noch nach vielen Jahren einen Schatten auf mein Schicksal.

Nach kurzem Sonnenschein deckten den Bonner Himmel
also dauernd trübe Wolken. Wohl brach zuweilen ein
Lichtstrahl durch, aber nur, um rasch wieder zu verschwinden
und die herrschende Trübung dann noch deutlicher hervor=
treten zu lassen. Meine Denkschrift über die böhmische
Westbahn hatte den Beifall des bekannten böhmischen In=
dustriellen Franz Richter, der nachmals als Opfer der
Eynattenschen Schmutzwirtschaft fiel, gefunden. Als er
an die Spitze der Wiener Kreditanstalt trat, dachte er
daran, mich für ihren Dienst zu gewinnen. Es blieb aber
bei dem bloßen Plane, dessen Verwirklichung meiner Lauf=
bahn eine ganz andere Richtung gegeben hätte. Eine
andere Aussicht winkte mir aus München. Eines Tages
(1855) besuchte mich ein Professor der Rechte an der
Münchener Universität, der mir bis dahin ganz unbekannte
Dollmann. Er erkundigte sich eingehend nach meinem
Lebensgange, meinen Studien, meinen Sprachkenntnissen.
Ich zog aus der langen Unterredung zunächst nur den
Schluß, daß der Mann selbst für einen Professor allzu
neugierig wäre. Wenige Wochen später empfing ich von
ihm einen Brief, mit der Aufforderung, mich sofort an
das Hoflager des Königs Max von Bayern zu begeben,
welcher mich kennen zu lernen wünsche. Was mochte der
König wollen? Das Rätsel löste mir Dahlmann. An ihn
und an Brandis hatte König Max geschrieben und um
die Nennung eines passenden Ersatzmannes für Dönniges
ersucht. Ihrer Empfehlung dankte ich den Ruf, nachdem
noch Dollmann, einer der vielen Vertrauensmänner des

Königs, mich einer persönlichen Prüfung unterworfen hatte. Offenbar war dieselbe günstig ausgefallen.

In Berchtesgaden wurde ich durch den Adjutanten von der Tann dem Könige vorgestellt. Da ich nach der Hoffitte nur auf die mir gestellten Fragen eine knappe Antwort geben durfte, so nahm die sehr lange Unterredung den Charakter eines königlichen Monologes an. Mit großer Offenheit äußerte sich König Max über die schwebenden politischen Fragen, betonte die schwere Lage Bayerns zwischen den österreichischen und preußischen Ansprüchen, welche ihm eine Art von Schaukelpolitik aufzwängen, obschon er sich persönlich von Österreich abgestoßen fühle. Er öffnete dann einen Schrank, in welchem er die Gutachten und Aufsätze von Staatsmännern und Gelehrten über die mannigfachsten politischen und wissenschaftlichen Dinge aufbewahrte. Ranke genoß offenbar das größte Vertrauen und wurde am häufigsten zu Rate gezogen. Welchen Plan er mit mir vorhabe — darüber hüllte er sich in vollkommenes Schweigen. Doch hatte ich zum Schlusse der Audienz den Eindruck, daß ich nicht mißfallen habe, nur die Kunde von meiner öster= reichischen Erziehung schien den König zu überraschen. Den Eindruck verstärkten die Gespräche mit dem Adjutanten, Leibarzt und einzelnen Hofbeamten, welche mich besuchten, oder längere Spaziergänge mit mir unternahmen. Sie ließen kaum einen Zweifel aufsteigen, daß meine Über= siedelung nach München in kürzester Frist bevorstehe. Nach dreitägigem Aufenthalt in Berchtesgaden wurde mir mit= geteilt, ich möge in München, wohin der Hof sich nächstens

verfügen würde, den endgültigen Entschluß des Königs ab=
warten. Als ich den Postwagen bestieg, sah ich einige
Equipagen auf der Straße rollen. Österreichische Herr=
schaften, darunter der Minister Graf Thun, machten dem
Könige Besuch. Mit nicht geringer Spannung harrte ich
in München auf die Entscheidung. Da klopfte eines Abends
wieder Dollmann an meine Thüre. Er kam, um mit mir,
wie er sagte, zu kneipen. Doch ahnte ich an seinen ver=
legenen Mienen den Träger schlimmer Kunde. Er ließ
in der Kneipe eine Flasche des besten Weines auffahren,
offenbar als Mutbringer und Tröster und rückte endlich
mit der Nachricht heraus, daß der König, bei aller per=
sönlichen Hochachtung, auf meine Dienste verzichten müsse.
Zur Erläuterung fügte Dollmann, gewiß aus guter Quelle,
hinzu, protestantische Pietisten hätten meine kirchliche Ge=
sinnung, österreichische Würdenträger meine politischen An=
schauungen dem Könige als bedenklich geschildert.

Ich war nicht lange nach Bonn zurückgekehrt, als ich
durch ein Kabinettschreiben überrascht wurde, des Inhalts:
Dem Könige sei für das Amt eines Bibliothekars und
Sekretärs der Historiker Reinhold Pauli empfohlen worden.
Da Pauli als Privatdozent in Bonn lebe, werde ich wohl
den Wunsch des Königs leicht erfüllen und meine Meinung
über seine Fähigkeiten in einem Gutachten zusammenfassen
können. Aus diesem Zeichen des Vertrauens ersah ich
wenigstens, daß äußere Gründe meiner Abweisung zu
Grunde lagen. Konnte ich über die Tauglichkeit eines
Zweiten ein Urteil fällen, mußte ich doch selbst die passen=

den Eigenschaften besitzen. Natürlich spendete ich dem lebensprühenden, geistvollen Pauli, wie es sich gebührt, großes Lob. Schließlich hatte er keinen bessern Erfolg als ich. Er wurde nach München zu persönlicher Vorstellung berufen, auf das liebenswürdigste empfangen und dann mit Hochachtung entlassen. Ich war nicht gut genug österreichisch, Pauli zu gut preußisch gesinnt.

So schien mir denn das Schicksal bestimmt, als Privatdozent alt zu werden. Die Jahre vergingen, ohne daß die äußere Lage sich änderte. Ich wurde nicht verbittert. Dazu lebte ich zu glücklich in dem kleinen Häuschen, fast am Ende der Koblenzer Straße, mit Weib und Kindern und besaß zu viele gute Freunde. Auch ließ der befriedigende Wirkungskreis an der Universität mich oft die äußere Zurücksetzung vergessen. Der Minister Raumer hatte es in seiner Macht, daß ich ewiger Privatdozent blieb, er konnte es aber nicht hindern, daß ich anfing, zu den beliebtesten Lehrern der rheinischen Hochschule gezählt zu werden. Nur ermüdete mich auf die Länge die ewige Brotarbeit und wurde die Teilnahme, die uns von allen Seiten gespendet wurde, zuweilen lästig. Wir waren zu guterletzt die Schmerzenskinder Bonns geworden. Jedermann fand es unbegreiflich, daß die äußere Anerkennung ausblieb, jedermann hielt sich verpflichtet, sein Mitleid mit unserer gegenwärtigen Lage auszusprechen. Meine liebe Frau namentlich litt unter der nicht immer glücklich gewählten Form, die Teilnahme auszudrücken, unter den vielen gutgemeinten, aber selten brauchbaren Ratschlägen. Den Schmerzens-

kindern drohte das Schicksal, daß man sie als allgemeine
Schützlinge, welche kein Recht selbständigen Willens besaßen,
behandelte.

Mit stolzer Freude erfüllte es mich aber dennoch, daß
auch Männer von wesentlich entgegengesetztem Standpunkte
zu meinen Gönnern und Verteidigern gehörten. Der
stramm konservative Professor Perthes förderte mich in
jeder Weise und ließ meinen politischen Anschauungen Gerechtigkeit widerfahren. Er hielt sie wohl für irrig, noch
irriger und verderblicher erschien ihm aber das Treiben
der reaktionären Partei in Berlin, welche nur in kleinen
Bosheiten, in gemeinen persönlichen Nörgeleien ihre Kraft
äußerte. Er war überzeugt, daß ich stets nur die Wahrheit anstrebte und niemals die wissenschaftlichen Lehren
durch Parteimeinungen vergifte. Perthes war der Mentor
aller Prinzen, welche die Bonner Universität besuchten. Er
versäumte niemals, sie zu verpflichten, daß sie auch bei
mir Vorlesungen hörten oder ein Privatissimum sich lesen
ließen. So kam es, daß ich im Laufe der Jahre Mitglieder fast aller europäischen Fürstenfamilien zu meinen
Zuhörern zählte. Ich muß anerkennen, daß mit einer einzigen
Ausnahme — sie gehörte einem winzigen Fürstenhause an -
alle jungen Herren an Liebenswürdigkeit und ernstem Interesse an der Sache miteinander wetteiferten und ganz danach angethan waren, den Bildungseifer in unsern Fürstenfamilien schätzen zu lernen. Auch hier gefiel sich das
Schicksal, mit mir eine Komödie der Irrungen aufzuführen.
In den Augen der Regierung war ich ein bedenkliches

Individuum, den Höfen galt ich als eine vertrauenswürdige Persönlichkeit. Gerade in der Zeit, in welcher mich Kleist-Retzow im Auftrage des Berliner Ministeriums unter Polizeiaufsicht stellte, wurde ich ausersehen, einen preußischen Prinzen, den gegenwärtigen Regenten von Braunschweig, auf einer Studienreise durch die Rheinprovinz zu begleiten und ihn in die Topographie, Geschichte und den Industriebetrieb des Landes einzuführen. Ich dankte Perthes für die vielen Freundschaftsbeweise, so gut ich konnte, indem ich nach seinem Tode den zweiten Band seiner „Politischen Zustände und Personen in Deutschland zur Zeit der französischen Herrschaft" druckfertig machte; eine wahre Geduldsprobe, da Perthes, durch seinen Papiergeiz berühmt, sein Manuskript auf alten eingerissenen Briefumschlägen zu schreiben pflegte und häufig die Bezifferung derselben vergaß. Auch Beth-mann-Hollweg sprach öfters bei dem armen Privatdozenten vor. „Der Minister Raumer", so erzählte er mir bei seinem letzten Besuche, „durch die allseitigen Verwendungen für Sie gereizt, hat sich nun darauf verbohrt, seine Macht zu zeigen. Aber eine Änderung der Regierungspolitik, ein Ministerwechsel kann bei der gespannten innern Lage — der kranke König mußte sich durch seinen Bruder vertreten lassen — nicht mehr lange ausbleiben. Und dann werden auch Sie zu Ihrem Rechte kommen." So geschah es in der That. Als Bethmann-Hollweg unter der Regentschaft das Ministerium des Unterrichts übernahm, war eine seiner ersten Thaten meine Beförderung zum Professor, vorläufig freilich ohne Gehalt.

15. Die letzten Bonner Jahre.

Dahlmanns Tod (1860) schnitt tiefer in das Universitäts=
leben und auch in mein Schicksal ein, als wir bei seinem
hohen Alter und seinem still zurückgezogenen Wandel an=
fangs vermuteten.   Der Universität ging mit ihm ein
moralischer Mittelpunkt verloren.   Gerade die besten und
angesehensten Kräfte horchten willig auf seine Meinung
und unterwarfen sich gern seinem Urteil.   Selbst fern=
stehende wurden durch mißfällige Äußerungen des alten
Dahlmann peinlich berührt.   Seiner Vermittelung war der
Ausgleich der Gegensätze, welche ja an keiner Universität
fehlen, oft gelungen, seine Autorität hatte nicht selten be=
ginnende Feindschaften an offenem Ausbruch gehindert.   Jetzt
hatten die Gegensätze ein freieres Spiel.   Meiner Frau
und mir war aber durch Dahlmanns Tod das Haus ver=
schlossen, in welchem wir unser zweites Heim gefunden,
behaglichen Frieden geatmet und doch auch die reichsten
Anregungen empfangen hatten.   Wollten wir nicht ganz
einsam hausen, so mußten wir neue gesellige Beziehungen
knüpfen.

Das Bonner Leben erfuhr überhaupt seit dem Anfang

der sechziger Jahre mannigfache Änderungen. Die erste
und wichtigste war das Eindringen politischer Strömungen
in alle Kreise. Wir standen uns wohl auch früher in
politischen Gegensätzen, sogar in sehr schroffen, gegenüber.
Aber unter der starren Decke der Reaktion war eine
kräftigere Bewegung, eine offene Äußerung unmöglich ge=
wesen. Jetzt wurde der Parteibildung freier Raum ge=
geben. Sybels Berufung an Dahlmanns Stelle brachte
namentlich die politischen Interessen in den Vordergrund.
Sybel lebte und webte in den parlamentarischen Kämpfen,
stand im Landtag mit an der Spitze der Opposition gegen
die Roonsche Armeereform und verschaffte natürlich auch
in der geselligen Unterhaltung dem politischen Element
eine große Geltung. Ein geborener Rheinländer, besaß er
noch aus früheren Zeiten zahlreiche Freunde, seine Leut=
seligkeit und leichte, heitere Natur fügte viele neue hinzu.
So bildete sich allmählich um Sybel ein größerer Kreis
wesentlich durch verwandte politische Anschauungen verbunden,
welchem ein anderer nicht gerade feindselig, aber doch fremd
gegenüberstand. Ein anderes örtliches Ereignis erweiterte
die Scheidung der Gesellschaft. Nach vielen Jahren war
endlich wieder das Amt des Kurators besetzt worden. Bis
dahin hatte es immer der zeitige Rektor verwaltet. Die
Übelstände eines Jahreswechsels im Kuratorialamte hatten
sich längst fühlbar gemacht. In der Verwaltung fehlte
jede Stetigkeit; größere Pläne zum Besten der Universität
konnten nicht durchgeführt werden, da jeder neue Rektor
von der Thätigkeit des Vorgängers absah und selbständig

schaffen wollte. Das Ende war, daß das Regiment eines
jeden Rektor=Kurators nur durch eine kleine That, die gar
oft zum Spotte reizte, verewigt wurde. Der eine schwärmte
für „ein hartes, aber bequemes Sopha" im Professoren=
zimmer. Er hoffte dadurch die Sybariten und Spartaner
unter den Professoren zu gewinnen. Der andere säumte
alle Wege im Hofgarten mit niedrigen eisernen Stäben
ein, welche er, um sie ja recht unkenntlich zu machen, grün
anstreichen ließ. Man hörte in den nächsten Tagen nur
von Beinbrüchen und Fußverrenkungen. Der Spott siegte
nicht über den Ärger vieler Kollegen, daß die Scheinmacht
der Rektorwürde durch die Trennung vom Kuratorialamte
gekürzt wurde. Der Kurator Wilhelm Beseler, der frühere
Statthalter von Schleswig=Holstein, war keine leichtlebige
Natur, welche der feindseligen Stimmung einzelner Pro=
fessorenkreise die Spitze abzubrechen verstand. Man mußte
ihm näher kommen, um sein edel vornehmes Wesen zu
würdigen. Dem fernerstehenden erschien er kalt und steif.
So bildeten sich allmählich zwei Parteien, des ersten An=
lasses gewärtig, zu den Waffen zu greifen.

Eine weitere Trennung der früher einheitlichen Gesell=
schaft in mehrere Gruppen bewirkte endlich das rasche
Wachstum der Stadt. Außer englischen Familien, in
welchen damals noch nicht die shop-keeper Zunft, sondern
die wirklich vornehme gentry vorherrschte, siedelten sich
mehrere deutsche Kaufherren in Bonn an. Sie hatten in
Elberfeld, in Manchester, New-York fleißig gearbeitet, Ver=
mögen erworben und wollten nun am schönen Rheine die

Ruhe genießen. Anfangs verfolgten wir mit bloßer Neugierde den Villenbau auf der Koblenzer Straße. Bald
gewannen wir einzelnen Leuten ein größeres Interesse ab.
Wenn Dahlmann in den letzten Lebensjahren seinen Spaziergang in der Richtung nach Godesberg einschlug, musterte
er gern den Fortgang der Arbeiten. „Ich liebe es, aus
der Form und Gestalt der Häuser Schlüsse auf den Charakter
der Bewohner zu ziehen." Ein Landhaus fand sein besonderes Gefallen. „Der Mann, der nach diesem Plan
bauen läßt, hat großen Geschmack und Bildung." Dahlmann täuschte sich nicht. Der Bewohner, aus dem Bergischen
zugewandert, wurde nach kurzer Frist stets obenan genannt,
wenn die besten Bürger Bonns aufgezählt wurden. Gott-
lieb Kyllmann, schon in seiner Heimat politisch thätig —
er war Mitglied des vereinigten Landtags und 1818
Landrat gewesen — nahm sich auch in Bonn der Gemeinde-
sachen eifrig an, war einflußreich in der Versammlung der
Stadtverordneten, tonangebend in der Konzertgesellschaft.
Nicht bloß Musikfreund, sondern ein wirklich feiner Musik-
kenner, schuf er der Kunst in seinem Hause eine überaus
behagliche Heimstätte. Regelmäßig veranstaltete er Quartett-
abende, für welche er die Lehrer des Kölnischen Konser-
vatoriums, an ihrer Spitze als Primgeiger Otto von Königs-
löw, gewonnen. Kamen hervorragende Künstler durch Bonn,
so waren sie selbstverständlich seine Gäste und dankten ihm
durch gern gewährte reiche Spenden ihrer Kunst. Er gab
dem musikalischen Leben in Bonn einen mächtigen Schwung
und führte auch meine Frau und mich in die musikalischen

Kreife ein. Die Kyllmannſche Villa, ein vornehm einfacher
Bau, trefflich gelungen in den Maßen, muſterhaft in der
innern Einrichtung, war nur wenige Schritte von unſerer
Wohnung entfernt. Der Nachbarverkehr verwandelte ſich
raſch in einen Freundſchaftsbund, beſonders, ſeitdem auch
Kyllmanns Schwager, Preyer, von Mancheſter nach Bonn
überſiedelte und in unſerer unmittelbaren Nähe ſich an
kaufte. Hier war die Frau das belebende Element, während
in Kyllmanns Hauſe die feuerſprühende, raſch begeiſterte
Natur des Mannes alle mit ſich fortriß. Aber gerade
durch den Gegenſatz zur ſtillwirkenden feinſinnigen Frau
und zu den anmutigen Töchtern, welche bald mehr dem
Vater, bald mehr der Mutter nachgeraten waren, leider
bald das Elternhaus verließen, kamen in den Verkehr mit
Kyllmanns reiche Farben. Wir bildeten ſchließlich eine
große Familie, beſuchten gemeinſam die Gürzenichkonzerte
in Köln, machten gemeinſam alle Ausflüge und ließen ſelten
einen Tag vorübergehen, an welchem wir uns nicht geſehen
oder doch wenigſtens voneinander gehört hatten. Der
engere Nachbarbund hob den weitern Verkehr nicht auf,
lockerte ihn aber doch merklich. Und da ähnliche Freund=
ſchaftsgruppen auch in andern Kreiſen geſchloſſen wurden,
ſo empfing die alte geſellige Einheit abermals ſtarke Ein=
bußen.

Erſt durch Kyllmann trat ich auch zu Otto Jahn in
nähere Beziehungen. So lange Dahlmann lebte, hatten
wir uns in deſſen Hauſe öfter getroffen, ſonſt war aber
der Verkehr bei dem namenloſen Studieneifer Jahns, der

ihn nur selten vom Schreibtische weichen ließ, meistens auf
zufällige Begegnungen beschränkt gewesen. Mit Kyllmann
verband Jahn die Musikliebe. Er wurde, gerade so wie
wir, der ständige Gast an den Quartettabenden und unser
gewöhnlicher Begleiter, wenn wir zu den Gürzenichkonzerten
fuhren. Eine noch größere Annäherung führten die Vor-
arbeiten für das Arndtdenkmal herbei. Otto Jahn, Kyllmann und ich waren in den geschäftsführenden Ausschuß
gewählt worden und versammelten uns täglich zur Mittags-
zeit bei dem Schatzmeister des Ausschusses, dem Buchhändler
Markus, nebenbei unserm gemeinsamen Freunde und wackern
Vertrauten aller unserer Gedanken und Sorgen, um die
nötigen Schritte zur Förderung des Werkes zu beraten.
Oft zogen sich die Sitzungen in die Länge, so daß Jahn
den Mittagstisch in seinem Gasthause darüber versäumte.
Da bat ihn bald Kyllmann, bald ich zu Tische. Den
Hausfrauen war aber der unerwartete Gast nicht immer
bequem. Wir schlugen daher Jahn vor, zumal die Sitzungen
immer länger wurden und seine Gesundheit unter der
schlechten Wirtshauskost litt, regelmäßig unser Mittagsgast
zu werden. Die meisten Tage nahm Kyllmann in Anspruch,
der Mittwoch fiel uns zu. Dabei blieb es bis zu Jahns
Tode, auch nachdem der erste Anlaß längst nicht mehr
bestand. Einen bessern zuverlässigeren Freund als Otto
Jahn gab es nicht. Er kannte keinen Unterschied zwischen
den eigenen und den Interessen des Freundes. Die ganze
Kraft und die ganze Zeit widmete er, wenn es Not that,
dem letzteren und empfand wirkliche oder vermeintliche

Unbill, die diesem widerfuhr, sogar tiefer, als hätte er sie
selbst erduldet. In schweren Tagen stand er uns hilfreich
und aufopfernd, wie ein treuer Kamerad zur Seite. Der
innige Verkehr enthüllte außerdem Seiten seiner Natur,
welche der Fremde niemals in ihm vermutet hätte. Mit
Dahlmann teilte er die Eigenschaft, daß er nur im engsten
Kreise auftaute. Derselbe Mann, welcher in großer Gesellschaft sich in ein eisiges Schweigen hüllte, als steif,
unnahbar galt, konnte an den Ryßmannschen Quartettabenden oder am Familientische eine sprudelnde Beredt-
samkeit entfalten. Der angebliche Bücherwurm war geradezu
erfinderisch, Frauen zarte Aufmerksamkeiten, Kindern unverhoffte Freuden zu erweisen. Der scheinbar trockene Gelehrte offenbarte im Kreise vertrauter Freunde eine Fülle
der feinsten Gedanken, der tiefsten Empfindungen. In
seinem Kopfe und seiner Brust war für die verschieden-
artigsten Geistesinteressen gleichmäßig Raum, für Vasen-
bilder und Goethe, für Schleswig-Holstein und Apulejus,
für Mozart und Pausanias. Und jede Sache betrieb er
mit solcher Gründlichkeit und persönlichen Hingabe, daß
man glauben mußte, sie allein fülle sein Leben aus. Otto
Jahn war ein Mann von starken Affekten, daher sich
Gegensätze leicht bei ihm zu scharfen Fehden zuspitzten.
An solchen fehlte es überhaupt in der Zeit von 1860—1866
nicht. Bald führten uns politische Fragen auf den Kampfplatz. Die dänische Gewaltherrschaft in Schleswig-Holstein,
das Anrecht des Augustenburgers auf die Regierung wurde
in unsern öffentlichen Versammlungen scharf erörtert, wobei

Jahn das Hauptwort führte. Bei einer solchen Gelegenheit lernte ich auch die Annehmlichkeit öffentlicher Verlachung
kennen. Eine große Bürgerversammlung hatte eine Petition
an den Bundestag, er möge die Rechte des Augustenburgers
wahren, beschlossen. Ich hielt es nicht für folgerichtig,
dem Bundestag, dessen Aufhebung wir sonst erstrebten, zu
huldigen. Als es zur Abstimmung über den Antrag kam,
erhob ich mich allein gegen denselben. Schallendes Gelächter
folgte meiner That. Bald entzweiten die Bonner Kreise
innere Angelegenheiten der Universität. Am meisten machte
der sogenannte Ritschl-Jahnsche Streit von sich reden. „Ein
Sturm im Glase Wasser," meinten viele Fernstehende. Wir
aber, welche in denselben hineingezogen wurden, empfanden
nur zu sehr die Schädigung der Universität durch ihn und
beklagten als Nachhall desselben die bittere Stimmung in
der Bonner Gesellschaft. Der Streit wäre anfangs wahrscheinlich beigelegt worden, wenn sich ein Mann von Autorität,
welcher das Vertrauen beider Parteien genoß, gefunden
hätte, denn in Wahrheit trugen falsche und feige Freunde
die Hauptschuld an dem Zwiste. Ein vollständiger
Einblick in die Sachlage mußte die persönlichen Verdächtigungen als grundlos enthüllen. Leider gab es keinen
solchen Mann. Die Einmischung dritter Personen erhitzte
die Kampflust und erweiterte das Streitfeld. Über die
Köpfe der ursprünglichen Gegner hinweg wurde der Angriff
auf den Kurator und den Minister gerichtet. Beseler besaß
viele Feinde nicht allein unter den Professoren, sondern
auch unter den höhern Staatsbeamten. Gerüchtweise ver-

lautete, da sich die Verwaltung der Rheinprovinz im Jahre 1859 schwach und kraftlos gezeigt hätte, so wäre Beseler dazu ausersehen, im Falle der Kriegsgefahr als königlicher Kommissar mit außerordentlichen Vollmachten an die Spitze der Provinzialregierung zu treten. Das weckte natürlich den Haß und den Neid der Beamtenhierarchie. Beselers Parteinahme gegen Ritschl sollte für ihn zur Falle werden. Man hoffte, daß nach seinem erzwungenen Rücktritte entweder die alte gemütliche Kuratorialwirtschaft wieder zu Ehren kommen werde oder ein Kurator aus rheinischen Kreisen gewählt würde. Merkwürdig, wie viele Personen auf einmal als passende Kandidaten genannt wurden, während früher, über ein Jahrzehntlang, kein solcher gefunden werden konnte. Vom Oberpräsidenten der Provinz bis zum kleinen Bonner Bürgermeister erschienen eine ganze Reihe von Beamten für das Amt trefflich geeignet. Die Angriffe auf den Kurator scheiterten, da sich der Minister seines Beamten kräftig annahm. So versuchte man denn auch über den Kopf des Ministers auf den König zu wirken. Fürstliche Personen, der Erzbischof von Köln, sogar Kaiser Napoleon III., dieser durch den Einfluß von Madame Cornu bestimmt und dem Übersetzer von Cäsars Leben ohnehin zugeneigt, wurden um ihre Einmischung angegangen. Der ursprünglich rein innere Universitätsstreit bauschte sich förmlich zu einer Haupt- und Staatsaktion auf, bis schließlich Bismarck in Gastein durch energischen Einspruch alle unberechtigte Zwischenträgerei abschnitt und wenigstens äußerlich wieder Ruhe schuf. Die Universität aber hatte bleibenden Schaden. Ritschl zog nach Leipzig, Jahn versank infolge der dauernden geistigen Aufregungen in Siechtum und starb schon nach wenigen Jahren. So verlor Bonn fast gleichzeitig seine zwei berühmtesten Lehrer.

In diesen Monaten voll Unruhe und Unfrieden vollendete ich meine „Geschichte Österreichs seit dem Wiener Frieden 1809." Das Buch war noch ein Vermächtnis Dahlmanns. Als Salomon Hirzel in der Mitte der fünfziger Jahre den Plan zu einer Staatengeschichte der neusten Zeit faßte, erbat sich und empfing er auch Dahlmanns Rat. Dahlmann empfahl mich für die Geschichte Österreichs. Gar lockend wirkte die Aussicht mit Hirzel, den alle Bonner Freunde überaus achteten, in ein näheres Verhältnis zu treten. Trotzdem zögerte ich lange Zeit, auf den Antrag einzugehen, da ich fürchten mußte, aus meinen Fachstudien herausgerissen zu werden. Aber Dahlmann hörte nicht auf, mich zu ermuntern, Hirzel zu drängen. Wenn ich die Nächte zu Hilfe nahm, konnte ich den verschiedenen Aufgaben und Pflichten genügen. Ich sagte daher zu, nur erbat ich mir, nicht zu Hirzels Freude, eine längere Frist. Mir steht ein Urteil über den wissenschaftlichen Wert des Buches nicht zu. Worüber ich aber gute Auskunft geben kann, das sind die Ziele, die mir vorschwebten und die Hilfsmittel, welche mir zu Gebote standen. Von Hause aus verzichtete ich auf eine eingehende Erzählung der äußern Politik des Wiener Kabinetts. Die Benützung der Archive der Großstaaten war mir verschlossen, aus den Berichten eines kleinen Diplomaten hätte ich, wie ich aus

Erfahrung wußte, nichts gelernt. Sie waren der reine
Widerhall Metternichscher Redensarten. Die Lücke in meinem
Buche konnte später ein Historiker, welchem die großen
Archive offen stehen, leicht ausfüllen. Dagegen erschien
es wünschenswert, die innern Zustände Österreichs seit den
Freiheitskriegen, die Natur der Regierung, die Lage des
Volkes, seine Leiden und seine Versuche, sich von diesen
zu befreien, für die Nachwelt in ausführlicher Schilderung
festzustellen, so lange sie noch in der Erinnerung lebendig
haften. Einem Nachgeborenen sind die sogenannten vor-
märzlichen Zustände in Österreich einfach unverständlich,
geradezu unbegreiflich. Die Aufgabe war in hohem Grade
undankbar. In Wahrheit schrieb ich eine lange Krankheits-
geschichte. Warme Brusttöne anzuschlagen, die Leser zu
erheben und zu begeistern, sie von Szenen siegreicher Tapferkeit zu solchen des nationalen Stolzes und der patriotischen
Hingabe zu führen, blieb mir versagt. Eine pathetische
Darstellung hätte mich mit dem Fluche der Lächerlichkeit
beladen. Nach der Natur der Dinge war nur eine leise
Ironie, welche mit der Erbärmlichkeit und Thorheit der
Menschen nicht grob zu Gerichte geht, aber den Leser von
dem peinlich ermüdenden Eindruck derselben befreit, allein
berechtigt. Gleichviel ob die Aufgabe litterarischen Neigungen
entsprach oder nicht, ob sie einer mehr künstlerischen Auffassung der Geschichte günstig oder ungünstig war, nur so
konnte sie gestellt werden, sollte das Buch wirklich unser
Wissen von Österreich vermehren. Zur Lösung gerade
dieser Aufgabe standen mir auch die reichsten Mittel bereit.

Abgesehen davon, daß ich mich des vorhandenen gedruckten
Materials bemächtigte, die Mühe nicht scheute, die Akta
des Ungarischen Landtages seit 1790 genau durchzulesen,
auf die Gefahr hin, den letzten Rest klassischer Latinität
zu vergessen, und emsig die alten Zeitungen, nur mit Un=
recht von den Historikern gering geschätzte Quellen, durch=
stöberte, durfte ich mich einer langen politischen Erfahrung
und einer ausgedehnten Kenntnis von Personen und That=
sachen rühmen. Seit meiner Jugend waren mir von den
verschiedensten Seiten reichhaltige Nachrichten über das
politische Leben und Treiben in Österreich zugeflogen, welche
mich fähig machten, die Stimmungen in einzelnen Kreisen
richtig zu schildern. Ohne ihre Kenntnis blieben aber die
Ereignisse auch des Jahres 1848 unverständlich. Die
beste Hilfe fand ich wieder bei meinem Schwiegervater.
Alljährlich in den Ferien pilgerte ich mit umfangreichen
Fragebogen nach seinem Gartenbesitze in Prag, wo meine
Familie die Sommerfrische hielt. Da saßen wir nun täg=
lich in ernster Beratung zusammen, wer nur wohl über
diese oder jene Thatsache, diese oder jene Persönlichkeit
die beste Kunde schaffen könne. Pinkas besaß weitreichende
Verbindungen. Seine Freunde saßen in den Minister=
kanzleien, standen mit an der Spitze der Provinzialver=
waltung und der Provinzgerichte. Er war der Vertrauens=
mann zahlreicher Kavaliere und Banquiers. Unermüdlich
schrieb er Briefe oder holte persönlich Erkundigungen ein,
um meine Wißbegierde zu befriedigen. Seiner Vermittelung
dankte ich auch, daß mir die ständischen Archive geöffnet

wurden. Nicht durch Vertrauensbruch, wie später meine lieben czechischen Landsleute verleumderisch behaupteten, sondern auf offenem amtlichen Wege verschaffte er mir den Zutritt zu ihnen. Es ist wohl nicht dagewesen, daß man einem Historiker die Benutzung der Archive als Verbrechen anrechnete. So sammelte sich im Laufe der Jahre ein Material in meinen Händen, wie es in solcher Fülle und Mannigfaltigkeit kaum ein Mitlebender besaß, ein Nachgeborener gar nicht mehr erwerben kann. Ohne Selbstüberhebung darf ich von meinem Buche behaupten, daß es in Bezug auf die Erkenntnis der innern Zustände Österreichs dem künftigen Historiker als Quelle und zwar als lautere Quelle dienen wird.

Ich war darauf gefaßt, daß das Werk allen Parteien in Österreich gründlich mißfallen werde. Die deutsche, durchgängig großdeutsch und preußenfeindlich gesinnt, grollte mir, daß ich die Unfähigkeit des Kaiserstaates, an der Spitze eines nationalen deutschen Reiches zu stehen, unwiderleglich dargethan hatte. Die Slaven waren wieder empört, daß ich ihre kleinen Gernegroß nicht zu Helden und Staatsmännern stempelte und ihr lächerliches Streben, auf Unwissenheit und blinden Hochmut eine nationale Kultur aufzubauen, nach Gebühr brandmarkte. Den Liberalen klang meine Schilderung der Revolution nicht begeistert genug. Auch zürnten sie, daß ich ihren, leider selbst heute noch merklichen Hang zum Doktrinären, als ob die Staatssachen sich nach dem Muster eines Zivilprozesses behandeln ließen, geißelte, die Konservativen führten endlich kluge

über die grausame Schilderung der alten Machthaber. Diese
Unzufriedenheit war ganz am Platze. Ich wollte keine
Parteischrift verfassen und mußte daher jede einzelne Partei
verletzen. Daß aber das Buch einen solchen Sturm brutalen
Hasses anfachen, eine solche Flut der gemeinsten Beschimpfungen
und Verleumbungen in Österreich entfesseln werde, hatte
ich doch nicht erwartet. Das Beste darin leisteten meine
biedern czechischen Landsleute. Im böhmischen Landes=
archive wurde ein von mir benutztes Aktenstück aus dem
Jahre 1790 nicht gleich gefunden. Es war, wie auf
meine scharfe Beschwerde der Archivar bekennen mußte,
einfach in ein anderes Aktenbündel verlegt worden. Das
genügte aber, daß die czechischen Zeitungen meinen Schwieger=
vater und mich offen des Diebstahls beschuldigten. Da=
neben konnten die Bezeichnungen: Landes= und Volksverräter
noch als Ehrennamen gelten. Daß ich die Geschichte Öster=
reichs im Auftrage der preußischen Regierung geschrieben
habe und im Solde Bismarcks stehe, konnte ich in den
Wiener Blättern oft genug lesen. Der Hauptsammelplatz
übelriechender Lügen blieb aber fortdauernd bis heute
Wurzbachs, von der Wiener Akademie der Wissen=
schaften unterstütztes, von der Staatsdruckerei verlegtes:
„Biographisches Lexikon des österreichischen Kaiserstaates.“
Daß Wurzbach in meiner Lebensbeschreibung ein abschrecken=
des Zerrbild meiner Person bot, verstand sich bei seiner
feindseligsten Stimmung von selbst. Aber bis zum Lächer=
lichen verstieg sich doch sein Haß, wenn er mein dickleibiges
Buch über „Raffael und Michelangelo“ einen bloßen „Artikel“

nannte und als einziges Porträt eine überdies mißlungene Karrikatur in einem czechischen Spottblatte anführte. Nicht genug daran — beinahe in jedem Bande, bei passenden oder unpassenden Gelegenheiten, wurde mein ehrlicher Name herbeigeschleppt, um ihm das Verbrechen der „Felonie" anzuhängen. Das Tollste leistete Wurzbach in der Biographie des Generals Mack, welcher 1805 Ulm an Napoleon über= gab. Hier heißt es, ohne allen Zusammenhang mit dem Text, von mir: „Springers Werk hat mitgeholfen, daß Preußen Krieg gegen Österreich geführt, da er den Kaiser= staat in seiner Geschichte in einer des Österreichers un= würdigen Weise bloßgestellt und herabgedrückt und seine Schwächen in denunciatorischer Weise bloßgestellt (sic!) hat." Nach solchen Verläs+terungen wirkte wie Balsam das Lob der ungarischen Staatsmänner, mit welchen ich auf einer Reise nach Pesth in nähere Beziehungen trat, ich hätte die Ereignisse in Ungarn durchaus wahrheitsgetreu geschildert, sowie die Anerkennung der besten deutschen Historiker, wie namentlich Sybels, welcher (in der Kölnischen Zeitung) keinen Geringeren als Gibbon zur Vergleichung heranzog. Auch ein liebenswürdiger Brief Freytags, den Eindruck des Buches auf die kronprinzliche Familie schildernd, stellte sich ein, hob den Mut und brachte wieder hellere Töne in die Stimmung. Der Ausbruch des Krieges 1866, wenige Monate nach der Ausgabe meines Buches, gab zu Verdächtigungen meiner Person neuen Anlaß. Ich stand natürlich ganz auf preußischer Seite. Hatte ich doch seit dem Jahre 1848 als frommen Wunsch wiederholt aus=

gesprochen, was jetzt das greifbare Kriegsziel bildete. Mit
meinen österreichischen Stammesgefühlen kam ich durchaus
nicht in Widerstreit. Denn das „große Unglück", das alle
unbefangenen Österreicher stets als das einzige Rettungs=
mittel herbeigesehnt hatten, um die Regierung von ihrem
verderblichen Wege endlich abzulenken, war gekommen. Jetzt
erst, neben einem mächtigen Preußen und Deutschland, be=
sann sich Österreich auf seine wahre Bestimmung und ver=
mochte den wichtigsten Aufgaben der innern Politik seine
volle Kraft zu widmen. Daß das Staatsschiff auch nach=
her noch vielfach schwankte und schwankt, den festen Kurs
nicht immer einhält, ist nicht die Schuld der alten öster=
reichischen Patrioten. Sie haben stets vor schlechten Steuer=
leuten gewarnt.

An den heftigen Zeitungskämpfen, welche dem Kriege
vorangingen und folgten, teilzunehmen, hielt ich mich nicht
berufen. Nur einmal erhob ich in den „Grenzboten"
kräftiger meine Stimme, als die Wiener Presse, im ersten
blinden Zorn über den Sieg der preußischen Waffen, drohte,
zur Wiedervergeltung deutsche Dichter und deutsche Bil=
dung von Österreich auszuschließen. Abgesehen davon, daß
es persönlich unschicklich gewesen wäre, Triumphlieder über
die, wenn auch wohlverdiente Demütigung meiner alten
Heimat anzustimmen, fehlte mir auch die Zeit zu eingehender
politischer Thätigkeit. Sobald ich die letzten Buchstaben
in meiner Geschichte Österreichs geschrieben hatte, griff ich
auf den alten Plan zurück, ein Buch kunsthistorischer Pro=
bleme ihrer endgültigen Lösung näher zu bringen, bisher

wenig beachtete Punkte in der künstlerischen Entwickelung in ein helleres Licht zu stellen. Im Herbst 1867 erschienen meine „Bilder aus der neueren Kunstgeschichte." Mit dem größten Eifer setzte ich mich an die Arbeit, bemühte mich, auch den Aufsätzen einen feineren formalen Schliff zu geben. Der Erfolg mußte mich zufrieden stellen. Vieles, was die „Bilder" zuerst ausgeprägt hatten, läuft bereits als Scheidemünze um. Aber mit meinen Körperkräften ging es schier zu Ende. Nicht ungestraft hatte ich sie über ein Jahrzehntlang bis zur äußersten Grenze angespannt und ein Doppelleben geführt, in meiner Wissenschaft mich stetig ausgebildet und daneben für das tägliche Brot hart gearbeitet.

Eine Erkältung, bei der nächtlichen Rückkehr von Düsseldorf, wo ich einen Vortrag im Malkasten gehalten hatte, geholt, brachte im Frühling 1868 die Krankheit zum Ausbruch. Der Bonner Arzt sah in meinem Leiden nur eine Erschöpfung infolge übermäßiger geistiger Anstrengungen und ließ die anderen Symptome, den Husten, die Atemnot unbeachtet. Sein Rat lautete: Gehen Sie in die Berge und laufen Sie sich aus. So ging ich denn in die Berge und lief, bis ich in Badenweiler zusammenbrach. Meine arme Frau, telegraphisch von meinem Elend benachrichtigt, fand einen totkranken Mann. Ihrer aufopfernden Pflege danke ich es allein, daß die Krankheit — Bronchitis und Rippenfellentzündung — endlich wich, die Kräfte zunahmen und in kleinen Tagereisen die Rückkehr nach Bonn unternommen werden konnte. An eine Aufnahme meiner Thätig-

keit war aber nicht zu denken. Der leider jetzt erst zu
Rate gezogene Kliniker Rühle machte meine Herstellung
von einem längeren Aufenthalt im Süden abhängig. Wie
sollte ich aber die Kosten einer doppelten Haushaltung
bestreiten? Da zeigte es sich, daß ich zwar manche Gegner
und Feinde besaß, aber doch noch ungleich mehr warm-
herzige und thatkräftige Freunde gewonnen hatte. Ohne
daß ich eine Ahnung davon besaß, hatten sich in verschiedenen rheinischen Städten, in welchen ich Vorlesungen
gehalten hatte, angesehene Männer zusammengethan und
einen stattlichen Beitrag zu den Reisekosten gesammelt.
Meine Überraschung kannte keine Grenzen, als mir eines
Tages die Post einen dicken Geldbrief mit einer anonymen
Zuschrift in das Haus brachte, in welchem in feinsinnigster
Weise das Interesse an der Wissenschaft als Hauptmotiv
der Sammlung betont, und die große Summe Geldes als
Ehrengabe, gleichsam als nachträgliches Honorar für meine
Leistungen als Lehrer bezeichnet wurde. Dadurch wurde
der sonst peinliche Stachel eines bloßen Wohlthätigkeits-
aktes vollständig gebrochen. Niemals habe ich die Namen
der einzelnen Spender erfahren, niemals auch nur die
leiseste Andeutung, daß dieser oder jener sich mir gegenüber als Patron fühle, gehört. Zeitlebens bleibe ich den
wackeren rheinischen Freunden für ihre Teilnahme zu
wärmsten Dank verpflichtet. Auch das kronprinzliche Paar
steuerte zu den Kosten der Erholungsreise kräftig bei, in
dem liebenswürdigen Begleitschreiben gleichfalls betonend,
daß es mich dem Dienste der Wissenschaft dauernd zu

erhalten wünsche und hoffe. Das Ministerium mit der
Bitte um einen Reisezuschuß anzugehen, lehnte ich, durch
Erfahrungen anderer gewitzigt, ab. Mehrere Mitglieder
der Universität, insbesondere der Curator Beseler, stellten,
ohne mich zu fragen, das Bittgesuch. Wie zu erwarten
stand, erklärte der Minister leider keine Mittel für der=
artige Zwecke zu besitzen. Aber Olshausen, der mir wohl=
wollende Referent im Ministerium, wußte Rat. Von
seinem Freunde Keudell hatte er erfahren, daß das aus=
wärtige Amt über einen Dispositionsfond verfüge, welcher
schon öfters den anderen Ministerien ausgeholfen hätte.
Durch Keudells Vermittelung wurden mir vom auswärtigen
Amt eintausend Thaler angewiesen, wogegen ich, wie Keudell
schrieb, nur der Form wegen, zur Einsendung von Stim=
mungsberichten aus Italien verpflichtet würde. Ich schrieb
auch solche aus verschiedenen Städten, bin aber überzeugt,
daß sie ungelesen im Ministerialarchive modern. Meine
werten Freunde in Österreich werden vielleicht darin eine
nachträgliche Ablohnung für die in meiner Geschichte Öster=
reichs geleisteten Dienste entdecken. Ich weiß nur, daß dieses
die einzige Beziehung war, welche ich mit dem auswärtigen
Amt und dessen Leiter unterhielt.

Sorgenfrei konnten meine gute Frau und ich Ende
Oktober die weite Reise nach dem Süden antreten. Unsere
drei Kinder blieben unter der Obhut der greisen Groß=
mutter, welche auf die Nachricht von meiner Erkrankung
sofort aus Prag herbeigeeilt war, von teilnehmenden
Freunden umgeben, in Bonn zurück. Wir wußten sie

vortrefflich aufgehoben und sahen mit fröhlichen Hoffnungen
dem Heilerfolge im warmen Italien entgegen. In Florenz
und Rom hielten wir uns nur kurze Zeit auf, eilten so
rasch als möglich unser Reiseziel, das von dem Arzt be=
sonders empfohlene Palermo zu erreichen.

Sicilien zeigte damals den Inselcharakter noch stark
ausgeprägt, ebenso wie die einzelnen Städte nur einen
geringen Zwischenverkehr besaßen. Keine Eisenbahnen
durchschnitten das Land, von der nördlichen Küstenbahn
waren erst dürftige Anfänge vorhanden, die Verbindung
mit dem Festlande mittels der Dampfschiffe ließ an Rasch=
heit und Regelmäßigkeit noch viel zu wünschen. Von eiligen
Touristen, welche das Land wie im Fluge durchjagen, heute
kommen, morgen gehen, gab es keine Spur. Wer nach
Palermo in Geschäften oder aus Rücksichten der Gesundheit
kam, war in der Regel auf einen längeren Aufenthalt
gerüstet. So hatte sich auch in der Trinacria, bei dem
alten Musterwirte Ragusa, eine kleine Kolonie ständiger
Wintergäste gesammelt, mit welchem sich auf natürlichem
Wege ein näherer Verkehr entspann. Am freundschaft=
lichsten standen wir zu Herrn und Frau von Guaita aus
Frankfurt und der preußischen Generalsfamilie von Gans=
auge aus Berlin. Die Nachwehen des Krieges 1866, die
Spannung zwischen Österreich und Preußen, bedrohten
zwar anfangs auch unsere Palermitaner Gesellschaft, doch
gewann bald das gemeinsame deutsche Interesse und die
Gewohnheit täglichen Umganges den Sieg. Namentlich
mit Guaitas verabredeten wir alle größeren Ausflüge

und verlebten wir viele genußreiche Tage. Für uns be=
gann ein wahres Phäakenleben. Wir wurden nicht müde,
die herrliche sonnige und doch frische Luft zu atmen, die
Eindrücke der farbenreichen und doch auch in der Zeichnung
großartigen Landschaft, der neuen Pflanzenwelt in uns
aufzunehmen. Ein einfacher Morgenspaziergang auf der
Marina oder im anstoßenden öffentlichen Garten reichten
hin, uns für den ganzen Tag fröhlich zu stimmen. Und
dann die weiteren Ausflüge nach Monreale und San
Martino oder um den Pellegrino herum nach Mondello
und Carini, oder nach der durch Goethe berühmt gewor=
denen Villa Palagonia. Überall fanden Auge und Phan=
tasie die mannigfachsten Anregungen. Gar bald entdeckte
ich, daß ich bei scheinbarem Müßiggange auch meine Fach=
kenntnisse erweitern, den historischen Sinn stärken konnte.
Wie in der Natur, trat uns auch in der Kunst eine neue
Welt entgegen. Außer in Neapel hat der wildaus=
schweifende und doch in gewissem Sinne vornehme Barock=
stil nirgends in Italien so viele Denkmäler hinterlassen,
wie in Palermo. Hier allein erscheint er nicht der Willkür
eines einzelnen Künstlers entsprungen, sondern aus den
Kulturzuständen herausgewachsen. Das Museum führte
nur altgriechische Kunstwerke und die mir ganz fremde
sicilianische Malerschule vor die Augen. Vor allem aber
fesselten die Werke der Normannenzeit meine Aufmerksam=
keit. Ich ruhte nicht eher, als bis ich alle Gäßchen und
Winkel der Stadt, damals noch recht unsauber, aber
malerisch, durchwandert und die Reste der normannisch=

arabischen Kunst erforscht hatte. Eine Frucht dieser Studien war die Abhandlung über „Die mittelalterliche Kunst in Palermo", welche ich nach meiner Rückkehr im Auftrage der Bonner Universität schrieb, um der Düsseldorfer Akademie bei ihrem Jubiläum überreicht zu werden. Ich habe sie später umgearbeitet und den „Bildern aus der neuern Kunstgeschichte" einverleibt. Bei den heimischen Gelehrten fand ich die liebenswürdigste Unterstützung. Cavallari, der Nestor der sizilianischen Archäologen, wurde nicht müde mit mir in den alten Palästen und halbzerstörten Häusern herumzuklettern und mich auf diesen oder jenen von mir noch nicht bemerkten Rest alter Kunst aufmerksam zu machen. Häufig kam er noch am Abend in unsere Stube und führte uns farbige Bilder aus dem sizilianischen Volksleben vor. Namentlich als Märchenerzähler fand Cavallari keinen seinesgleichen. Wie oft schlug es Mitternacht und wir hingen noch andächtig an seinen beredten Lippen. Antonino Salinas, gleichfalls auf deutschen Universitäten ausgebildet, damals in jungem Bräutigamsglück schwelgend, wurde ein Führer im Museum, der würdige Kanonikus di Marzo legte mir bereitwillig die Schätze der seiner Leitung anvertrauten Bibliothek vor und unterrichtete mich in der Geschichte der neueren Palermitaner Kunst, in welcher er mit Recht als die beste Autorität bei seinen Landsleuten galt.

Über dem gelehrten Umgange wurde der Verkehr mit Leuten aus dem Volke nicht vernachlässigt. Ein Fremder, zumal eine Fremde, welche sich um die heimischen Dinge

kümmerte, war damals eine seltene Erscheinung in Palermo.
Man konnte sicher sein, wenn man auf der Straße einen
Mann um Auskunft bat, diese ausführlich zu erhalten und
außerdem noch für den übrigen Teil des Weges einen
Begleiter zu gewinnen. So machten wir allmählich zahl
reiche Straßenbekanntschaften. Am lebendigsten steht noch
ein junger Advokat vor mir, welchen wir gleichfalls zufällig auf der Straße ansprachen und welcher seitdem, so
oft er uns erblickte, uns sein Geleit anbot. Da die Palermitaner einen großen Teil des Tages auf den Straßen
verleben, so wiederholten sich solche Begegnungen recht häufig.
Ihnen dankte ich gute Kunde über die damals recht ver-
wickelten wenig erfreulichen politischen Zustände auf der Insel.
Die Sizilianer konnten sich in die feste Ordnung, welche
der Anschluß an das Königreich Italien mit sich brachte,
nicht gewöhnen; die Rekrutenaushebung, die schärfer an-
gezogene Steuerschraube weckte große Unzufriedenheit. Dazu
kamen noch die nur mühsam erst vor kurzem unterdrückten
bourbonischen Aufstände. Das Räuberwesen stand noch
immer in Blüte. Über alle diese Dinge zeigte sich unser
Advokat wohl unterrichtet. Meiner Frau wurde aber doch
unheimlich zu Mute, wenn er zuweilen über die Straße
auf einen zerlumpten, wild aussehenden Kerl lossprang
und mit diesem Händedrücke und herzliche Grüße aus-
tauschte. „Das ist ein des Mordes oder des Raubes
angeklagter Brigante, welchen ich mit Erfolg verteidigt
habe", so erklärte er seine warmen Sympathieen für den
Menschen.

Meinen guten Francesco col grosso cavallo darf ich
unter meinen Volksfreunden nicht vergessen. Zufällig
hatten wir gleich anfangs mehrere Tage nacheinander denselben Kutscher aus der Droschkenreihe, welche vor der
Trinacria hielt, gewählt. Er gefiel uns wegen seiner Zuverlässigkeit und der Liebe zu seinem Pferde, einem dicken
Braunen, mit welchem er sich während der Fahrt ununter-
brochen auf das zärtlichste unterhielt und welches er auf
das sorgsamste pflegte. Wir wurden mit ihm eins, daß
er uns auf allen unsern Ausflügen fahren solle. So
wurde Francesco, ein kleiner untersetzter Mann von mitt-
leren Jahren, mit lebendigen Augen und stets heiteren
Mienen, unser Leibkutscher. Er merkte bald mein Interesse
an Ruinen, alten zerfallenen Bauten. Oft diente er als
Dolmetsch, da ich den Dialekt der Einwohner schlecht verstand und wurde allmählich selbst von einem archäologischen
Eifer ergriffen. Wenn ich im Weichbilde von Palermo
nach der Lage und den Resten der normannischen Lust-
schlösser suchte, so blieb Francesco, nachdem er sein Pferd
versorgt, an meiner Seite, drang in alle Gärten, über-
kletterte Mauern, untersuchte den Boden. Als er bei
unsern Fahrten wahrnahm, daß mich auch die buntbemalten
Karren — sie zeigten auf grellgelbem Grunde Bilder der
Haimonskinder, Rolands u. s. w. — interessierten, brachte
er mich zu Wagenbauern und Malern in den Vorstädten,
und ließ mich die Schablonen sehen, nach welchen die
Bilder gemacht wurden und spürte auch die Volksbücher
im sizilianischen Dialekt auf, welche die Sagen von den

18*

reali di Francia erzählten. Wir schieden zuletzt als die
besten Freunde. Dreizehn Jahre später kam ich wieder
nach Palermo. Auf einem Gang durch den Toledo bemerkte ich staunend, daß eine Droschke plötzlich anhielt,
der Kutscher unbekümmert um Insassen und Pferd vom
Bock sprang und auf mich zulief. Unversehens preßte er
mich in die Arme und küßte mich auf beide Wangen mit
dem jubelnden Ausruf: „caro professore, mio professore!"
Es war Francesco. Sein grosso cavallo weilte nicht
mehr unter den Lebenden, nur Francesco blühte noch
immer und bewahrte mir die alte Treue und Anhäng-
lichkeit.

Nur zu rasch flossen die Wochen und Monate dahin.
Der Frühling war in das Land gekommen, nicht der nor-
dische, sich sanft einschmeichelnde, neue Lebenslust weckende,
sondern der schnell, wie verschämt, vorüberhuschende Vor-
bote des heißen Sommers, der gar kein Anrecht auf selbständige Geltung erhebt. Bereits begann in der Mittagsstunde die Wärme unbequem zu werden, das Leben im
Freien auf die Abend- und Nachtstunden sich einzuschränken.
Meine Gesundheit schien übrigens dauernd gekräftigt zu
sein und so traten wir langsamen Schrittes die Heimreise
an. Die Pfingsten 1869 feierten wir wieder im Kreise
unserer Kinder in Bonn.

Meine Beziehungen zu den Studenten waren gottlob
die alten freundlichen geblieben. Die feierliche Begrüßung
gleich nach meiner Ankunft durch Corps und Burschen-
schaften, die vollen Bänke im Auditorium bewiesen, daß

ich trotz der langen Abwesenheit nicht vergessen war. Um so trauriger sah es in dem Freundeskreise aus. In Kyllmanns Hause war mit dem steigenden Alter auch die Kränklichkeit, die Ruhesehnsucht eingezogen, die allezeit lebensfrohe Familie Preyer hatte Bonn verlassen, und, was uns den größten Schmerz bereitete, Otto Jahn rang mit dem Tode. Sein scheinbar kräftiger Körper widerstand auf die Dauer nicht der ungesunden Lebensweise, der ungemessenen Arbeitslast, an welche Otto Jahn seit Jahren sich gewöhnt hatte. Mannigfache Kränkungen und Enttäuschungen erschütterten den Organismus des reizbaren Mannes stärker, als die entfernter stehenden Bekannten meinten. Als ich Jahn wiedersah, war er zum Schatten geschwunden. Die erloschene Stimme, der schleppende Gang, der schwere Atem, die ganz entsetzliche Abmagerung ließen das Schlimmste schon in naher Zeit befürchten. Riesige Willenskraft zwang den totmüden Körper bis zum Schluß des Semesters auszuhalten. Dann eilte er zu lieben Verwandten nach Göttingen, legte sich nieder und starb.

Wir hätten diesen Schlag noch schwerer überwunden, wenn nicht bald darauf in der Bonner Gesellschaft eine Erscheinung aufgestiegen wäre, von so bestrickender Liebenswürdigkeit und geistiger Anmut, daß unsere Gedanken unwillkürlich eine hellere Farbe empfingen und der gesellige Verkehr einen ungeahnten Reiz gewonnen hatte. Die Fürstin Wied brachte die Wintermonate in Bonn zu. Von einem langjährigen Fußleiden endlich geheilt, körperlich

gekräftigt, konnte sie jetzt ihre feinsinnige Natur freier entfalten und eine reichere Gastfreundschaft üben. Ich hatte
die Fürstin schon in meinen ersten Bonner Jahren kennen
gelernt, wiederholt Vorträge im Neuwieder Schlosse zu
wohlthätigen Zwecken gehalten, und wie alle, welche der
seltenen Frau näher traten, den unwiderstehlichen Zauber
ihres Wesens erfahren. Vornehm, wahrhaft fürstlich in
ihrem ganzen Gebahren, dabei frei von jeglichem aristokratischen Hochmute und für Kunst und Wissenschaft ehrlich
begeistert, stets bemüht, männliche Tüchtigkeit und Frauen-
würde zu ehren, brachte sie es rasch dahin, daß ihr alle
die Huldigungen freiwillig und im vollsten Maße dargereicht
wurden, auf welche sie durch ihren Rang Anspruch erheben
konnte. „Unsere Fürstin" hieß sie in den Bonner besten Kreisen.

Die niemals völlig abgerissenen Verkehrsfäden wurden
neu geknüpft und rasch verstärkt. Wir nahmen nicht allein
regelmäßig Teil an den größeren Besuchsabenden, sondern
genossen auch das Glück näheren Umgangs. Die Erziehung,
welche ich mir in meiner Jugend im Verkehr mit vornehmen Kreisen gegeben hatte, brachte jetzt gute Früchte.
Ich hatte die Kunst, welche Bürgerlichen so schwer fällt,
erlernt. Ich blieb ehrerbietig, wahrte mir aber streng die
Unabhängigkeit des Urteils. Dadurch gewann ich das Vertrauen der Fürstin. Und schon damals faßte sie den Gedanken, mich zur Begleitung auf der bevorstehenden Reise
zu ihrer Tochter, der Fürstin von Rumänien. aufzufordern.
Die Reise sollte im Herbst 1870 stattfinden. Das war
aber das große Kriegsjahr. Natürlich fielen alle Reise-

pläne wie Kartenhäuser zusammen. Wer hätte daran denken
können, den Rhein in einem Augenblicke zu verlassen, in
welchem er vom Feinde bedroht schien und dem Lande den
Rücken zu kehren, dessen Söhne einen Riesenkampf begonnen.
Im Jahre 1870 merkte man, wie ganz deutsch und gut
preußisch die Rheinprovinz trotz alledem und alledem geworden war. Helle Begeisterung loderte in allen Kreisen auf,
alle Stände wetteiferten in Thaten und Opfern miteinander.

Für den Vaterlandsfreund und alten Kämpfer für
Deutschlands Einheit und Preußens Führerschaft war es
eine harte Entsagung stille zu sitzen und nur durch Zeitungen von den Weltkämpfen zu erfahren. Manchmal
sehnte ich mich nach der Redaktionsstube zurück und wünschte
wieder Journalist zu werden. Ein Zeitungsschreiber lebt
sich so leicht in den Glauben ein, an den Ereignissen mit-
zuwirken, er wird jedenfalls früher und genauer von den
Vorgängen unterrichtet, als die andern Menschenkinder und
fühlt sich diesen gegenüber als Wissender. Blieb es mir
auch persönlich versagt, der guten Sache zu dienen, so
brachten meine Kinder und ich ihr doch das beste dar,
was wir besaßen. Mit unserer freudigen Zustimmung
übernahm meine Frau die Leitung eines Lazaretts, welches
in dem Bonner Sommertheater, einer alten luftigen Baracke, improvisiert wurde. Wir brachten gern das Opfer
eines gestörten Familienlebens in der Überzeugung, daß
wir den armen kranken und verwundeten Soldaten die
größte Wohlthat erwiesen. Über den Mut, die vollkommene
Selbstlosigkeit, und die wunderbar sachliche Geschicklichkeit

meiner Frau als Pflegerin herrschte nur eine Stimme. Die
Behörden und die Bürger, die Ärzte und die Kranken,
Jesuiten und protestantische Pastoren wetteiferten im Lobe
und Preise. Uns kam es freilich hart an, acht Monate
lang Isa nur für kurze Augenblicke im Hause walten zu
sehen. Sie gönnte sich nur mittags eine kurze Pause,
weilte sonst vom Morgen bis zum Abend bei ihren Verwundeten. In jenen nationalen Freudentagen trat aber
das Einzelinteresse gegen die Teilnahme am Heere so sehr
zurück, daß wir das Opfer kaum spürten.

Die Schlachten konnte ich nur still mit meinen besten
Wünschen begleiten, dagegen war es mir vergönnt bei der
Friedensfeier laut und öffentlich meine Stimme zu erheben.
Ich hielt am 22. März, dem Geburtstage des Königs, die
akademische Festrede*) in der Aula. Ein bedeutungsvoller
Tag. Zum erstenmale gesellte sich in den Räumen der
Universität zu dem alten berühmten Rufe: Heil dem Könige!
der andere, so hoffnungsreiche: Heil dem deutschen Kaiser!
Der deutsche Reichstag war in Berlin versammelt, Preußens
Ziel und Bestimmung erreicht, Deutschlands Schicksal
vollendet. Der Tag war wohl danach angethan, einen
Redner zu begeistern und ich bemühte mich nach Kräften
der gehobenen Stimmung und begeisterten Empfindung
Ausdruck zu geben. Von den Friedenszielen sprach ich,
von den Pflichten, welche uns die neue Stellung auferlege,
von den Hoffnungen, zu welchen uns die Großthaten des

---

*) Die Rede ist im Anhang abgedruckt

Volkes in Waffen berechtigen. So gewaltige Ereignisse, wie ihresgleichen in der Geschichte Europas kaum wiederkehren, müssen auch in unserer Bildung, in unserm geistigen Leben tiefe Spuren zurücklassen. Und nun versuchte ich ein Bild dieser künftigen Kultur zu entwerfen. Wenn ich jetzt nach zwanzig Jahren die Festrede — sie wurde im „Neuen Reich" abgedruckt — wieder lese, merke ich doch, daß ich kein zuverlässiger Prophet war. Von den stolzen Hoffnungen, welche ich an die Gründung des deutschen Reiches für das Volksleben knüpfte, wie wenige sind in Erfüllung gegangen! Der nationale Sinn hat den innern Zwiespalt auf kirchlichem und politischem Gebiete nicht beseitigt, die freie Hingabe an den Staat mußte selbstsüchtigen Sonderinteressen weichen, der einfach gediegene Bürgerstand hat aufgehört als die sicherste Stütze des Staates geachtet zu werden, an die Stelle des harmonischen Zusammenwirkens sind schroffe Trennungen und feindselige Scheidungen getreten. Ich war, wie alle, welche noch in den schlimmen Zeiten bis 1859 groß und reif geworden waren, von dem Glanz des neuen Reiches geblendet, ich blieb Idealist, sah nur die Lichtseiten, merkte nicht die dunkeln Wolken im Hintergrunde, welche die Friedensziele hoffentlich nicht völlig zerstört haben, aber sie weit, ach nur gar zu weit zurückgeschoben haben.

Im Spätsommer nahm die Fürstin Wied, mit welcher der Verkehr im Kriegsjahre ein enger und lebendiger geworden war, den Plan der rumänischen Reise wieder auf. Ich begleitete sie, alter Abrede gemäß, als Reisemarschall.

Eine angenehmere, genußreichere Fahrt durch weite Länder
ließ sich, ganz abgesehen von den großen landschaftlichen
Reizen und neuen Volksszenen, die einem auf Schritt und
Tritt entgegentraten, nicht denken. Die Fürstin, für sich
anspruchslos, war für ihre Umgebung voll der zartesten
Aufmerksamkeiten, ihre Hofdame, ein älteres Fräulein Lavater, geistsprühend, voll Witz und Humor, dabei von
reifster Erfahrung und freien Grundsätzen, hielt das Gespräch stets in lebendigem Fluß. Solange wir die Eisenbahn benutzten, ging die Reise ohne irgendwelchen bemerkens-
werten Zufall vor sich. Den Geschmack wirklicher Reise-
strapazen bekam ich in Siebenbürgen, wo die Eisenbahn
aufhörte. Der Fürst von Rumänien hatte uns zwei Tagereisen entgegen einen Hofwagen gesandt. Durch ein Mißverständnis kam ein kleiner Zweisitzer, in welchem für mich
unbedingt kein Platz war und doch durfte und wollte ich
die Fürstin nicht verlassen, wie die Dienerschaft den Postwagen benutzen. Da improvisierten wir aus dem Schmuck-
kästchen der Fürstin einen freilich sehr niedrigen und engen
Rücksitz, auf dem ich mich nur niederlassen konnte, wenn
ich die Kniee bis zum Kinn emporzog. Zwei Tage lang
auf holpriger Straße auf diese Weise zu fahren, war für
meine Brust doch beinahe zu viel. Wie gerädert, der
Gliedmaßen kaum mächtig, kam ich in Kronstadt, der letzten
österreichischen Station, an. Hier erwartete uns noch ein
kleines komisches Abenteuer. Der Unterpräfekt des rumänischen Grenzbezirks bat die Fürstin um die Erlaubnis,
sie im Namen Rumäniens zuerst begrüßen zu dürfen. Die

Bitte konnte trotz der vorgerückten Abendstunde nicht ab-
geschlagen werden. Ein stattlicher Mann, ein breites drei-
farbiges Band über der Brust, trat in den Salon ein.
Aber, o Schrecken! Er sprach nur rumänisch, verstand
weder deutsch noch französisch. Die Verlegenheit war groß.
Ich eilte zum Wirt hinaus, um einen Dolmetsch zu suchen.
Nur der Oberkellner war des Rumänischen und Deutschen
gleich mächtig. Ich instruierte ihn in aller Eile, wie er
sich zu benehmen habe und führte ihn in den Salon. Der
Anfang ging ganz gut. Der Präfekt, zur Fürstin gewandt,
hielt eine längere Ansprache, welche der Kellner flüsternd
übersetzte. Die Antwort der Fürstin aber war ihm offenbar zu knapp. Er trug sie dem Präfekten in einer jedenfalls sehr breiten und offenbar sehr schmeichelhaften Übersetzung vor. Der gute Präfekt meinte wohl, er müsse für
den gnädigen Empfang noch besonders danken, wandte sich
aber nicht mehr an die Fürstin, sondern an den Kellner,
der seinerseits die Mühe des Dolmetschers sparte und sofort dem Präfekten in rumänischer Sprache antwortete.
Dabei machten sie gegenseitig immer tiefere Verbeugungen.
So komisch die Szene für uns stumme Personen war, so
drohte sie doch zuletzt peinlich zu werden. Durch einen
sanften Rippenstoß bedeutete ich dem Kellner, daß seine
Mission zu Ende sei. Stolz verließ er das Gemach, ihm
folgte bescheiden und demütig der brave Unterpräfekt.

Jenseits der Grenze, wenige Meilen von Sinaja, dem
Sommersitze des Fürsten, fand der offizielle Empfang statt,
an den sich, wie in der griechischen Welt üblich, der Gang

nach einer benachbarten Kapelle und ein lärmendes Tedeum
in ihr anschloß. Ich hielt mich während all dieser Vor=
gänge bescheiden im Hintergrund und konnte in aller Ruhe
die neuen Eindrücke in mich aufnehmen. Zum erstenmale
trat mir in den Volksgruppen ein Stück unverfälschten
Orients entgegen. Die Überraschungen steigerten sich, als
wir nach einer mehrstündigen staubigen Fahrt Sinaja selbst
erreichten. Mit dem Namen Sinaja verknüpft sich jetzt
die Vorstellung eines wahren Zauberschlosses, bei dessen
Schöpfung Reichtum, feinster Geschmack und reichster Kunst=
sinn wetteiferten, um einen Fürstensitz von einer Pracht
und einem poetischen Reize ins Leben zu rufen, wie kein
anderer Souverän Europas besitzt, ja besitzen kann, da in
Sinaja die großartigste Natur die Wirkung des idealen
Bauwerkes unterstützt. Damals befand sich hier an der
Pilgerstraße gelegen, das Kloster Sinaja, dessen vordere
Teile, die Pilgerherberge, dem fürstlichen Hofe zur Be=
nutzung überlassen wurden, während die Mönche sich in
die inneren Teile der weitläufigen Anlage zurückzogen. Der
fürstliche Hof richtete sich schlecht und recht, so gut es die
Dürftigkeit und Enge der Räume gestattete, ein. In der
größten Zelle residierte das Fürstenpaar, in kleinen und
kleinsten Zellen wurde das Gefolge untergebracht. Als
Speisesaal diente eine hinter der Küche errichtete Baracke,
welche freilich im äußern diese Bestimmung nicht verriet,
immerhin abends, wenn dann zahlreiche Kerzen auf die mit
lebendigem Grün bekleideten Wände, auf reiches Tafel=
geschirr ein helles Licht warfen, einen behaglichen Aufent=

halt bot. Zum Glück blieb das Wetter wochenlang so
prächtig, die Sonne uns so ausnehmend treu, daß wir uns
fast den ganzen Tag im Freien bewegen konnten. Die
großartige Landschaft ließ aber alle kleinen Unbequemlich=
keiten des Lebens rasch vergessen. Tief unten im Thale
rauschte die Prahova, lachten die saftig grünen Matten
das Auge an. Zu beiden Seiten erhoben sich bewaldete
Berge mit wahren Baumriesen und üppigem Unterholze.
Axt und Säge hatten den Weg auf diese Höhen noch kaum
gefunden, so daß man sich in einen Urwald versetzt glaubte.
Den Hintergrund aber säumten die schneebedeckten Spitzen
der Karpathen ein. Dabei war die Luft wunderbar rein
und frisch, das bloße Atmen ein hoher Genuß. Fußmärsche
mit dem Fürsten Karl, in welchem ich einen Zuhörer aus
Bonn begrüßen durfte, Spaziergänge und Wagenfahrten
mit den Damen lehrten mich die persönliche Liebenswürdig=
keit und reiche Bildung des jungen Fürstenpaares kennen.
Als wir im Herbst von Sinaja nach Bukarest — eigent=
lich Kotrotscheni bei Bukarest — übersiedelten, lernte ich
auch seine Regierungskunst bewundern. Das Land befand
sich in einer übeln Lage. Der Eisenbahnbau hatte die
Finanzen zerrüttet, die Unsicherheit nach Außen den ver=
schiedenen Parteien im Innern Vorschub geleistet. Mürrisch
grollend, wie ein auf den Altenteil gesetzter Bauer, hielt
sich die Pforte zur Seite, das russische Kabinet konnte sich
noch immer nicht beruhigen, ein freies Feld für politische
Intriguen verloren zu haben, in Wien herrschte noch immer
das alte Mißtrauen, welches in jeder Stärkung der Balkan=

staaten eine Gefahr für den Kaiserstaat witterte. Der
einzige ehrliche Freund saß in Berlin. Aber Bismarck
hatte zunächst mit wichtigeren Sorgen zu kämpfen, und
außerdem erheischte der Verkehr mit der deutschen Regie=
rung große Vorsicht. Schon die deutsche Abstammung des
Fürsten erschien vielen Bojaren als Makel und immer
wieder tauchte die Verleumdung auf, daß das Wohl des
Staates den Hohenzollernschen Interessen nachgestellt werde
und Rumänien an Preußen als Vasallenland verhandelt
worden sei. Franzosenfreunde gab es stets sehr viele unter
den Bojaren und besonders Bojarenfrauen. Sie lärmten nach
dem Kriege toller als je und scheuten selbst vor Skandalszenen
gemeiner Verhöhnung der Deutschen nicht. Dem Fürsten
Karl waren die Schwierigkeiten seiner Stellung wohl bekannt.
Er blieb kaltblütig, ließ die gefaßte Aufgabe, Rumänien
eine geordnete Verwaltung, ein brauchbares Heer zu ver=
schaffen, nicht einen Augenblick aus den Augen. Er wartete,
aber er verzagte nicht. Keine Partei verletzte er grund=
sätzlich, keiner warf er sich blind in die Arme. Empfäng=
lich für jeden guten Rat, zugänglich jeder Persönlichkeit,
war er taub für jede Schmeichelei oder Intrigue. Daß
er den bekanntesten, Umtriebe planenden Bojaren auf den
Kopf behauptete, er zweifle nicht an ihren selbstlosen Ab=
sichten und wolle gern ihre Pläne sachlich prüfen, brachte
sie am meisten aus der Fassung. Sein einfach gerades
Wesen, sein ernster, auf das Ganze gerichteter Sinn ent=
waffnete allmählich die Gegner. Am frühesten gewann er
durch seine militärische Tüchtigkeit die Achtung des Heeres.

Bald erkannten aber auch die bessern Politiker, daß es geratener sei, mit ihm, als gegen ihn zu arbeiten. In anderer Weise machte die Fürstin Elisabeth für die Dynastie erfolgreiche Propaganda. Die Königskrone schwebte eigentlich schon lange über ihrem Haupte, ehe die glorreichen Siege des Gemahls sie ihr in das schöne Haar gedrückt hatten. Sie besaß eine angeborene Majestät, verband aber damit die echte Frauenanmut und heitere Liebenswürdigkeit. Die Natur hatte sie reich, fast allzureich mit Gaben bedacht. Mein gewöhnlicher Streit mit Fräulein Lavater bezog sich darauf, ob in der Musik, ob in der Poesie die wahre Stärke der Fürstin liege, ob die Tiefe der Gedanken, oder die Glut der Empfindungen am meisten an ihr zu bewundern sei. Je nachdem sie an dem Tage gerade diese oder jene Seite ihrer Natur enthüllt hatte, trafen wir die Entscheidung. Von der herbsten Schwermut bis zur ausgelassensten Laune beherrschte sie alle Stimmungen. Niemals merkte man eine Anstrengung, stieß auf etwas Gemachtes oder Gekünsteltes. Alles, ihre Lieder, ihre Sinnsprüche, ihre Erzählungen und Märchen quollen frei und leicht aus ihrer Phantasie. Die Fürstin Elisabeth besaß das Genie eines Improvisators, zugleich den gediegenen Ernst des wahren Dichters. Oft war ich Zeuge, wie sich in der Hofgesellschaft Herren und Damen mit spöttischer Miene der Fürstin näherten, als wollten sie sagen: „die kleine deutsche Prinzessin werden wir schon übertrumpfen", wie sie dann aber nach dem Schlusse der Vorstellung in eine laute Bewunderung ihrer Anmut und ihres geistreichen Wesens ausbrachen. Dem Zauber der Fürstin konnte niemand entgehen.

Während ich im fernen Osten Hofsitte und Volksleben studierte, vollzog sich im Westen eine entscheidende Wendung in meinem Schicksal. Eines schönen Tages empfing ich ganz unerwartet einen Brief des Herrn von Roggenbach, in welchem er mir offiziell die Professur der Kunstgeschichte an der wiedererrichteten Universität Straßburg anbot. Eine Ablehnung war unmöglich. Abgesehen davon, daß ich meine materielle Lage wesentlich verbesserte, nicht mehr, wie bisher, der angestrengtesten Privatarbeit bedurfte, um ohne Defizit die Jahresrechnung abzuschließen, erschien uns allen die Annahme des Rufes als eine patriotische Pflicht. Wir hegten allzusammen die glänzendsten, fast übertriebenen Vorstellungen von dem festen Bande, welches die Universität zwischen dem Reich und dem wiedergewonnenen Lande knüpfen werde. Ein Schreiben des freundlich gesinnten Kurators Beseler beseitigte die letzten Skrupel. Er mahnte dringend zur Annahme, beklagte meinen Weggang, welchen die Weigerung des Ministers Mühler, mein bescheidenes Gehalt zu erhöhen, unvermeidlich mache. So folgten denn, als ich im November wieder in Bonn ankam, gar bald den fröhlichen Tagen des Wiedersehns, die trüben Stunden der Trennung.

Unsäglich schwer fiel meiner Frau und mir der Abschied von Bonn, wo wir zwanzig Jahre, den glücklichsten Abschnitt unseres Lebens zugebracht hatten. Eine so auserlesene Zuhörerschar, wie ich sie in Bonn besaß, durfte

ich kaum hoffen, jemals wieder zu gewinnen. Hatte ich auch
nur wenige Schüler (Rahn, Laspeyres, Lessing) erzogen, so
durfte ich doch mit Stolz auf die vielen Philologen und
Historiker hinweisen, welche mir ihre künstlerische Bildung
verdankten. Die Publika blieben bis zuletzt ein Stelldichein
für alle Fakultäten. Geachtet war auch meine Stellung
unter den Kollegen. Der gute Sell versicherte mir
wiederholt, daß mich die Mehrzahl längst zum Rektor ge=
wählt hätte, wenn nur mein kirchliches Bekenntnis klarer
gewesen wäre. Und wenn auch unsere ältesten und besten
Freunde fast alle im Grabe ruhten, so lebten wir doch in
der angenehmsten Geselligkeit, hatten an der Familie
Beseler, an Frau Martha Aegidi neue wackere Freunde
gewonnen. Auch in diesem Winter zog die Fürstin Wied
nach Bonn. Sie hatte den von seinem Knieleiden von
Metzger glücklich geheilten Prinzen Gustav von Schweden,
den späteren Kronprinzen, unter ihre Obhut genommen,
einen munteren Jungen, der besonders mit meiner ältesten
Tochter gute Kameradschaft hielt und sich bei uns wie zu
Hause fühlte. Auf die Wiederkehr eines so anregenden,
fröhlichen Winters, wie gerade der letzte Bonner war,
mußten wir nun verzichten. Kein Wunder, daß die Fackel=
züge, Kommerse, Adressen und wie die Ehrenbezeugungen
scheidender, geliebter Lehrer sonst heißen mögen, die Weh=
mut nicht völlig bannen konnten. Am Rhein hatten wir
unsere Heimat gefunden, in Land und Leute uns vollständig
eingelebt. Der Rheinländer galt namentlich meinen Kindern
als bester Landsmann. Wir ziehen in eine fremde Welt,

in ein neues Land. Was wird es bringen? So frugen wir uns täglich. Doch alle wehmütigen Erwägungen, alle schönen Erinnerungen mußten gegen die Pflicht zurücktreten. Mitte April 1873 übersiedelten wir mit unserer Habe, unserem Hunde und unseren Kanarienvögeln nach Straßburg.

14. Straßburg.

Die neue Welt ließ sich ganz vortrefflich an und rascher, als wir anfangs gemeint, bekannten wir: Hier ist gut wohnen! Herr von Roggenbach, der liebenswürdigste Vorgesetzte und opfermutigste Freund, hatte uns die Wege geebnet, sogar für eine reizende Wohnung am Kaufhausstaden Sorge getragen. Die Wohnung war unsere erste Straßburger Liebe. Im zweiten Stockwerk eines alten, aber mit allen Bequemlichkeiten neu eingerichteten Renaissancehauses gelegen, mit freiem Ausblick auf alte Bäume und die Jll, mit lauschigen Erkern und poetischen Winkeln war sie ganz danach angethan, uns immer und immer wieder zum schmucken, heimischen Herde zurückzulocken. Wir lernten hier die Vorteile einer französischen Wohnung, den festen Hausverschluß, die Doppeltreppe, die Sonderung der Wohnstuben von den Wirtschaftsräumen zum erstenmal kennen und mußten gestehen, daß die bürgerlichen Wohnungen in Deutschland manches hier zur Annehmlichkeit der Winter abschauen könnten. Selbst mit dem anfangs unsympathischen Institute des Concierge versöhnten wir uns allmählich. Seine Neugierde schadete uns nicht, seine

19*

Wachsamkeit hielt manches zudringliche häßliche Element
von uns fern. Das einzige Bedenken erregte die be=
kannte franzosenfreundliche Gesinnung des Wirtes, des
später vielgenannten Bürgermeisters Lauth. Unsere Be=
ziehungen behielten etwas Formelles. Solange ich aber in
seinem Hause weilte, zeigte er sich mir gegenüber als ge=
bildeter Ehrenmann. Mit feinem Takt vermied er das
politische Gebiet, als er merkte, daß ich mich für städtische
Angelegenheiten interessiere, taute er sogar auf und wurde
gesprächig. Niemals verkehrte er mit mir schriftlich oder
mündlich anders als in deutscher Sprache. Man merkte
überhaupt bald, daß unter einer französischen Schicht, sogar
in den reicheren tonangebenden Kreisen, ein guter deutscher
Kern lag. Sitten, Gewohnheiten, Anschauungen, soweit
nicht Mode oder Politik in das Spiel kam, zeigten keine
französischen Einflüsse. Die Ladenmädchen in den besseren
Geschäften hielten sich verpflichtet, deutsche Kunden mit
einem gräßlichen Accente anzureden. Man brauchte aber
nur den falschen Accent höflich aber deutlich zu verbessern
und sein Begehren auf gut Deutsch zu wiederholen und
es löste sich auch in diesen Kreisen rasch die deutsche Zunge.
Gern hätte ich die letzten Ferientage zu Ausflügen links
und rechts vom Rheine benutzt. Der Ausblick von den
Stadtwällen nach den Vogesen wie nach der Schwarzwald=
seite hin lockten gar zu sehr. Doch diese Lust mußte ich
vorläufig dämpfen. Roggenbach teilte mir mit, daß ich
von der Regierung, im Einverständnis mit den Kollegen,
zum Festredner bei der Einweihung der Universität

am 1. Mai ausersehen sei. Da galt es, Zeit und Kraft
zu Rate zu ziehen. Nur eine kurze Frist trennte uns von
dem Feiertage. Die Rede selbst mußte in jedem einzelnen
Satze wohl durchdacht und erwogen sein, um nicht die
Einheimischen zu verletzen und doch unserem stolzen Jubel
und unserer Freude Ausdruck zu geben. Gegen meine
sonstige Übung arbeitete ich die Rede sorgfältig aus und
feilte am Inhalt und an der Form so lange, bis sie mich
befriedigte. Der 1. Mai wurde der größte Ehrentag meines
Lebens. Die Augen Deutschlands waren auf Straßburg
gerichtet, mit der größten Spannung harrte man überall
auf Nachricht vom Verlaufe des Festes. Alle deutschen
Universitäten, auch die schweizer und deutsch-österreichischen
Universitäten hatten Deputationen, die west-deutschen Hochschulen auch zahlreiche Vertreter der Studentenschaft, mehrere
hundert Mann stark, gesandt, aus der benachbarten Landschaft
strömten Gelehrte, Beamte, patriotische Bürger herbei, um
dem friedlichen Triumphe deutscher Tapferkeit beizuwohnen.
Den Mittelpunkt der Weihehandlung bildete die Festrede.*)

Mit Herzklopfen betrat ich die hohe Rednerbühne. Die
glänzende Versammlung vor mir war ganz danach angethan,
mich befangen zu machen und der Stimme, wenigstens anfangs, die volle, den weiten Raum beherrschende Kraft zu
rauben. Auch mit dem Kobold Zufall mußte ich rechnen.
Ein geschickter Architekt hatte den großen Schloßhof mit
einem leichten Zelte überdeckt, die Seitenwände über den

*) Die Rede ist im Anhang abgedruckt.

niedrigen Terrassen mit Leinewand bekleidet. Man konnte sich keine lustigeren, fröhlicheren Festräume denken, zumal für reichen Laub= und Fahnenschmuck gesorgt worden war, vorausgesetzt, daß kein Regen die Leinewand peitschte, kein Wind das Zeltdach hin und her riß. Der Zufall war mir mehr als günstig. Nur ein ganz leises Rauschen und Wehen zog durch die Luft, jedes Wort drang deutlich bis zur fernsten Ecke vor und, als ob ein trefflicher Theater= regisseur noch für einen besondern Effekt gesorgt hätte, begannen gerade in dem Augenblicke, in welchem ich von der Herrlichkeit des Münsters sprach, alle Glocken den Mittag einzuläuten. Der Eindruck dieser Szene auf alle Anwesenden war übermächtig. Die ohnehin günstige Stim= mung steigerte sich zu heller Begeisterung. Mit hoffnungs= voller Zuversicht gingen wir an die Arbeit, welche den zweitägigen Festrausch ablöste. Arbeit gab es aber namentlich für mich genug. Zum Rektor hatte die Reichsregierung den Senior der theologischen Fakultät Bruch ernannt. Roggenbach bewies auch darin einen staatsmännischen Blick, eine glückliche Hand. Durch Bruchs Ernennung, als ehr= würdigstem, beliebtesten und angesehensten Mitgliede der alten Fakultät, wurde die Provinz geehrt, zugleich der Zu= sammenhang der neuen Einrichtung mit der alten wenigstens symbolisch gewahrt. Die Wahl des Prorektors wurde der Universität überlassen. Sie traf einstimmig mich. Bei dem hohen Alter Bruchs und da er den Formen und Gebräuchen der deutschen Universitäten doch vielfach fremd gegenüberstand, fiel ein bedeutender Teil der Geschäfte auf

meine Schultern. So groß die Last war und so schwierig
die neuen Verhältnisse, so schickte sich doch alles überraschend
gut. Wir waren zwar eine bunt zusammengewürfelte Gesellschaft, dem Alter nach, wie nach Herkunft und früherem
Amt. Fast jede deutsche Landschaft, Österreich, die Schweiz,
selbst England zählten in dem Lehrerkollegium Vertreter.
Einzelne Kollegen waren ganz jung, bei andern begann
das Haar sich bedenklich zu lichten und weiß zu färben.
An Universitäten, technischen Hochschulen, in Kanzleien und
Pfarreien waren die einzelnen früher thätig gewesen. Aber
wir zeigten alle den besten Willen und waren bemüht, die
sachlichen Interessen zu fördern, die persönlichen Verhältnisse angenehm zu gestalten. Ich hatte das besondere Glück,
daß ich unter den Kollegen mehrere alte Freunde zählte.
Mit Adolf Michaelis verknüpfte, außer der unmittelbaren festen Zuneigung, mich die gemeinsame Verehrung
für Otto Jahn. Michaelis hatte seinem Onkel stets ganz
nahe gestanden, ihn in den letzten Jahren getröstet, auf-
zurichten gesucht, mit Aufopferung gepflegt. Er übertrug
die Liebe vom Onkel auf dessen Freund. Hermann Baum-
garten teilte mit mir den politischen Standpunkt, die wissenschaftlichen Interessen und erfreute im Umgange durch seinen
scharfen Geist und unbestechliche Überzeugungskraft. Auch
mit den andern Genossen, Naturforschern, Juristen, Sprach-
gelehrten und Historikern, wie Recklinghausen, Oskar Schmidt,
Binding, Euting, Weizsäcker, Franz Xaver Kraus ergaben
sich mannigfache Berührungspunkte und begann sich bald
ein reger Verkehr anzuspinnen.

Besondere Freude machte mir die Einrichtung eines stattlichen kunsthistorischen Apparats. Solange ich lehrte, hielt ich an dem Grundsatze fest, das Wort durch die Anschauung zu unterstützen, von dieser auszugehen und aus ihr die weiteren Schlüsse zu ziehen. Ich wollte nicht überreden, sondern überzeugen. Zwanzig Jahre lang hatte ich mich in Bonn gequält und geplagt, eine nur halbwegs genügende Zahl von Abbildungen zusammen zu bringen. Ich mußte sie alle aus meiner eigenen Tasche bezahlen und stürzte mich wiederholt in Schulden, um nur meinen Schülern eine beiläufige anschauliche Kenntnis der von mir besprochenen Kunstwerke zu verschaffen. In Berlin blieb man gegen alle meine Wünsche und Bitten taub. Nicht einmal hundert Thaler jährlich — so tief hatte ich allmählich meine Forderungen herabgestimmt — waren in der Ministerialkasse für den kunsthistorischen Unterricht aufzutreiben. Und als einmal der Rektor aus seinem Dispositionsfonds auf meinen Antrag eine kleine Summe anwies, um einen besonders günstigen Gelegenheitskauf abzuschließen — es handelte sich um Derschaus Neudrucke altdeutscher Holzschnitte, welche übrigens der Bibliothek einverleibt wurden, — kam vom Minister Raumer ein scharfer Verweis über solche Eigenwilligkeit und Verschwendung. Roggenbach, dem jede kleinliche Sparsamkeit am unrechten Orte verhaßt war und eine vornehme Ausstattung der Universität am Herzen lag, ging bereitwillig auf meine Vorschläge ein. Er wies mir eine große Summe an, um den Grundstock der Sammlung zu bilden und stellte einen

festen, vorläufig genügenden Jahresbeitrag zu ihrer Ergänzung in das Budget der Universität ein. Dank Roggen-
bachs zuvorkommender Liebenswürdigkeit konnte ich endlich
den alten Wunsch befriedigen und einen nach festen wissenschaftlichen Grundsätzen geordneten Apparat als Stütze der
Vorlesungen anlegen. Braun in Dornach wurde besonders
stark in Kontribution gesetzt. Meine Absicht ging dahin,
von der Thätigkeit einzelner hervorragender Meister ein
möglichst vollständiges Bild zu gewinnen. Ich wußte aus
eigener Erfahrung, daß, wenn man sich in einen Meister
ganz eingelebt, einen Künstler auf das Genaueste studiert
hat, auch der Zugang zum Verständnis anderer Meister
sich leichter öffnet. Außerdem sollten die anderen historisch
bedeutsamen Künstler so weit vertreten sein, daß aus den
vorhandenen Abbildungen ihre Natur und ihre wesentliche
Entwickelung klar hervortrat. Ein besonderes Gewicht legte
ich auf eine reiche Sammlung von Handzeichnungen. Mit
leichter Mühe und verhältnismäßig geringen Kosten ließen
sie sich, dank der Photographie, beschaffen. Was hätten
wir Alten darum gegeben, wenn wir in unsern jungen
Tagen über so reiche Schätze von Handzeichnungen verfügen, für jede strittige Frage sie zur Vergleichung heran-
ziehen, bei jedem Stilzweifel hier Rat holen können.
Jetzt konnte man dem Anfänger die eigene Handschrift der
Künstler vorlegen, ihm die Schöpfung eines Kunstwerkes
an der Hand der Skizzen und Studien Schritt für Schritt
klar machen. Der Straßburger Apparat ist meines Wissens
der älteste, wissenschaftlich geordnete an deutschen Hoch-

schulen, welcher sowohl dem Lehrer als sichere Handhabe
dient und dem Jünger und Schüler ein selbständiges
Studium gestattet. Im Laufe von fünf bis sechs Jahren
hoffte ich die empfindlichsten Lücken auszufüllen und über
einen genügenden Anschauungsstoff zu verfügen. Wo war
ich in fünf Jahren?

Alles schien sich in Straßburg zum Besten zu wenden
und war danach angethan, mich in meinem neuen Wirkungs-
kreise zufrieden zu stellen, bis auf einen wunden Punkt.
Die Behörden kamen mir in der liebenswürdigsten Weise
entgegen. Mit der Familie des Gouverneurs, des feingebildeten Generals von Hartmann, verkehrten wir auf
ganz freundschaftlichem Fuße. Der Regierungspräsident
von Ernsthausen erwies mir in allen Dingen das größte
Wohlwollen. Bei seiner Unbefangenheit und seinem ungewöhnlichen Scharfblick in der Beurteilung der Sachlage,
war er einer der besten politischen Ratgeber. Nur der
Oberpräsident, Herr von Möller, ließ den alten Groll gegen
mich nicht fahren, zeigte mir von allem Anfang an unver-
holen seine Abneigung. Möller versah aber, nach Roggen-
bachs leider viel zu frühem Abgange, zunächst auch das
Amt des Universitätskurators. Mit ihm hatte ich als
Prorektor fortwährend zu verhandeln, von ihm war die
Erfüllung meiner Wünsche als Professor vielfach abhängig.
Möllers offenbare, auch Fremden auffällige Feindschaft ließ
mich für eine gedeihliche Wirksamkeit in Straßburg mit
Recht fürchten. Und der schlimme Zufall wollte, daß ich
gleich bei meinem ersten Besuche seinen Zorn neu anfachte.

Das Gespräch war auf Stereoskope gekommen, welche Möller mir als unentbehrliches Hilfsmittel bei den Vorlesungen empfahl. Ich erwiderte, daß nach meinen Versuchen und Erfahrungen ein großer praktischer Nutzen nicht abzusehen sei und ließ mich verleiten, die Stereoskope als Salonspielerei zu bezeichnen. Ich hatte vergessen, daß Herr von Möller ein enthusiastischer Verehrer der Stereoskope war, mehr als ein Dutzend besaß und viele tausend stereoskopische Bilder gesammelt hatte. Nun war auch sein Stolz als Kunstkenner verletzt und auf seine Kennerschaft legte er das größte Gewicht.

Gleich in den ersten Tagen nach der Einweihung der Universität begannen die Reibungen. Das Fest der Einweihung war doch nicht ohne jede Störung verlaufen, wie wir Straßburger meinten. Am Abend des Festtags, als das Münster im bengalischen Feuer strahlte, eine riesige Menschenmenge den Münsterplatz und die Terrasse des Schlosses füllte, ertönte plötzlich von der offenen Schloßtreppe her ein langer, schriller Pfiff. Kein Mensch dachte etwas anderes, als daß damit für die Franzosenfreunde das Signal zur lärmenden Opposition gegeben würde. Zwei Herren eilten von der Terrasse zu der mit ihr verbundenen Treppe, um den Störer gebührend zur Ruhe zu weisen. Sie konnten nicht wissen, daß der Unruhestifter — es war der ehemalige Direktor des germanischen Museums, Aufseß — die Gewohnheit besaß, seinen Diener mit einer Hundepfeife zu rufen, auch nicht ahnen, daß er schlecht auf den Beinen stand, bei seinem Rückzuge stolperte und einige

Steinstufen herabfiel. Nun wollte es gar das Unglück, daß Aufseß einige Tage darauf starb, nicht an den Folgen des Falles, sondern an einer alten Krankheit, welche er durch seine leichtsinnige, ganz überflüssige Reise von Nürnberg nach Straßburg verschlimmert hatte. Aber die französischen Blätter und leider auch viele deutsche, bauschten den unangenehmen Vorfall zu einer wahren Staatsaktion auf. Der Oberpräsident war über die Maßen verdrießlich, zugleich schwach genug, sich gegen die, von radikalen Zeitungsschreibern verlangte Sühne nicht fest zu stemmen. Ein Opfer sollte den Manen des Verstorbenen gebracht werden. Wer sollte aber als Opfer fallen? Von den zwei angesehenen Männern, welche angeblich durch ihr rasches Zugreifen Aufseß geschädigt hatten, gehörte einer dem Beamtenstande, der andere der Universität an. Der Oberpräsident verteidigte eifrig die Unschuld seines Untergebenen. Sollte ich den Kollegen preisgeben? Ich bestand darauf, daß beide als gleich schuldig, oder wie es die Wahrheit war, als gleich unschuldig erachtet werden müßten. Es kam zu scharfen Worten, bis ich endlich drohte, daß ich gegen jedes einseitige Vorgehen gegen meinen Kollegen an den Korporationsgeist der Universität mich berufen und vor keinem Schritt zu seiner Verteidigung zurückweichen würde. Darauf wurde die ganze leidige Angelegenheit begraben und vergessen. Noch bei vielen andern Anlässen merkte ich die ungünstige Gesinnung des Oberpräsidenten. Doch das alles hätte ich ertragen, da nur meine gesellige Stellung darunter litt, meine öffentliche Wirksamkeit davon nicht berührt wurde.

Bald aber trat eine Lebensfrage an mich heran, deren
Entscheidung vorwiegend in die Hände Möllers fiel. Ich
gewann, wie die meisten andern Professoren, bald die
Überzeugung, daß an eine größere Lehrthätigkeit erst nach
mehreren Jahren gedacht werden könne. Die Begeisterung
reichte denn doch nicht hin, die Studenten nach Straßburg
in reicherer Zahl zu ziehen. Viele unleugbare praktische
Bedenken ließen die Eltern zögern, der Mangel an studenti=
scher Unterhaltung die Herren Söhne flotte Universitäten
vorziehen. Wäre es nicht möglich, außerhalb der Univerſität
das Kunstinteresse im Elſaß zu heben? Ich hatte Auf=
nahmen der alten Denkmäler, kleine periodiſche Ausſtellungen,
Anfänge eines kunstgewerblichen Museums im Kopfe. Viele
Mitglieder der Verwaltung, auch altrheiniſche Bürger, nicht
die Notabeln, ſondern Gewerbetreibende, echte, gute Ver=
treter des Mittelſtandes, gingen auf meine Abſichten ein.
Ich leugne nicht, daß dieſe Pläne auch einen politiſchen
Hintergedanken beſaßen. An ein Zuſammenrücken mit der
einheimiſchen Bevölkerung auf politiſchem Gebiete war zu=
nächſt nicht zu denken. Wir vermieden nach Möglichkeit
jeden Anlaß zu Reibungen, um wenigſtens den äußern
Frieden aufrecht zu halten. Wohl ſchien es mir dagegen
möglich, auf neutralem Boden einträchtig neben, bald viel=
leicht auch miteinander zu arbeiten. Hatten ſich Einheimiſche
und Zugewanderte auf dieſe Art an einen gemeinſamen
zwangloſen Verkehr gewöhnt und jene die Überzeugung
gewonnen, daß auch die ſogenannten „Altdeutſchen" für
das Wohl und die Intereſſen der neuen Heimat mannhaft

einstehen, so durfte man auf eine allmähliche Ausgleichung
der schroffsten Gegensätze hoffen. Mit dieser Meinung
stand ich keineswegs allein, namentlich schien der Gedanke,
mit einer Anrufung der kunstfreundlichen Elemente im
Elsaß den Anfang zu machen, vielen fruchtbar. So oft
ich aber dem Oberpräsidenten meine Wünsche und Absichten
andeutete, hüllte er sich in eisiges Schweigen. Bald bekam
ich das Recht, jene dringender zu fassen. Als ich den Ruf
an die Leipziger Universität empfing, ließ ich durch das
Kuratorium dem Oberpräsidenten mitteilen, daß ich auf
jeden persönlichen Vorteil verzichte, dagegen das dringende
Begehren stellen müsse, daß nun für eine regere Kunst-
pflege im Elsaß gesorgt, namentlich die Gründung eines
Museums ernstlich ins Auge gefaßt werde. Auf diese Erklärung erhielt ich niemals eine Antwort. Noch wollte ich
einen letzten Versuch wagen. Der Stadt war für die
abgebrannte Gemäldegalerie und Bibliothek eine Entschädi-
gungssumme von über eine Million Franken zugesprochen
worden. Für die Bibliothek war unterdessen reichlich gesorgt worden. Um so eher durfte ich einen Teil der
Summe für Kunstzwecke ansprechen. Mit Zustimmung des
Bezirkspräsidenten und Gouverneurs und nach vertraulicher
Rücksprache mit unsern angesehenen einheimischen Bürgern,
wurde eine öffentliche Versammlung auf dem Rathause
einberufen, vor welcher ich meine Vorschläge ausführlich
entwickeln sollte. In langer Rede stellte ich sowohl die
materielle Möglichkeit, eine Kunstgewerbeschule zu errichten,
wie die großen Vorteile für das Land durch Hebung des

Kunstgewerbes so eindringlich als möglich vor. Die Stiftung
eines Museums streifte ich nur, da ich nicht durch den
Umfang meiner Pläne die Leute gleich von allem Anfang
her erschrecken wollte. Als ich meinen Vortrag geendigt
hatte, merkte ich aus dem Beifall und vielfachen Bemerkungen, daß ich nach dem Herzen der Mehrheit gesprochen hatte. Natürlich war ich auf die Gegenrede eines
Franzosenfreundes gefaßt und vorbereitet. In einer zweiten
Ansprache wollte ich meine Argumente noch beweiskräftiger
gestalten. Auf diese hatte ich meine besten Waffen auf-
gespart. Und der Gegner, ein ehemaliger Schuldirektor,
namens Goguel oder Gockel, machte mir die Sache noch
leichter. Er las eine längere Schrift ab, welche mit dem
Satze schloß, daß ja die Universität Geld genug habe, um
auch Professoren der schönen Künste anzustellen, ein weiteres
ganz überflüssig sei. Rasch erhob ich mich zur Antwort.
Ich war überzeugt und bin es auch heute noch, daß es
mir gelungen wäre, die große Mehrheit der Versammlung
zu einem Beschlusse oder zu einer von mir bereits ent-
worfenen Erklärung hinzureißen. Da ergriff mich der
Oberpräsident, welcher neben mir saß, am Arm und gebot
mir, kraft seines Amtes, unbedingtes Stillschweigen. Das
letzte Wort und den Schein des Sieges behielt Herr Goguel.
Nun war es mir klar, daß meines Bleibens und erfolg-
reichen Wirkens in Straßburg nicht sei. Meine Lehrthätigkeit mußte noch lange eingeschränkt bleiben, mich in
anderer Art dem Lande nützlich zu erweisen, verwehrte
das persönliche Mißtrauen Möllers. Daß nur dieses die

Quelle der Erfolglosigkeit meiner Wünsche war, zeigten die Ereignisse späterer Jahre. Viele meiner Vorschläge sind nachmals von Herrn von Möller mit kundiger Hand und sichtlichem Wohlwollen durchgeführt worden. Schweren Herzens erklärte ich die Annahme des Leipziger Rufes und bekam darauf in ungnädiger Form meine Entlassung.

Zu Ostern 1873 übersiedelte ich mit meiner Familie nach Leipzig.

Hier lege ich meine Feder nieder. Die innere Entwickelung meines Lebens war zu Ende. Wenn man das halbe Jahrhundert überschritten hat, baut man nicht mehr heimlich traute Nester, sondern sucht wesentlich nur nach Schutz gegen die Unbilden des Alters. Ich fand in Leipzig manche gute Freunde. Die besten freilich verzogen oder starben bald nach meiner Ankunft, wie Freytag, Salomon Hirzel, Härtel. Meine akademische Wirksamkeit begann eine neue Blüte, hatte noch intensivere Erfolge als jene in Bonn. Viel Leid, aber auch viel Freude erlebte ich. Die Kinder, selbständig geworden, zogen aus dem Hause. An ihre Stelle rückten Enkel. Allerdings war der Anlaß dazu ein namenlos trauriger. Unsere älteste, vielgeliebte Tochter Cara starb nach kurzer Ehe. Nach einigen Jahren verloren die hinterlassenen drei Kinder auch den Vater. Und so waren wir alten Großeltern verpflichtet, wieder Vater- und Mutterstelle zu vertreten. Ein Gutes hatte das schwere Unglück. Unsere halbentblätterten Lebensbäume begannen durch den Verkehr mit den frischen Enkeln Maria, Fritz und Martha Engelmann wieder zu grünen und mit

Laub sich zu schmücken. Namentlich meine Isabella ver-
jüngte sich wieder und durfte neben den schweren Sorgen
der Krankenwärterin nun auch die fröhlicheren Pflichten
der Mutter übernehmen. Denn seit ich in Leipzig lebe,
ist meine Gesundheit stets Schwankungen unterworfen. Nur
die größte Schonung hält, wer weiß wie lange noch, mich
aufrecht. Auf alle äußeren Lebensgenüsse muß ich seit
Jahrzehnten verzichten. Aber ich bin doch glücklich im
Schoße meiner Familie, zufrieden, daß ich meine Thätigkeit
als Lehrer fortführen, meine Wirksamkeit als Schriftsteller
sogar erweitern kann. Katheder und Schreibtisch sind jetzt
die beiden Pole, um welche sich mein Leben bewegt. Möchte
die Nachwelt, wenn sie dieses Leben an sich vorüberziehen
läßt, von mir sagen:

Er hat nicht umsonst gelebt!

Anhang.

I.

Unfere Friedensziele.
Afademifche Feftrede gehalten zu Bonn am 22. März 1871.

Ihrer Ehrenpflicht eingedenf, verfammelt fich heute die
Univerfität, um am Geburtstage des föniglichen Schirm=
herrn diefem ihre herzlichen Wünfche auszufprechen, für
den erwiefenen gnädigen Schutz zu danfen, die fernere
Gunft zu erbitten. Sie fchreitet an das Werf in mächtig
gehobener Stimmung, mit begeifterter Empfindung. Denn
wahrlich, wenn jemals, fo ift in diefer Stunde der helle
Jubel, der braufende Freudenfturm berechtigt. Heute zum
erftenmal gefellt fich in diefen Räumen zu dem alten be=
währten Rufe: Heil dem König, der andere, fo hoffnungs=
reiche: Heil dem deutfchen Kaifer; heute leben und atmen
wir alle unter dem unmittelbaren Eindrucke des großen
Ereigniffes, das erft unfere Siege wahrhaft frönt und das
föftlichfte Friedensgut bildet: Es tagt der einige deutfche
Reichstag in Berlin, Preußens Ziel und Beftimmung find
erreicht, Deutfchlands Schicffal vollendet!

Niemand dürfte uns tadeln, wenn wir in einem Augen=
blicke, wie er fo rein und fo herrlich niemals in unferer
Gefchichte wiederfehren fann, dabei verweilten, den wohl=

erworbenen Ruhm mit vollen Zügen zu genießen, wenn wir die Augen schlössen wie vor der bitteren Not der Vergangenheit, so vor den Sorgen und Gefahren, die der Zukunft Schoß in sich birgt, und nur der Größe der Gegenwart huldigten.

Doch es soll von uns nicht gesagt werden, wir könnten zwar die Tapferkeit unseres glorreichen Heeres bewundern, aber wären unfähig, seine Selbstbeherrschung und weise Voraussicht nachzuahmen. Was die Gegner, so blind sie auch sonst der Haß und so ungerecht die Wut der Leidenschaft macht, an unseren Soldaten staunend anerkennen, ist die Pflichttreue, mit welcher diese am Morgen auch der entscheidendsten Siege unverdrossen die Waffen übten, der Ernst, mit welchem sie unbeirrt von allen erstrittenen Erfolgen stetig auf ihre Aufgaben sich vorbereiteten, als wäre noch nichts bisher geleistet worden, und der eigentliche Kampf erst im Beginne.

So mögen auch wir über dem bereits Vollbrachten nicht unsere künftigen Ziele vergessen, uns vielmehr erinnern, daß mit den Rechten auch unser Pflichtenkreis gewachsen ist und die Siege im Felde unfruchtbar bleiben würden, wenn wir es nicht verstehen, sie auch durch die friedliche Thätigkeit zu befestigen und weiterzuführen.

Es war am Abend der Kanonade bei Valmy, daß Goethe, von befreundeten Lagergenossen um seine Meinung befragt, die denkwürdigen Worte aussprach: „Von hier und heute geht eine neue Epoche der Weltgeschichte aus, und ihr könnt sagen, ihr seid dabei gewesen." Wer von uns

hätte nicht nach dem Tage bei Sedan und nach der Ka-
pitulation von Paris jener Worte gedacht, wer sie nicht
unwillkürlich wiederholt?

Als unsere Heere zuerst die in einer Hand zusammen-
gefaßte, geordnete Macht eines sieggewohnten Volkes zer-
schmetterten, als sie dann die gegen den Feind aufgerufenen
elementaren Kräfte der Nation, schon einmal nach französischem Mythus die Retter des Staates und für das alte
Europa angeblich unüberwindlich, mit gleicher Wucht zer-
trümmerten: da wurde es auch dem kurzsichtigsten Auge
klar, daß in diesem Kriege kein Duell ausgefochten werde,
nach dessen Ende die Gegner einfach in die alten Beziehungen zurücktreten und alle Dinge unverändert wieder
ihren früheren Lauf nehmen. Die unerhörte Niederlage
der französischen Armeen und der ungeregelten Massen,
welche als das Volk in Waffen sich unseren Soldaten ent-
gegenwälzten, so sagte sich jedermann, schließt vielmehr
auch den Sturz der alten französischen Staatsmacht in sich
und bedroht selbst die Fortdauer der Kulturherrschaft, welche
Frankreich unleugbar, wenn auch nicht so ausschließlich, wie
der nationale französische Stolz wähnt, bisher ausgeübt
hat. Die Stellung der Großstaaten und Hauptvölker
Europas zu einander erscheint wesentlich verändert, die
Entwickelung der Menschheit von den alten Bahnen abge-
lenkt und auf neue Ziele gerichtet.

Plötzlich und unerwartet sind die Ereignisse, welche
diesen Wechsel herbeigeführt haben, eingetreten, daß zunächst
fast alle Welt in banger Spannung und dumpfer Unruhe

beharrt. Der beschränkte Sinn kennt nur mechanische
Wiederholungen in der Geschichte und glaubt, weil Frank=
reich geschlagen und Deutschland siegreich, so werde dieses
nun die Stelle des ersteren einnehmen, Frankreichs Erb=
schaft antreten. Daher stammt bei den angeblich Enterbten
der Grimm und Haß, bei den von der Erbschaft Ausge=
schlossenen der Neid und die Mißgunst. Unsere Sache
kann es nicht sein, der heilenden und alles Trübe klärenden
Wirkung der Zeit vorzugreifen. Sie allein wird die Vor=
urteile und Irrtümer zerstreuen und die Leidenschaften,
deren giftige Pfeile gegen uns geschleudert werden, dämpfen.

Sie wird aber ihr Werk um so rascher vollbringen, je
lebendiger sich in uns das Bild dessen, was wir wollen
und sollen, gestaltet. Die Umrisse wenigstens sind gegeben
und leicht festzuhalten, denn sie sind durch die Natur und
die vergangene Entwickelung unseres Volkes unverwischbar
bestimmt. Beide, sowohl der natürliche Charakter wie die
Vergangenheit der deutschen Nation schließen das uns zu=
gemutete Gelüste nach dem französischen Erbe aus.

Der Grund, auf welchem sich Frankreichs Größe, seine
politische Macht und sein Kultureinfluß aufgebaut hat, ist
der Absolutismus. Nicht das Zerrbild, das die meisten
deutschen Höfe in den letzten Jahrhunderten boten, die
kleine Dynastentyrannei, ohne Halt im Volke, ohne große
Ziele des Wollens, mit willkürlichen Launen nur die Ohn=
mächtigen drückend, dagegen in kriechender Demut vor jedem
Stärkeren: sondern das gewaltige Königtum, das die Kräfte
der Nation in sich zusammenfaßt und dem Zuge und Drange

des Volkes einen vollen, bewußten Ausdruck verleiht, welches zwar die Fülle der Macht und Herrlichkeit auf eine Person überträgt, diese Person aber von den großen Interessen des Staates durchdrungen, von den Idealen der Volkes ergriffen zeigt. Ludwigs XIV. Anspruch, als der erste Fürst der Christenheit begrüßt zu werden, wäre hohl und eitel gewesen, hätte sich nicht mit demselben untrennbar das Bestreben verknüpft, auch sein Land und Volk zum ersten und größten der Welt zu erheben. Seine Forderung unumschränkter Herrschaft im Staate wäre gleich im Anfang auf den härtesten Widerstand gestoßen, wenn sie nicht an dem Ehrgeiz der einzelnen und der Ruhmesbegierde der ganzen Nation, die auf solche Art den glänzendsten Antrieb erfuhren, Verbündete gewonnen hätte.

In dem Ziele, Frankreich zu dem „geldreichsten, gebildetsten, militärisch am besten gerüsteten und befestigten" Lande der Welt zu machen, traf er mit der Stimmung und den Wünschen des Volkes zusammen, das sich um diesen Preis willig zum unbedingten Gehorsam, zur Einförmigkeit im Denken und Handeln bequemte, für die innere Gebundenheit reichen Ersatz fand in der ungebundenen Macht und Herrschaft nach außen. Wenn der König der Nation gegenüber als sein Recht geltend machte: Niemand über mir, ich über alle, so ließ sich das Volk von dem gleichen Wahlspruche in allen Kulturverhältnissen und in den Beziehungen über die Landesgrenzen hinaus leiten und hielt daran fest, auch nachdem es das unerträglich gewordene Joch der absoluten Monarchie abgeschüttelt hatte. Der

Rahmen hat oft gewechselt, aber das Bild ist stets das=
selbe geblieben. Immer ist es in Frankreich ein einziger
Mittelpunkt, von dem alles Leben und selbständige Wollen
ausgeht, welcher allein Gesetze gibt und Regeln schafft,
dessen Glanze zuliebe alle anderen Kreise zur tiefsten
Abhängigkeit herabgedrückt werden. Zu jeder Zeit gibt es
hier eine bestimmte Lehre, mag sie bald diesen, bald jenen
Namen führen, welcher sich alle Geister unbedingt beugen,
eine Mode, der sich alle Eingeborenen gern unterwerfen
in der stolzen Aussicht, durch dieselbe die übrige Welt zu
beherrschen. Bis zu dieser Stunde wird der strengen Ein=
förmigkeit in Denkweise und Einrichtungen gehuldigt, in
ihr der eigentümliche Vorzug der französischen Nationalität
erblickt.

Ein solcher Absolutismus ist der deutschen Natur fremd.
Wir haben zwar viel Trübes in unserer Vergangenheit
erduldet, oft gar schwere Schädigungen des Rechtes erfahren
und große Einbußen an unserer Freiheit erlitten. Wir
haben das absolute Regiment in Staat und Kirche auch
auf vaterländischem Boden sich ausbreiten gesehen, sogar
das französische Staatswesen und Kulturleben als benei=
denswerte Muster preisen und zur Nachahmung empfehlen
gehört. Dennoch blieb der Absolutismus stets nur äußerlich
an uns haften und scheiterte jeder Versuch, demselben auch
das Rechtsgefühl, die sittliche Empfindung, die Bildung
unterthan zu machen, an unserem angeborenen Sinne für
individuelle Freiheit, an der uns tief eingepflanzten Achtung
für die Selbständigkeit alles geistigen Thuns.

Forschen wir bei unseren besten Männern nach dem
innersten Grunde ihres politischen Verhaltens, fragen wir
das einfache Volksgemüt, durch welches Band es am stärksten
an den Staat geknüpft wird, so tritt uns hier und dort
eine wahrhaft religiöse Auffassung entgegen. Eine ernste
Gewissenssache ist uns jede öffentliche Thätigkeit, an die
wir den sittlichen Maßstab anzulegen nicht allein berechtigt,
sondern auch verpflichtet sind, mit dem Scheine der Heiligkeit
umkleiden wir gern die Ordnung des Staates, und nicht
als bloße Schuldigkeiten, uns aufgezwungen, sondern als
Opfer, in freier Selbstentäußerung dargebracht, erscheinen
uns die Dienste, die wir dem Staate leisten. Die allge=
meine Wehrpflicht, die Landwehr konnten daher in Deutsch=
land eingebürgert werden, weil hier die fromme Hingabe
an den Staat die allgemeine Volksgesinnung bildet. Wollte
eine andere Nation jene Institute bei sich erfolgreich ein=
führen, so müßte sie erst diese Gesinnung wecken und ent=
wickeln. Aber eben weil wir — und wir allein unter
den modernen Völkern — mit religiöser Empfindung zum
Staate hinaufblicken, verlangen wir von ihm, daß er diese
Wurzel seiner Stärke nicht eigenwillig zerstöre, nicht sich
unterzuordnen und zu beherrschen die Anmaßung habe, was
ursprünglicher und umfassender ist, als er selbst. Unan=
getastet muß uns bleiben das reiche Gemütsleben, die freie
Beweglichkeit des Geistes, die Unabhängigkeit des sittlichen
Urteils, welche jeder Empfindung erst wahren, dauernden
Wert verleihen. Der Staat muß es ertragen, daß wir in
alle Verhältnisse, die unser Dasein bestimmen, den gleichen

Ernst, die gleiche Hingabe tragen, welche unsere Beziehungen zum Staate auszeichnen, es muß dieser sich beschränken lernen und neben sich die Gerechtsame anderer Kreise anerkennen.

Darin liegt der Grundunterschied zwischen französischem und deutschem Wesen. Während der Schöpfer der französischen Größe dem Zweck des Staates alles unterordnet, neben diesem keine andere Macht duldet, jeden fremden und vom Könige unabhängigen Einfluß bricht — die gallikanischen Freiheiten und die despotische Aufhebung des Edikts von Nantes stammen bekanntlich aus derselben Quelle — und allen Kräften der Nation die Fühlung, in welcher sie sich zu bewegen haben, anweist: läßt bei uns Friedrich der Große jeden nach seiner Façon selig werden.

Man hat dem großen Könige oft ein undeutsches Wesen, Geringschätzung und schlechtes Verständnis der vaterländischen Natur vorgeworfen. Dieses sein Wort ist echt deutsch. Es ist die unumwundene Anerkennung der freien inneren Selbstbestimmung und bedeutet den Verzicht auf die unbedingte Regelung des geistigen Lebens durch die Gewalt des Staates. Die Schranke, die dem letzteren durch die Volksnatur gezogen wurde, machte es allein möglich, daß wir bei geringen politischen Rechten doch die persönliche Unabhängigkeit im Denken und Wollen uns wahrten, daß der Verfall des Staates nicht auch jenen der Volkskraft nach sich zog, in Zeiten bitterer Not aus dem Schoße der in ihrem Kerne unversehrten Nation Heil und Rettung kommen konnte. Unser urwüchsiger Haß gegen alles Einförmige,

unser guter Wille, das eigene Recht durch die Achtung
fremden Rechtes zu schützen und das Verständnis jeder ehrlichen Anschauung, jeder ernsten Lebensform zu gewinnen,
mag sie auch der eigenen widerstreben, gab uns die Fähigkeit, Aufgaben zu lösen, welche in alten und neuen Zeiten
für widerspruchsvoll, oder wohl gar unmöglich gehalten
wurden. Wir haben allen Verfassungsschablonen zum Trotze
einen monarchischen Bundesstaat gegründet, frei von der
Furcht, daß fürstliche Vollgewalt herrisch die Schranken des
Bundes durchbrechen oder schnöde Selbstsucht der Bundes-
glieder die Einheit und den Nachdruck des Handelns hindern
werde; wir hoffen zuversichtlich auf ein einträchtiges und
gesundes nationales und politisches Leben, obschon der tiefste
Spalt, der Menschen überhaupt trennen kann, der Gegensatz
des Glaubens und des Bekenntnisses mitten durch unser
Volk geht. Nur unsere Ehrfurcht vor dem Rechte der
Selbstbestimmung, nur unsere wohl erprobte Kraft der
Selbstbeherrschung verleihen uns den Mut, bis zum Ziele
vorzubringen.

Solange diese beiden Eigenschaften von uns nicht weichen
— und wir wollen und werden sie zu unserem eigensten
Besten wahren — so lange ist der in allen fremden Zungen
ertönende Angstruf, als wäre durch uns die Unabhängigkeit
aller Länder bedroht, das wirksame Dasein jeder andern
Kultur in Gefahr, hohl und leer. Weil der deutsche Staat,
seine Macht und seine Größe auf der freien Hingabe des
einzelnen Mannes beruht, bleibt die Genossenschaft an demselben notwendig auf die Stämme beschränkt, bei welchen

ein gemeinsames Schicksal jene Hingabe und Opferwilligkeit entwickelt, das deutsche Wesen, der deutsche religiöse Sinn sich unversehrt erhalten hat.

Zwar sperren wir uns nicht hochmütig gegen die Fremde ab. Neckes Wagen des Glückes fern von der Heimat, rastloses Aufsuchen neuer Thätigkeitskreise ist stets des Deutschen Lust gewesen. Kein Volk auf Erden besitzt eine solche Expansivkraft und ist so zahlreich in allen Zonen vertreten, wie das deutsche. Gerade in dieser großen Zeit zog der Zweig der deutschen Familie, der jenseits des Meeres sich ausgebreitet hat, unser Auge auf sich. Die begeisterte Teilnahme, mit welcher die Deutschen in Amerika unsere Kämpfe begleiteten, der brausende Jubel, mit welchem sie unseren Siegen zujauchzten, hat uns nicht wenig gestärkt, die thatkräftige Hilfe, welche sie unseren Verwundeten sandten, uns zu hohem Danke verpflichtet. Aber dieselben Männer, die für ihr Mutterland innig zu empfinden, dessen Schicksale mit liebevollem Blicke zu verfolgen nicht aufhörten, sind zugleich die besten Bürger, deren sich der nordamerikanische Freistaat rühmt. Sie haben im Augenblicke der höchsten Gefahr, als alles auf dem Spiele stand, selbst die nächsten Stammgenossen von der Sache Nordamerikas als einer verzweifelten sich abwandten, ihr Gut und Blut für das neue Vaterland hingegeben, sie sind es, in welchen der Glaube an die hohe Bestimmung Nordamerikas am lebendigsten ruht.

Denn der Deutsche bringt in jede politische Genossenschaft, in welche er eintritt, seine ideale Anschauung von

der sittlichen Würde des Staates, von seiner persönlichen
Opferpflicht mit. Und von dieser Anschauung sollten wir
jetzt, nachdem dieselbe so großartig sich bewährt, abweichen,
auf die Vertiefung des Staatslebens um den gar zweifel=
haften Preis ungemessener äußerer Ausdehnung verzichten?
Nein, wir werden ebensowenig zu einem rohen Eroberer=
volke ausarten, als es unsere Absicht ist, unsere Kultur als
die alleinseligmachende anderen Nationen mit Gewalt auf=
zubrängen. Der stolzen Hoffnung leben wir aber allerdings,
daß in dem neuen Reiche, das wir dem Siege unserer
Waffen verdanken, die deutsche Bildung stetig wachsen und
sich entwickeln und dann auch den berechtigten Einfluß in
Europa gewinnen werde. Wir sind längst von aller Welt
gehaßt gewesen, seit einigen Jahren werden wir gefürchtet,
in der Zukunft sollen und werden wir geachtet werden.
Die Rechtstitel mangeln nicht, um einen solchen Anspruch
zu begründen und zu stützen.

Wer die Kulturzustände bei unseren Nachbarn jenseits
der Vogesen ruhig und unbefangen geprüft, wer sich die
Mühe genommen, die lockende oberste Glanzschicht abzulösen
und bis zum Kern vorzudringen, dessen Überzeugung stand
längst fest, daß jene des inneren festen Haltes entbehren
und auf keine gesunde lange Dauer rechnen können. Die
neuere französische Bildung hat sich nicht aus der Tiefe
des Volksbewußtseins mit Notwendigkeit entwickelt. In
der gewaltigen Geisterschlacht, deren Schauplatz England im
siebenzehnten Jahrhundert war, hatten die kühnsten Ge=
danken, die keckſten Urteile über Gott und die Welt, die

herbsten Schlüsse auf die Natur und die Schicksale der
Menschheit rücksichtslos miteinander gerungen. Sie wan=
derten nach Frankreich hinüber und wurden hier von dem
für jede Anregung offenen, durch die ersten Spuren des
heimischen Verfalles erschreckten Geschlechte mit Hast als
Rettungsmittel angenommen. Sie empfingen die glänzendste
Fassung, den feinsten, zierlichsten Schliff. Was ihnen aber
nicht gegeben werden konnte, das war die lebendige, feste
Beziehung zu den Volksgedanken, die stetige Wechselwirkung,
die in gesunden Kulturperioden zwischen den Idealen der
Bildung und der allgemeinen Sitte, den in der tiefsten
Seele der Nation wurzelnden Anschauungen beobachtet wird.
Seit mehr als hundert Jahren stehen sich in Frankreich
zwei Kulturwelten in schroffem Gegensatze gegenüber. Die
eine in den tonangebenden Kreisen und in der Bevölkerung
der großen Städte zu Hause, mit leidenschaftlichem Feuer
alles Neue umfassend, unduldsam gegen die Überlieferung,
unbekümmert, ob der Boden für die neue Saat vorbereitet
sei, diese ungereinigt und ungesiebt überallhin auswerfend,
voll Kriegsbegier und Angriffslust gegen die alten Vor=
stellungskreise: die andere, die große Masse des Volkes in
sich schließend, beinahe bewegungslos, eingeengt im Urteile,
voll Mißtrauen gegen alles Wissen, willfährig, in geistiger
Beschränktheit und Abhängigkeit zu beharren, widerwillig,
andere Gedanken zu nähren, als welche schon die fernsten
Vorfahren gesättigt hatten.

Nicht notwendig stoßen diese Gegensätze schon bei dem
ersten Anprall feindlich zusammen. Die Flüchtigkeit des

Gedankens, die Gewandtheit der Form kann dieselben eine
Zeit lang verborgen halten. Wo Sitte und Bildung ein=
ander widersprechen, einigt die Sittenlosigkeit, wo das Neu=
schaffen Gefahren bringt und den Kampf heraufbeschwören
möchte, begnügt man sich mit dem Niederreißen. Aber in
einer Stunde, wie sie jetzt über Frankreich gekommen ist,
in welcher nur die ernste Einkehr, nur das Festklammern
an einheitliche große Gedanken, das innigste Zusammen=
wirken der Nation auch im Geiste Rettung bringen kann,
da zeigt sich das Unheil solchen Zwiespalts. Das Volk,
das für ganz Europa zu denken und zu handeln glaubte,
an die Regel seiner Kultur die halbe Welt gebunden hatte,
sieht mit Entsetzen nun im eigenen Schoße die Zerrüttung
und Zuchtlosigkeit des geistigen Lebens wuchern, vermag
der Brust nur den rohesten Naturlaut zu entringen: den
Ruf nach Rache.

Nicht genug, daß es vom fremden Sieger nieder=
geworfen wurde, schlägt ihm jetzt, was seinen Ruhm bildete,
die eigentümliche Entwickelung seiner Bildung, die vom
Volksboden sich abgetrennt hatte, nur in der vornehmen,
üppigen Luft Europas flatterte, die tiefsten Wunden, wäh=
rend, wenn der Gott der Schlachten ungnädig sein Antlitz
von uns abgewendet hätte, unsere Bildung es gewesen
wäre, die uns die Rettung und das endliche Heil gebracht.
Denn die deutsche Bildung hat die Einheit mit der Volks=
sitte und dem Volksglauben sich bewahrt, keine einzige Blüte
gezeitigt, welche nicht aus dem Volksboden ihre beste Nah=
rung gezogen hätte.

Springer, Aus meinem Leben. 21

Lange freilich mußten die Keime in der Erde ruhen, bedeckt, aber auch geschützt durch fremde Kulturschichten. Schon beim ersten Eintritt in die europäische Völker-Gemeinschaft opferten wir eine edle Freiheit und einen sinnigen Glauben, dessen holder Zauber noch bis zu dieser Stunde jedes kindliche Gemüt umfangen hält, ein volles Weltalter dienten wir mit der Treue, deren nur die germanische Natur fähig ist, fremden Geistesmächten und huldigten demütig den Mustern der Gesittung, welche der Süden und Westen in stolzem Selbstbewußtsein uns vorführte. Erst in den letzten Jahrhunderten eroberte sich die deutsche Bildung nach harten Kämpfen, in schwerer Arbeit, die unsere Hände so schwielig machte, daß wir uns zunächst auf feine und zierliche Formen schlecht verstehen, ihre selbständige Kraft und entfaltete ihre volle Wirksamkeit.

Wir danken ihr heute nicht so sehr die einzelnen Erfolge, die sie bereits errungen hat, ihren ehrlichen Verzicht auf jeden blendenden Schein, der die Lüge und die Heuchelei trügerisch deckt, ihren unerbittlichen Wahrheitseifer, dem sie auch dann nicht entsagt, wenn er süße Täuschungen zerstreut und persönliche Opfer fordert. Wir danken ihr heute vor allem die Einheit, die sie uns, dem sonst so vielfach getrennten und tief gespaltenen Volke verliehen.

So weit auch übrigens unsere politischen und kirchlichen Wege auseinander gehen, so schroff uns sonst heilige Überlieferungen, liebgewonnene Gewohnheiten, Urteile und Vorurteile scheiden: in der Bildung fühlen sich alle guten und tüchtigen Männer eins, in ihr finden sie sich unauflöslich

mit einander verbunden. Die Welle, welche ein hervor=
ragender Forscher in der deutschen Wissenschaft erregt,
pflanzt ihre Ringe stets durch das ganze deutsche Geistes=
leben fort: dem Worte, das unsere Dichterfürsten gesungen,
lauscht mit der gleichen Andacht das naiv gläubige Gemüt,
wie der selbstbewußte stolze Mann, der die Grenzen der
menschlichen Erkenntnis mächtig erweitert; das deutsche
Kunstwerk ist sicher, von jedem klaren deutschen Auge ver=
standen und genossen zu werden. Wohl gibt es unsaubere
Menschen, welche, weil sie die Bildung fürchten, diese Kultur=
einheit mit List und Gewalt zu zerreißen sich rastlos bemühen.
Aber bereits der einfache Volksmund, der sie nicht in
unseren Bergen geboren behauptet, hat sie erkannt und
als Undeutsche, als Fremdlinge verdammt. Sie treiben
Nebelwolken auf, welche die Sonne auf kürzere oder längere
Zeit verbergen, aber sie nicht verschwinden machen können.
Die Sonne dringt doch durch und ein frischer Wind fegt
die letzten Reste des Nebels weg. Diese Kultureinheit
wird uns bleiben; denn sie gründet sich auf Eigenschaften,
die jenseits aller Gegensätze des Glaubens und Meinens
liegen, auf sittliche Empfindungen und Naturanschauungen,
die mit dem deutschen Wesen auf das innigste verwachsen
sind. Kein Bruch mit der frommen Weise, die in der
innersten Volksseele immer wiederklingt, Kraft und Halt in
jedem Schicksal gibt, das Leben schön, das Sterben leicht
macht, wird verlangt, um den kühnsten und höchsten
Schöpfungen des deutschen Geistes zu folgen, kein Haß
und keine Verachtung der Mächte, die im einfachen Volks=

21*

herzen verehrt werden, von jenen gelehrt. Ein weiter Weg
trennt zwar, was das Volk erfaßt hat und als Heiligtum
festhält, und was die Bildung als Wahrheit erkennt und
als ihren köstlichsten Schatz preist. Aber der Weg liegt
in einer Richtung, es ist derselbe Weg, der von der Ver-
heißung zur Erfüllung, vom Fuße des Berges zu seinem
Gipfel führt.

Auf die Kultureinheit, die es verwehrt, daß sich die
geistigen Kräfte der Nation feindselig gegeneinander kehren,
stützen wir die Hoffnung der ferneren Entwickelung unserer
Bildung, wir gründen sie ferner auf den konservativen
Sinn, den eine gnädige Fügung uns bisher unversehrt
erhielt. Nicht als ob wir mit jeder bestehenden Einrichtung zufrieden wären, als ob wir nicht zahlreiche und sogar
sehr dringende Wünsche der Änderung und Besserung man-
nigfacher Zustände hegten; aber zu den Grundlagen der
öffentlichen Ordnung und des sittlichen Lebens tragen wir
ein festes Vertrauen im Herzen, ein Fortbauen auf denselben, kein Niederreißen und Zerstören ist unser Ziel.
Ein solches Vertrauen, solche fröhliche Sicherheit muß aber
herrschen, soll die Bildung gedeihen. Man schmückt nicht
Trümmer, ziert nicht Schutthaufen. Oft schon hat das
Verhängnis ein Volk so weit getrieben, daß es nur in der
Umwälzung, im Umsturz aller geordneten Verhältnisse sein
Heil zu finden glaubte. Es ist aber dann nicht zu be-
wundern, mag auch das Schauspiel dem fernstehenden groß-
artig dünken, sondern zu beklagen, denn es lebt in solcher
Zeit geistig arm. Die individuelle Selbständigkeit erscheint

als Abfall von der allgemeinen Pflicht, jedes geistige Über=
gewicht als Versuch zu neuer Bedrückung, jedes Anstreben
besonderer Ziele als Sünde gegen die notwendige Gleich=
heit. Das ganze Volksleben nimmt eine elementare Form
an; nicht dem Reiche der Elemente aber, sondern der Welt
des hoch entwickelten, vielgegliederten Organismus gehört
die Bildung an, einer Welt, wie sie sich jetzt unserem
Auge farbenglänzend erschließt.

Noch niemals hat die deutsche Bildung, so reich ihre
Geschichte auch ist, sich im Schatten eines großen Staates
entfalten können. Es hat ihrer Gediegenheit nicht geschadet,
daß sie bisher gezwungen war, ausschließlich durch ihr eigenes
Verdienst, nur durch die persönliche Tüchtigkeit ihrer Schöpfer
getragen, Beachtung und Einfluß zu erwerben. Was sie
an Zierlichkeit und Feinheit der Form dadurch verlor,
gewann sie an Wahrhaftigkeit und reinem Ernst. Auf
höfische Bildung war nie unser Begehr gerichtet. Aber
wir verkennen auch nicht, daß die Unmöglichkeit, sich an
einen großen Staat anzulehnen, ihr einzelne Schranken
auflegte und die Lösung so mancher lockenden Aufgabe
verhinderte, und preisen die Gunst des Schicksals, daß es
ihr nun, da sie in völliger Reife prangt, gestattet ist, auch
mächtige politische Anregungen in sich aufzunehmen. Vor
allem wird die Wissenschaft, welche die sittlichen Ideen der
Nation bestimmt, wird die historische Bildung die kräftigste
Förderung empfangen.

Wenn in Deutschland die Geschichtschreibung so lange
Zeit unfruchtbar, das Muster der Trockenheit und Lange=

weile blieb, wenn es schon als Fortschritt galt, daß der
Historiker den moralischen Standpunkt platt hervorkehrte,
so lag die Schuld daran, daß wir das Getriebe eines
großen Staatswesens nicht verstanden, daß wir ein reiches
historisches Leben, dessen Bedingungen und Wechselfälle
nicht kannten, dessen Reize und Schönheiten nicht empfanden,
daß wir keine mächtigen politischen Eindrücke unmittelbar
erfahren haben. Erst in unseren Tagen nahm die deutsche
historische Wissenschaft, indem sie sich zugleich der Betrachtung neuerer Zeiten zuwandte, einen überraschenden Auf-
schwung, lernten die Geschichtschreiber, Charaktere zu erfassen,
Zustände zu schildern, Ereignisse zu deuten und zu erklären.
Wir dürfen wohl sagen, bei aller Ehrfurcht für die Be-
gabung der einzelnen Historiker, die wir als unsere Meister
preisen, daß sie diese Fähigkeit erwarben, weil sie endlich
dem deutschen Staate näher traten, ihn zu lieben und zu
verstehen strebten, welcher, wie er unsere nationalen Hoffnungen stützte, so auch das Bild innerlich notwendiger wahrhaft historischer Entwickelung und providentieller Bestimmung darbot, dem Historiker das Verständnis geschichtlicher
Bewegungen eröffnete. Und nicht dieser allein wird dankbar
den glorreichen Wechsel der Dinge empfinden. Auch dem
Dichter, dem Künstler mehren sich die Aufgaben, wächst
die Kraft, erweitert sich der Blick, füllt sich reicher die
Phantasie, wenn er inmitten eines lebendigen großen Staates
steht. Das leicht beschwingte Lied zwar fliegt empor, gleichviel ob Reiche steigen oder stürzen, aber die höchste Schöpfung
der Poesie, das Drama, die ergreifendste Leistung der Kunst,

das wahrhaft historische Gemälde, werden sich nur dann
der Vollendung nähern, wenn dem Dichter und Künstler
die Welt, wo die Größe der Leidenschaft der Größe des
Gegenstandes entspricht, der Preis des Kampfes des Opfers
wert ist, mit der Handlung unsere höchsten und heiligsten
Interessen verflochten sind, erschlossen wird   die historische
Welt. Wie soll er sie aber verstehen lernen, wenn er sie
nur aus dunkler Ferne zu betrachten gewohnt ist, wie kann
er auf die Empfänglichkeit des Volkes bauen, wenn der Leib
alles historischen Lebens, wenn der Staat in der ganzen
Fülle seiner Kraft und Herrlichkeit diesem nicht gegenwärtig
ist? Lange und mit Recht wurde es beklagt, daß die
historische Kunst in dem Blütenkranze deutscher Bildung
fehle. Diese Klage wird jetzt verstummen; denn was jene
bedingt und allein möglich macht, was sie fördert und hebt,
der Genuß eines mächtigen, freien Staatslebens, dessen sind
wir jetzt teilhaft geworden. —

Solcher stolzen Hoffnungen voll, wenden wir das Auge
wieder zu der Gestalt des Heldenkönigs, dessen Standhaftig-
keit und großem Sinn wir es danken, daß die deutsche
Nation gehobenen Hauptes, freien Blickes mutig und sicher
einherschreitet, und rufen, der Erhörung gewiß: Gott schütze
den König! Gott segne den Kaiser!

II

Rede zur Einweihung der Straßburger Universität
am 1. Mai 1872.

Unwiderrufliche lebendige That, greifbare Wirklichkeit
ist also geworden, was vor einer kurzen Spanne Zeit auch
nur zu träumen unserer Phantasie ein kühnes Wagnis
erschien, was selbst in den jüngsten Monaten noch klein=
gläubiger Sinn durch die Wucht der entgegenstehenden
Schwierigkeiten bedroht, in seiner Ausführung gehemmt
oder gar verstümmelt fürchten durfte. Die alte Universität,
in der kaisertreuen Reichsstadt Straßburg gegründet, ist
durch die Weisheit kaiserlicher Majestät als deutsche Reichs=
universität wieder erstanden. Sie beginnt heute, beglückt
durch die herzliche Teilnahme so vieler der besten Männer
Deutschlands, begrüßt mit jubelndem Zurufe aus allen
Gauen, den ersten Schritt in das Leben, sie tritt von
diesem Tage an in die ebenbürtige Genossenschaft der
deutschen Hochschulen. Eingedenk dieser ehrenvollen Ver=
bindung, wohl bewußt der Größe unserer Aufgabe, die
auch bei dem besten Willen und regsten Eifer jedes ein=
zelnen unter uns niemals aufhören wird, ein ideales Ziel
zu bleiben, halten wir Ruhmredigkeit heute für wenig ge=

ziemend. Für uns erbitten wir das freundliche Wohlwollen der Schwesteruniversitäten, welche in ununter-
brochener, segensreicher Wirksamkeit erstarkt sind und alle
bereits auf glücklich erlebte Jubeljahre zurückblicken können;
für uns heischen wir das Vertrauen und die Gunst der
neuen Mitbürger, mit welchen wir fortan Leid und Freud
teilen werden; für die heilige Sache aber, der wir pflicht-
treu dienen und alle Kräfte weihen, fordern wir Achtung
und Ehrfurcht. Wir stellen diese Forderung ohne Zagen,
im guten Glauben an ihre Erfüllung. Denn uns empfängt
hier altes Heimatleben, wir stehen hier auf einem klassischen
Boden deutscher Bildung und erkennen die innige Gemeinschaft des Wesens, je tiefer wir die Wurzeln unseres
nationalen Daseins ausgraben. Von dem ersten Erwachen
des germanischen Geistes an bis herab in die trüben Zeiten,
welche die alte deutsche Ordnung erschüttert und die freie
Willenskraft des Volkes für lange Menschenalter gebrochen
sahen, durchströmte die deutschen Stämme keine wichtige
Bewegung, deren Wogen nicht auch das alemannische Land
durchzogen hätten; keine schicksalbestimmende That wurde
vollbracht, an der nicht auch das Elsaß Teil nahm, keine
Stimmung durchzitterte das Volksgemüt, die nicht auch
hier ihren Widerhall fand. Die Schritte des Forschers,
der da ausgeht, die ältesten Erinnerungen des Volkes zu
erspähen und auf die Heldensagen zu horchen, welche den
seit der Götterdämmerung um das Leben des germanischen
Geistes gesponnenen Nebelschleier an einzelnen Stellen
durchreißen, bannt der Wasgauer Wald. Hier empfing

Siegfried von verräterischer Hand den Todesstreich, hier
tobte der grause Kampf Walthers mit Gunther und Hagen,
eben hier auch am Wasgenstein nahm die uralte Tiersage,
so durchglüht von Waldesduft und erfüllt von fröhlichem
Natursinn, zuerst einen deutschen Körper an.

Als eine neue, die christliche Weltmacht siegreich empor-
stieg und am Ende des ersten Jahrtausends unserer Geschichte auch die deutschen Stämme sich unterwarf, da
wandelte sich allerdings nicht gleich die altgewohnte Natur.
Ungefüge im Ausdruck, schwerfällig und wenig bewegt in
den Gedanken erscheint unser ältester christlicher Dichter,
der fromme Mönch von Weißenburg. Nachdem aber einmal das erste Widerstreben überwunden war, stieß die
innige Hingabe und die glühende Begeisterung für das
Ideal mittelalterlicher Bildung beinahe auf keine Schranke
mehr. Seit der Mitte des zwölften Jahrhunderts strahlt
dieselbe im reichsten Glanze. Die Völker des westlichen
Europa, in regen Wechselverkehr getreten, wetteiferten
untereinander in den Künsten des Friedens, tauschten
gegenseitig Sitten, Lebensformen und Anschauungen aus.
Über die nationalen Besonderheiten und Gegensätze hinaus
hob sich der höfische Stand, überall denselben geselligen
auf Straßburg als auf einen bedeutsamen Mittelpunkt
deutscher Gesetzen unterthan, der gleichen Sitte huldigend,
durch die gemeinsame Liebe zur Aventüre verbunden, von
verwandten Bildern der Phantasie ergriffen und an nah-
gelegenen Quellen die poetischen Gedanken und Empfindungen schöpfend.

Es war einer der seltenen Augenblicke der Weltgeschichte
gekommen, wo die Menschheit auf einen Höhepunkt angelangt, sich als Einheit fühlt, wo wenigstens der Dichter
und Künstler von seiner die Erde umfassenden Heimat
träumen kann.

Durch die Gunst seiner centralen Lage wurde das
Elsaß von der Geisterbewegung, die sich von Westen nach
Osten, von dem Süden nach Norden zog, stetig berührt;
Dank der satten Bildung, die in seinen reichen Städten
herrschte, dank dem lebensfrohen, rührigen Sinne seiner
Bürger, griff es machtvoll in dieselbe ein und gab ihr
einen vollendeten Ausdruck.

Gewiß gab es unter den deutschen Dichtern des dreizehnten Jahrhunderts viele „an Reden reich, an Sinn
erlesen", der „Nachtigallen" ganze Scharen; aber wenn
das vollständige Durchdringen und Ergründen des poetischen
Stoffes, wenn die Glut der Empfindung, die tiefste Kenntnis
des menschlichen Herzens den Wert des Dichters bestimmen,
dann können nur wenige Zeitgenossen mit dem Meister
von Straßburg um die Palme ringen. Gottfried von
Straßburg übertrifft sie alle in der Kunst, wo er die
Seligkeit der Liebe schildert, die sinnebestrickende Kraft der
Leidenschaft offenbart, er weicht keinem in dem Zauber der
Rede, in der unbedingten Gewalt über die Sprache. Nicht
der Sänger von Tristans und Isoldens Liebeslust und
Liebesleid allein, nicht nur die Lehrer der göttlichen Minne,
welche die Seele durch „die Scheidung von den Kreaturen",
durch Selbstvertiefung zur Gottesgleichheit emporsteigen

lassen, die Mystiker des vierzehnten Jahrhunderts weisen
auf Bildung hin. Auch wer die Entwickelung unserer alten
deutschen Kunst erforscht, bleibt vor Straßburg gefesselt
stehen und begrüßt hier eine der fruchtbarsten Stätten
heimischer Kunstübung. Ihn überrascht der Sinn für das
Maßvolle und Harmonische, der Widerschein eines milden
heitern Wesens, wie er sich z. B. in der innern Gliederung
unseres herrlichen Münsters offenbart und der um so mehr
unsere Bewunderung erregt, als in den gotischen Werken
sonst, diesen Schöpfungen eines stolzen, Kühnes und Großes
anstrebenden Bürgergeistes, gern eine einseitige Steigerung
der Verhältnisse in einer Richtung beliebt wird. Selbst-
bewußter, unabhängiger vom französischen Muster als der
Kölner Dombaumeister, stehen die alten Straßburger Werk-
meister, die Schöpfer auch des Freiburger Münsters, da;
eher ließe die Betonung des frei abgewogenen Gleichmaßes
auf eine Wahlverwandtschaft mit der durch antike Erinnerungen gereisten italienischen Phantasie schließen, wie denn
in der That die Mailänder, als sie über den Ausbau ihres
marmor-prächtigen Domes unschlüssig waren, nirgend anders
als in Straßburg Rat suchten, und noch spät im fünfzehnten Jahrhundert die Sendung eines „genugsamen“
Werkmeisters vom städtischen Rate erbaten. Und dieser
Sinn für Formenschönheit vererbt sich auf die Kunst der
Malerei, durchdringt den größten deutschen Maler des
fünfzehnten Jahrhunderts, den Kolmarer Meister Martin
Schön, von dem unsere Dürer und Holbein gelernt, und
läßt ihm die holde, stille Anmut des Ausdruckes am besten

gelingen. So knüpfen uns der gemeinsame dunkle Grund des nationalen Daseins, die gleichen Wurzeln unserer Bildung an Elsaß. Aber nicht diese allein.

Gerade in der entscheidensten Periode unserer Geschichte, als das Schicksal und die Bestimmung des deutschen Geistes endgültig festgestellt wurde, in dem großen Jahrhundert des Humanismus und der Reformation, hängt jedes ehrliche deutsche Herz am innigsten am Elsaß, steht dieses in seinem hellsten Glanze, dankt unsere Bildung den wackeren alemannischen Stammgenossen mit das Größte und Beste.

Wir wissen sehr wohl, der erste Anstoß zu dem geistlichen Umschwung, auf welche sich die neuere Bildung aufbaut, wurde nicht auf deutschem Boden gegeben. Es ist weder deutsche Art, sich hochmütig oder selbstgenügsam gegen Außen abzusperren, noch deutsche Weise, undankbar die aus der Fremde empfangenen Anregungen zu vergessen.

In Italien erstand das wunderbare Geschlecht, welches den köstlichen Schatz der Antike der Welt wieder öffnete, die Grenzen der Menschheit erweiterte, die Natur heiligte, die Würde der freien vollendeten Persönlichkeit lehrte und zeigte, dem Ringen nach Wahrheit, dem Streben nach Schönheit zugleich Gesetz und Muster gab. Wie wir noch gegenwärtig in neidloser Bewunderung für die Renaissancekultur uns begeistern, so fühlten sich auch die deutschen Männer des fünfzehnten Jahrhunderts zu ihr wie durch einen unwiderstehlichen Zauber hingezogen; sie ahnten aber zu gleicher Zeit die Unmöglichkeit, unbedingt bei den Formen des italienischen Humanismus zu beharren, ohne die eigene

Natur zu verlehren. Den Italienern bedeutet die Re=
naiſſance die Rückkehr zur alten Macht und Größe, welche
ihre römiſchen Ahnen erklommen, den Gipfel des Ruhmes,
wo ſie ſelbſt nun ausruhen, fröhliche Feſte feiern können.
Wir Deutſche dagegen erkannten im Humanismus das ſtarke
Rüſtzeug im bevorſtehenden Geiſterkampfe, eine leitende
Lehre bei dem Eintritt in einen neuen, den ſchwerſten und
wichtigſten Abſchnitt unſerer Geſchichte. Was jenen einen
vollendeten Lebensgenuß verſprach, prieſen wir als die Er=
ziehung zum Leben. Dort verkörpert ſich in Cortegiano,
hier im Schulmeiſter der humaniſtiſche Typus. „Nicht
Begeiſterung für die Schönheit der Form, nicht Verlangen
nach geiſtigen Genüſſen führt uns Deutſche in die Welt
der Humaniſten, ſondern das Gewiſſen mit ſeiner unab-
weisbaren Forderung, recht zu denken und recht zu handeln.“

In dieſem deutſchen Sinne faßte namentlich das Elſaß
die Aufgabe des Humanismus; die Landſchaft, wo der Er-
finder der Kunſt gelebt, die, was die Alten wußten und
was die Neuern wiſſen, allen Völkern erſchließt, durfte ſich
bald der beſten Schulen im Deutſchen Reiche rühmen und
weckte eine Reihe von Männern in das Leben, ebenſo
unvergeßlich in der Geſchichte des deutſchen Humanismus
wie in der Geſchichte unſerer Volksbildung.

„In Schlettſtadt war die erſte Schule, wo mir deuchte,
daß es recht zuginge“, ſchreibt der berühmteſte aller fahren-
den Schüler. Und das Lob, das Thomas Platter der
Schlettſtadter Schule ſpendet, den Dank, den er ſeinem
lieben Präceptor, dem ſeligen Herrn Johannes Sapidus,

ausspricht: wir dürfen und müssen beides, das Lob und den Dank, ausdehnen auf die Schulen von Straßburg und Hagenau, auf die Männer, welche, wie Dringenberg und Hilspach, Wimpheling und Beatus Rhenanus, Johannes und Jakob Sturm in erster Reihe für die Wahrheit und sittliche Freiheit stritten, auf die Glieder des Erasmischen Reiches, die tapfern hochbelobten Gegner der Obskuranten, welche der deutschen Bildung die Zukunft sicherten, indem sie die Keime derselben in die Geister der Jugend pflanzten.

So groß und allseitig war der pädagogische Eifer, daß auch die Poesie und die bildende Kunst der Zucht und der Lehre zinspflichtig wurden. Von der gleichen sittlichen Kraft getragen wie die berühmten Totentänze, von derselben umfassenden Anlage, alle Stände geißelnd, alle Laster verspottend, hat Sebastian Brandts Narrenschiff an Volkstümlichkeit nur gewonnen, was es an dichterischer Reinheit einbüßte, und wie in alten Tagen die Bilder dazu dienten, die Lehren des kirchlichen Glaubens zu versinnlichen, so stand jetzt der Holzschnitt, in dem alemannischen Lande frühzeitig gepflegt und durch so unternehmende Buchhändler wie Schott und Grieninger, aus den Händen des Handwerkers gerissen und Künstlern zur Ausführung überwiesen, im Dienste des Humanismus, er lockte zum Lesen, verbreitete die Kunde von den Großthaten der Alten, von der Weisheit der Vorfahren, von der Ergötzlichkeit der Welt und von dem Reichtum der Natur, in den weitesten Kreisen, machte Auge und Phantasie den neuen Lehren hold gesinnt.

Diesem Einsatz gediegener Kraft, dieser vollen Hingabe der ganzen Persönlichkeit an die gute Sache ist es allein zu danken, daß auch, nachdem das äußere Band sich lockerte, des Volkes Glauben und Sitten, sein Denken und Empfinden dem Vaterlande treu blieb, daß wir noch im siebenzehnten Jahrhundert an dem patriotischen Zorne eines Moscherosch uns ergötzen und die Zierden der Straßburger Universität im achtzehnten Jahrhundert, die Schöpflin und Koch, die Ehrmann und Oberlin, als uns angehörig preisen dürfen.

Wenn aber die großen Lehrer der Straßburger Universität genannt werden, können wir heute und an dieser Stelle ihren größten Schüler mit Stillschweigen übergehen, dürfen wir vergessen, daß nicht allein die köstlichste Idylle in Goethes Leben auf alemannischem Boden sich abspielt, sondern auch sein Geist und seine wissenschaftlichen Neigungen in Straßburg eine wohlthätige Läuterung erfuhren, Grundrichtungen seines Wesens, zu ungeahnter Macht in seinen spätern Jahren entwickelt, hier zuerst mit bestimmt wurden? Wir haben seit Goethe nicht so viel innerlich gelebt und in unserer Bildungsgeschichte erlebt, daß wir das Band, das sein Straßburger Aufenthalt zwischen uns und dem Elsaß knüpft, als ein durch Alter fadenscheinig und dünn gewordenes ansehen dürften. Im Hinblick vielmehr auf dasselbe und auf alle die innigen Beziehungen, die seit dem Beginn der deutschen Geschichte unter uns bestanden, rufen wir mit ihm:

„Das ist unser, so laßt uns sagen und so es behaupten,“

behaupten durch den ehrlichen Anschluß an die glorreiche
Vergangenheit des Elsaß, die auch heute noch lebendig im
Herzen des Volkes ruht und welche auf eine nicht minder
glorreiche Zukunft hinüberzuleiten die große Mission der
heute gestifteten Universität bildet.

Vom Segen der deutschen Wissenschaft zu sprechen, ist
nicht persönliche Überhebung. Wir haben ihn alle als
einzelne erfahren, wir haben ihn als gesammelte Nation
überreich empfangen. Eingedenk ihres Ursprungs aus dem
Volke — sie verdankt nicht dem Gelüste, mit geistigen
Schätzen zu prunken, ihr Dasein und auch nicht der Gunst
der Mächtigen ihre Blüte — aus der Not eines gepeinigten
Gewissens hervorgegangen, von Anfang an, seit sie selbständig besteht, anknüpfend an das, was dem Menschen
das Höchste und Teuerste ist, an die religiöse Überzeugung,
von ihren wahren Jüngern selbst mit einer Art religiöser
Empfindung gepflegt und geehrt, hat die deutsche Wissenschaft sich niemals vom Volksgeist losgesagt. Sie duldet
kein Reich der Auserwählten, sie schafft keinen aristokratischen Stand, der sich hochmütig und gleichgültig von einem
geistigen Plebejertume abwendet und dieses der Unwissenheit als Beute überläßt. Auf ihren eigenen Wegen und
Stegen, wie sie forscht und prüft, kann ihr freilich der
einfache Volksmann nicht folgen. Im stillen und dumpfen
Kämmerlein des Gelehrten ist kein Raum für eine große
Menge.

Aber was sie ergründet hat, teilt sie gern der großen
nationalen Gemeinschaft mit, was sie an Fäden der Er-

Springer, Aus meinem Leben.   22

kenntnis gesponnen, verwebt sie alsbald emsig in die Volks=
bildung. Sie hat sich dadurch keine beengenden Schranken
gesetzt, sondern einen Sporn zu stetem Fortschreiten ge=
wonnen.

Als ihr erstes und heiligstes Recht behauptet sie die
Unabhängigkeit und Freiheit der Forschung. Niemand soll
ihr das Ziel vorschreiben, niemand kann vorherbestimmen,
wohin sie ihr vielfach verschlungener Weg führen wird.
Sie darf es nicht von sich weisen, Zweifel zu erregen,
Überlieferungen zu erschüttern, die liebsten Überzeugungen,
wenn sie als Wahn sich darstellen, zu brechen, den teuersten
Empfindungen nahe zu treten, wenn sie dem Irrtum Vor=
schub leisten. Wie könnte sie zur Wahrheit gelangen, wenn
sie nicht das Recht hätte, alles zu prüfen, nichts zu schonen,
alles zu wagen, nichts mit furchtsamer Scheu beiseite zu
lassen. Die deutsche Wissenschaft hat von diesem Rechte
den reichsten Gebrauch gemacht, sie hat dasselbe niemals
mißbraucht. Denn ihr stand stets die Gestalt des deutschen
Volkes mahnend und warnend vor Augen, in dessen Besitz
die reifen Früchte der Wissenschaft übergingen, das alle
Trugschlüsse, alle unter dem gleißnerischen Schilde er=
leuchteter Wahrheit ihm dargebotenen Irrtümer büßen, für
sie leiden mußte. Wer hätte es wagen sollen leichtsinnig
oder frevelhaft mit den Gedanken des Volkes zu spielen,
sie ohne Not in Schwanken und Schweifen zu bringen,
das Mißtrauen gegen die Kraft, den Unglauben an die
Ehrlichkeit der Wissenschaft zu erregen und dadurch diese
selbst in der Volksachtung, in ihrem künftigen Einflusse zu

schädigen. Wer dagegen wäre nicht opferbereit, wenn er von der Wahrheit einer wissenschaftlichen Erkenntnis durchdrungen und von der Überzeugung beseelt ist, daß jene auch dem Volk Heil bringen werde? Wer wollte nicht dann seine ganze Persönlichkeit dafür einsetzen, der Wahrheit zum Rechte zu verhelfen? So hat das Zusammenleben mit der Nation der deutschen Wissenschaft den keuschen Sinn und den sittlichen Ernst gewahrt, ohne welchen keine geistige Arbeit gedeiht, so das Bewußtsein, daß alle wissenschaftlichen Thaten in der Volksbildung widerscheinen und auf die Erziehung des aufwachsenden Geschlechtes, unseres eigenen Blutes einwirken, das Erstreben der Wahrheit zur heiligen Pflicht uns gemacht, uns zugleich einen Prüfstein für dieselbe in die Hand gegeben. Denn bekanntlich ist nichts so verwickelt als der Irrtum, nichts so mühsam zusammengebraut, so in sich verworren und so schwer zu fassen als die wissenschaftliche Lüge. Mit der Wahrheit dagegen verhält es sich wie mit dem Liede des Dichters, das, je vollendeter es ist, desto leichter vom Volke aufgegriffen, von Mund zu Mund fortgepflanzt wird, allmählich in den Besitz aller Sanglustigen übergeht und endlich als Volkslied rein und hell durch die Lüfte klingt.

Was heute als geistiges Gemeingut des Volkes gilt und in den allgemeinen Vorstellungskreis aufgenommen ist, das war ursprünglich eine wissenschaftliche That, nach langer Arbeit geschaffen und so lange geläutert und geklärt, bis sie die gediegene Einfachheit und Durchsichtigkeit eines Volksgedankens gewann.

Mit dankbarer Freude werden wir immer und allezeit
bekennen, wie sehr wir dem Ursprunge aus dem Volke, der
unwandelbaren Teilnahme desselben an unseren Werken,
dem gern befolgten Gebote, die besten Früchte unserer
Thätigkeit wieder in den Volksboden einzupflanzen, die
Fülle des Lebens und der Kraft, die in der deutschen
Wissenschaft ruht, schulden. Aber nicht minder laut und
offen wollen wir es rühmen, daß die Wissenschaft ebenso
reiche Gaben, als sie empfangen, dem Volke gespendet.
Wenn dieses dauernd in Rüstigkeit und tüchtigem Schaffen
wächst, rastlos emsig fortschreitet, den Blick nach oben und
vorwärts in die Zukunft dauernd gerichtet hat, wenn der
einzelne in der Arbeit Genuß findet und in der Pflicht-
erfüllung Freude, wenn er den Ernst des Lebens nicht
flieht und in der Hingabe an das Ganze sich selbst befriedigt, wenn die verschiedenen Stämme des deutschen
Volkes einig sein können, ohne in ihrem Mark zu ver-
derben, und der Gesamtorganismus gedeiht, ohne die
Glieder zu töten: so ist dies auch ein Ausfluß der steten
Berührung des Volkes mit der Wissenschaft, in welcher das
selbstlose Wesen heimisch ist, welche das Genießen von dem
Schaffen nicht trennen kann, den Sinn niemals bei dem
Gegenwärtigen, schon Gewonnenen geizig beharren läßt,
immer weiter vorwärts bringt, und je weiter sie gedrungen
ist, desto höher ihre Ideale rückt, welche endlich nur in
harmonischem Zusammenwirken die Einheit schaut und nie
das Besondere aufhebt und verdirbt, sondern nur erhebt
und verklärt.

Kein Volk ist von der Natur so begnadigt, daß es sagen kann: Jetzt will ich ruhen und rasten, genießen die gewonnene Herrlichkeit, aber der harten Arbeit mich entschlagen, denn meine Bildung ist vollendet, meine Gedankenwelt für immer und unübertrefflich geformt. Keine Schwielen sollen die Hand mehr bedecken und keine Furchen die Stirn mehr überziehen. Das Volk würde es aber sagen, wenn es seine Bildung den Einwirkungen der Wissenschaft, die kein Ende der Entwickelung kennt, verschlösse, wenn es den Glauben an die Unendlichkeit der Ziele, wie sie allein die Wissenschaft festhält, verlöre.

Und ebenso ist kein Zweig eines großen Volksstammes mit solcher ewigen Lebenskraft begabt, daß er auf die Nahrung, die aus den andern Zweigen und den gemeinsamen Wurzeln ihm zuströmt, verzichten, auf die Dauer sich selbst genügen kann. Solange der in der Vergangenheit angesammelte Stoff vorhält, solange die Erinnerungen an eine gemeinsame Geschichte lebendig sind, kann der Volkszweig fortbestehen. Sind aber diese verhallt, ist das Erbe der Väter aufgebraucht, dann ist es auch mit dem selbständigen, geistigen Dasein zu Ende. Gegen das Grundgesetz, welches das Völkerleben regiert: was man nicht mitgearbeitet, kann man auch nicht mitgenießen, was man nicht miterstritten, kann man auch nicht mitbesitzen, gibt es keine Berufung. Und weil das Gesetz so unerbittlich ist, weil der Abkehr und dauernden Entfremdung von der gemeinsamen Stammesbildung nur Not und Tod nachfolgt, ist die Aufgabe der Wissenschaft so edel und so herrlich; denn sie ist es, welche die verschiedenen Glieder des Volksganzen innerlich aneinander kettet und zu unwillkürlicher geistiger Einigung führt, welche das Besondere gegeneinander aufschließt, jede Eigentümlichkeit von sprödem Gehalte loslöst und für den gemeinsamen Dienst erzieht, welche, weil sie die Freiheit des Geistes und die Sittlichkeit des Willens, die ideale Menschlichkeit entwickelt, jene Kräfte der Seele vorzugsweise weckt, die das Individuum aus der Vereinzelung und Selbstsucht, die Stämme aus dem Partikularismus, die Nationen aus der Trägheit und dem Hochmut reißen.

Das ist die Natur und Bestimmung der Wissenschaft im geordneten Volksleben, das ist auch die Sendung, welche die Universität als die Trägerin wissenschaftlicher Bildung übernommen hat.

Wir denken wahrlich nicht gering von unseren nächsten Aufgaben. Mit dem Aufgebot aller Kräfte werden wir uns bemühen, die unserem Unterrichte anvertrauten jungen Männer zu würdigen Dienern des Staates, zu kundigen Räten in allen Nöten des Leibes und der Seele, zu weisen und liebevollen Lehrern der Jugend heranzubilden. Wir würden aber bald auch dieser Aufgabe nicht genügen, wollten wir uns auf sie allein beschränken, wollten wir nicht der Universität als ihr höchstes und letztes Ziel die Pflege der Wissenschaften um ihrer selbst willen zuerkennen.

Wer die Universität als Schüler betritt, soll wenigstens einmal den erwärmenden Strahl des Feuers, das die rein wissenschaftliche Begeisterung entzündet, empfangen; welchen

Beruf er dann auch später ergreifen möge, ihn soll die Erinnerung an den idealen Zug seiner Jugend überall hin begleiten, ihm muß die Überzeugung bleiben, daß auch das besondere praktische Wirken im Zusammenhange mit den großen Gedanken der Menschheit, mit dem allgemeinen Geistesleben steht, auf diesem ruht und durch diesen am kräftigsten gehoben wird.

Wir aber, die wir unsere ganze Persönlichkeit an das Lehramt hingeben, finden die Kraft dazu nur in dem Bewußtsein, daß wir alle berufen sind, an dem unsterblichen Werke der Befreiung des Geistes und der Entwickelung der Menschheit zu arbeiten, wir empfangen den mächtigsten Antrieb zum Forschen, indem wir die reine Freude am Wissen in uns beleben, wir heben jedes einzelne Fach, indem wir es auf die wissenschaftliche Grundlage zurückführen und die tiefere Einheit aller Fächer im Ausgangspunkt wie im Ziele begründen.

Diesen festen Glauben an ein unauflösliches Bündnis der einzelnen Wissenschaften, an die unerschütterliche Gemeinschaft ihres Grundes, an die feste Geschlossenheit ihres Wesens, wollen wir heute laut bekunden, und daß wir diesem Glauben nachleben, in diesem Glauben wirken werden, der Wahrheit zum Schutze, dem Vaterland zur Ehre, dem Volke zur Stärke, feierlich geloben.

Mögen die Kleingläubigen und Engherzigen, die nur in ausgetretenen Geleisen zu wandeln verstehen, uns jämmerliche Klagen zuraunen über die allen idealen Interessen abholde Gegenwart, wie die Wertschätzung der reinen

Wissenschaft gesunken sei, und auf so mancher ehemals hoch
gehaltenen Disziplin die allgemeine Ungunst laste, wie in
der hastigen Jagd nach Lebensgenüssen und Glücksgütern
niemand mehr sich die Zeit nehme zu gründlicher Bildung,
wie diese verflache und nur ein dünner Glanzfirnis die
innere Barbarei verdecke. Wäre dem so, mit um so
lauterem Jubel müßten wir den heutigen Tag begrüßen,
der einen neuen festen Schild gegen die Feinde freier,
reiner Bildung aufpflanzt, eine neue Stätte schafft, wo
nach unseres Kaisers Wunsch und Willen „die Wissenschaft
im Dienste der Wahrheit gepflegt werden soll."

Mögen die Ängstlichen auf den Zwiespalt hinweisen, der
in Bezug auf die rechten und besten Bildungsquellen der
Jugend herrscht und durch den hitzigen Streit der Vertreter entgegengesetzter Meinungen den Frieden der Wissenschaften bedroht fürchten. Mögen sie in der immer größeren
Teilung der Disziplinen die Gefahr einer wirklichen Spal-
tung des wissenschaftlichen Geistes, eines bloßen Stückwerkes
unseres Wissens erblicken. Wohl hat die Stellung der
einzelnen Wissenschaften im Laufe der letzten Jahrzehnte
eine vielfache Änderung erlitten, aber doch vorzugsweise
nur in dem Sinne, daß es keine niederen Wissenschaften
mehr gibt, daß sie alle einander ebenbürtig, gleichwürdig
geworden sind, daß die besonnene Forschung überall in ihr
volles Recht eingesetzt wurde, daß keine provisorischen Wahrheiten mehr geduldet werden, daß die vollendete Wahrheit
langsamer reift, dagegen die Wahrhaftigkeit in allen Zweigen
des Wissens gewachsen ist.

Wohl ist die Gliederung des wissenschaftlichen Stoffes
eine unendlich reiche geworden, aber die einzelnen Wissen=
schaften, jede selbständig gepflegt, sind dadurch einander nur
genähert worden; gerade durch die treueste Durcharbeitung
jedes einzelnen Zweiges ist die innige Wechselbeziehung
derselben erkannt, das allseitige Walten gleicher Gesetze
entdeckt worden. So nahe sind sie einander gerückt, daß
vom rein wissenschaftlichen Standpunkte eigentlich nur noch
die Scheidung in zwei Gruppen, in die historischen und
naturwissenschaftlichen Disziplinen besteht, und die Phantasie,
hinweisend, wie die exakte Forschung in den historischen
Wissenschaften im Ansehen gestiegen ist, wie im Kreise der
Naturwissenschaften der eigentlich historische Begriff der
Entwickelung eine immer wichtigere Bedeutung gewinnt,
eine noch engere Vereinigung in Aussicht stellt.

Unter einer glücklichen Konstellation wird also unsere
Universität geboren; bei gleichem Rechte aller Wissenschaften
herrscht ein Wettstreit, wie ihn die vergangenen Zeiten nur
selten erblickt, bei der größten Mannigfaltigkeit der Be=
strebungen doch ein einheitliches Ziel, bei der reichsten
Gliederung eine gleiche feste Grundlage.

Möge, was die Gunst der Sterne verheißt, gnädig in
Erfüllung gehen, mögen die guten Wünsche, die heute der
neuen Alma mater in die Wiege gelegt wurden, bald und
voll verwirklicht werden, mögen, wie wir den heutigen
Tag voll stolzer Hoffnungen begrüßen, auch die kommenden
Geschlechter dankbar ihn segnen; möge das Leben, das von
dieser Stätte ausgeht, dem Elsaß zum Wohle, dem deutschen

Reiche zur Ehre, dem deutschen Volke zum Heile gereichen;
möge der Geist der Wahrheit, möge die Liebe zum Vaterlande niemals aus diesen Räumen weichen, eine Schule
der freien deutschen Bildung hier erstarken, die neue Straßburger Universität im Kreise ihrer Schwestern leben, blühen,
gedeihen und wachsen bis in die fernsten Tage!

Das walte Gott.

III

Anton Springer als Historiker und Journalist

von

Gustav Freytag.

Das Leben des Gelehrten, welcher in diesem Buche über sich selbst berichtet, bietet das fesselnde Bild eines Mannes, der sich aus der Schul- und Universitätsbildung des Metternichschen Österreichs zur sichern Herrschaft auf einem weiten Gebiete des Wissens, aus den unklaren Forderungen eines politisch ungeschulten Volkstums zu hoher Freiheit des Urteils über Parteien und Staaten- regierung emporgerungen hat. Für die Vielen aber, welche ihn persönlich gekannt haben, für Freunde und Zuhörer, waren die seltene Verbindung von gehobener Begeisterung und von scharfem Urteil, die Energie seiner Empfindung und die starke Zucht, in welcher er sein aufflammendes Gefühl durch Kritik bändigte, die schöne Jugendlichkeit seines Wesens und daneben der feine Instinkt für das Richtige, welcher sein umfangreiches Gestalten leitete, wahr- haft bewundernswert. Er war einer unserer besten Uni- versitätslehrer, er wurde für die Kunstgeschichte einer unserer gründlichsten Forscher, er war im Tagesverkehr und in seiner Erscheinung von ungewöhnlicher Anmut.

Er begann als Geschichtsschreiber und politischer Schriftsteller. Über seine Werke berichtet er selbst, und es würde
dem Freunde übel anstehen, an dieser Stelle den Lesern
ein flüchtiges Urteil aufzudrängen.

Nur eines, was seine Lebensgeschichte reichlich erkennen
läßt, soll hier hervorgehoben werden. Selten wurde
einem Deutschen so schwer gemacht, wie ihm, die politische Schulung zu gewinnen, welche der Geschichtsschreiber
seiner Zeit haben soll. Er wuchs zwischen Deutschen und
Czechen auf in dem Österreich, wie es vor 1848 war, und
er sah hinüber auf das Deutschland von 1848. Wie man
als Historiker die Vergangenheit beurteilt, was man von
der Zukunft begehrt, hängt doch vor allem ab von dem
Idealbilde des Staates und der bürgerlichen Gesellschaft,
welches der Schreibende durch sein eigenes Leben und durch
das Leben seines Staates gewonnen hat und bei Liebe und
Kritik in stillem Gemüte bewahrt. In Deutschland war
im Jahre 1848 die Verwirrung und Unklarheit übergroß,
aber überall rührte sich junge Kraft, auch in den kleineren
Staaten fehlte es keineswegs an Wärme für das eigene
Heimwesen. Von den Regierungen war viel für das Wohl
der Angehörigen geschehen. In Preußen war ein größerer
Staat und eine lebensfähige Organisation bereits vorhanden,
und die Frage war in Wirklichkeit nur die, für die einzelnen Staaten eine gute Vereinigung zu finden; dann
durfte man hoffen, würde das übrige schon nachkommen.
In Österreich dagegen war unter der Herrschaft der kaiserlichen Familie und des Kanzlers Freude, Wärme, Stolz

auf den Gesamtstaat fast ganz geschwunden. Ein ver-
knöchertes, greisenhaftes Regiment, eine unglaublich kümmer-
liche Beamtenwirtschaft, feindseliges Mißtrauen der Machthaber gegen jede selbständige Regung, ja, gegen alles Neue,
bedrückten und erbitterten. Und dem großen Staate fehlte
das Volkstum. Die verschiedenen Nationalitäten: Deutsche,
Magyaren, Slawen, Italiener, Rumänen, haberten im
Gegensatz zu einander und zur Staatsregierung. Alle Begeisterung, alle Gemütswärme des Einzelnen war zusammen-
gezogen auf die Nationalität, welcher er zufällig angehörte,
und regte sich maßlos im Widerspruch gegen die Wiener
Regierung. Alles was sich von Talent und Energie kund
gab, stand im Felde gegen den Staat, dessen Finanzen
heillos zerrüttet waren, dem selbst die Heereskraft unsicher
wurde und zuweilen zu versagen drohte. Während in Deutschland die Sehnsucht nach einer starken Einheit allgemein
war und die Parteien nur über den Weg dazu stritten,
war in Österreich die Abneigung gegen den kaiserlichen
Staat obenauf und die verschiedenen Völkerschaften be-
gehrten, jede für sich, ein gesondertes Leben. — Springer
war ein Deutschböhme, aber durch Familienverbindung und
persönliche Freundschaft stand er einigen Leitern der czechischen Partei nahe. Da war es natürlich, daß dem jungen
Politiker als Rettung aus der Not eine Zukunft Österreichs erschien, welche den einzelnen Kronländern größere
Selbständigkeit gewährte und Österreich in einen Bund der
Landschaften umwandelte, unter einer gemeinsamen Staatsregierung, deren Macht und Befugnisse durch ein Staaten-

parlament gestützt und kontrolliert werden sollten. Die
Abgrenzung der Machtsphären schuf freilich die größte
Sorge. Dies Idealbild eines künftigen Österreichs war
damals keineswegs ein Traum der Jugend, es hatte
Anhänger auch unter erfahrenen Männern, welche die
Menschen und Geschäfte genauer kannten, ja, es ist einer
von den politischen Gedanken, die, einmal entstanden, durch
entgegengesetzte Bestrebungen auf lange Zeit in den Hintergrund gedrückt werden, sich zuletzt doch in Wirklichkeit um-
setzen. Und es ist wohl möglich, daß derselbe Gedanke in
irgend einer Zeit für die weiten Länder der untern Donau
und des Balkans zu lebendiger Wirklichkeit werden wird.
Jetzt ist es unnütz zu fragen, ob die Anfänge seiner Verwirklichung schon 1848 möglich gewesen wären. Käme
aber einmal die Zeit dafür, so würde man unter den
ersten, die dafür gedacht haben, neben dem Freiherrn von
Andrian auch Anton Springer nennen müssen. Wie gut
dieser aber trotz seiner Forderungen an die Zukunft die
Bedürfnisse der damaligen Zeit zu würdigen wußte, zeigt
die große Anerkennung, welche er kurz darauf dem Ver-
fassungsentwurf des Reichstags von Kremsier zollte. Diese
beste Arbeit der österreichischen Revolutionszeit blieb, wie die
Frankfurter Verfassung von 1849, achtungswertes Material
für die Zukunft. Aber auch sie findet vielleicht einst einen
großen Staatsmann, der das Brauchbare darin bei der Einrichtung eines neuen Österreichs zu verwerten weiß.

In dem restaurierten Österreich war für Springer eine
gedeihliche Lehrthätigkeit nicht zu hoffen. Er siedelte als

Privatdozent für Kunstgeschichte nach Bonn über. Mit der Beschränkung auf dies Gebiet wissenschaftlicher Thätigkeit, für welches er bereits in seiner Studienzeit fleißig eingesammelt hatte, beginnt sein Aufsteigen zu erfolgreicher, männlicher Arbeit. In Bonn erlangte er als akademischer Lehrer schnell eine ungewöhnliche Wirksamkeit. Auch für sich gewann er im freundschaftlichen Verkehr mit Berufsgenossen gerade die Förderung, welche ihm am meisten wohl that. Unter den Gelehrten, welche damals den Ruhm der philosophischen Fakultät darstellten, waren Dahlmann und Otto Jahn die beiden, von denen er im engen Verkehr für seine Methode der Forschung das meiste erhielt und denen er von seiner Jugendfrische und seiner glücklichen Häuslichkeit den größten Gewinn zuteilte. In Dahlmann trat ihm eine bedeutende Persönlichkeit nahe, welche ihm zuweilen wie eine Ergänzung der eigenen Art erschienen sein muß. Dahlmann fest, sicher, schwerflüssig, das Musterbild eines stolzen norddeutschen Gelehrten, kein praktischer Staatsmann, aber in den politischen Angelegenheiten seiner frühern Heimat Schleswig-Holstein eine Autorität, gewann großen Einfluß auf Springers politisches Urteil über die österreichischen und deutschen Verhältnisse.

Auch Dahlmann mußte anerkennen, daß die umfassende Kenntnis, welche Springer über die Personen und Zustände Österreichs erworben hatte, die Verarbeitung in einem größern Werke nahe läge, und als Salomon Hirzel für die „Staatengeschichte der neuesten Zeit" eine Bearbeitung der Geschichte Österreichs von Springer erbat, erhielt dieser

Gelegenheit ein Werk zu schreiben, dessen eigenartige Be=
deutung für die Zukunft feststehen wird. Die Periode
von 1809 bis 1850, welche Springer behandelte, ist kein
Zeitabschnitt, welcher dem Historiker gestattet, Gedeihen,
Fortschritt, starke Charaktere zu schildern. Denn die Ge=
schichte dieser Jahre berichtet nur ein Bruchstück aus dem
langen Leidenskampf des Staates, welcher sich aus einem
verkümmerten patriarchalen Despotismus zu modernem Leben
durchzuarbeiten suchte. Auch war der Geschichtschreiber, der
selbst in dem leidenschaftlichen Parteikampf der Völker ge=
standen hatte, weder in der Lage die Persönlichkeiten der Gegner
immer gerecht zu beurteilen, noch im stande die urkund=
lichen Quellen mit der wünschenswerten Vollständigkeit zu
benutzen, und die Motive der Regierenden richtig zu wür=
digen. Dagegen ist Springers Kenntnis der politischen
Zustände in den einzelnen Kronländern erstaunlich groß,
ebenso seine Bekanntschaft mit den Litteraturen der ver=
schiedenen Sprachen und mit den Stimmführern der Be=
wegung, welche in dem wogenden Kampf heraufgetrieben
wurden und vergingen. Wird einmal in glücklichen Zeiten
des großen Donaureiches eine Geschichte seines Entstehens
geschrieben werden können, so muß das Werk Springers
eine der ersten Grundlagen, und in vielem, was anderswo
kaum bewahrt ist, eine Quellenschrift werden.

Dahlmann hatte dem Werke mit treuem Anteil zuge=
sehen, er selbst wurde Inhalt einer andern großen Arbeit
Springers, welcher nach dem Tode des Freundes das
Leben desselben den Zeitgenossen schilderte. Dies liebens=

werte Werk hat in hohem Maße die beiden Tugenden
einer Biographie, sowohl dem Helden, als auch dem Verfasser das Herz der Leser zu gewinnen. Es ist ein Musterbild gerechter Würdigung des geschilderten Mannes, es
macht uns auch den Schreibenden vertraulich, weil es
überall zeigt, wie gut sich Springer in die Verhältnisse,
unter denen Dahlmann als Mensch und Gelehrter geformt
wurde, hineinzuleben wußte, und wie sein Urteil über den
verstorbenen Freund von gewinnender Wärme ist, wo er
verehrt, und von wohlthuender Milde, wo er übersieht.

Während Springer von dieser Seite Anregung zu ge-
schichtlichem Schaffen gewann, wurde das enge Freundes-
verhältnis zu Otto Jahn für seine Behandlung der Kunstgeschichte von Wert. Jahn, der vor früheren Archäologen
den großen Vorzug hatte, daß er ein fester Philolog war,
und der eine strengere Methode in seiner Wissenschaft eingeführt hatte, beeinflußte auch Springers Betrachtung des
Schönen aus Mittelalter und Renaissance. Die allmähliche
Ausbildung des Typus in den Kunstidealen und die Fort-
bildung desselben durch große Künstler, ferner das Kunst-
handwerk der Klöster, die Einwirkung der Poesie und volks-
tümlicher Vorstellungen auf die Ornamentik des Mittelalters,
wurde Inhalt von Untersuchungen, welche zu den besten
Arbeiten Springers gehören, sie lassen die Vertiefung erkennen, welche seiner Forschung durch den Verkehr mit dem
großen Philologen zu teil geworden ist.

Was Springer als Gegengabe seinen Bonner Freunden
bot, ist freilich in keinem Buche zu finden. Er brachte

Springer, Aus meinem Leben.   23

durch seine Persönlichkeit Mut und heitere Anregung in das Leben aller, mit denen er gesellig verkehrte. Vorab die älteren Dahlmann und Jahn empfanden das Wohl= thuende. Mit Hingabe und zarter Sorge war er um ihre Stimmungen und ihr Tagesleben bemüht, die Freundschaft seiner Gattin, das junge Gedeihen seines Hauses, boten ihnen Erfrischung, oft in trüben Stunden Befreiung des Gemütes.

Unterdes war die äußere Stellung Springers eine unge= nügende, und die Begeisterung seiner zahlreichen Zuhörer konnte ihn nicht für die Zurücksetzung schadlos halten, welche er von Berlin aus erfuhr. Der damalige Kultusminister Preußens hatte kein Verständnis für Springers Wert, ja, wenig guten Willen, den zugezogenen Österreicher zu beachten. Eine Professur der Kunstgeschichte galt in dieser Zeit öder Reaktion für etwas sehr Überflüssiges, und Springer mußte lange selbst den Titel entbehren. Er trug die Nichtachtung und die Kränkungen, welche er reichlich erfahren mußte, mit stiller Fassung, aber es ist wohl möglich, daß das lange, öde Harren in seiner feurigen Natur gewirtschaftet und den Keim seiner spätern Erkrankung gezeitigt hat.

In dieser Zeit machte der Schreiber dieser Zeilen bei einem Besuch Otto Jahns die Bekanntschaft Springers und empfand lebhaft den Zauber seines Wesens. Ein schlanker Mann, über Mittelgröße, ein edles vergeistigtes Antlitz und reiches dunkles Haupthaar, strahlende Augen mit schnell wechselndem Glanze, in Haltung und Geberde der Ausdruck einer holden Lebendigkeit des Geistes, welche

reichlich den eigenen Inhalt auszugeben weiß, und mit
schneller Empfindung der Seele des andern entgegen kommt.
Er war der beste Kamerad bei ernstem Gespräch und sorg=
losem Plaudern, immer von starker, sich fröhlich regender
Lebenskraft, so fesselte er und so schloß er sich an. Er
wurde seitdem geschätzter Mitarbeiter der Grenzboten. Aller=
dings war er bereits ein erprobter Journalist, der sich schon
früh daheim in der Tagespresse getummelt hatte. Im
Jahre 1851 hatte er den Grenzboten eine kleine Kor=
respondenz aus Prag gegönnt, seit 1857 schenkte er der
Wochenschrift stärkern Anteil. Er schrieb längere Zeit
zumeist Kunstgeschichtliches unter anderem 1858 einen
größern Aufsatz über die Münchener Kunstausstellung. Mit
Unterbrechungen war er seitdem thätig, so daß er sich
dem Ersuchen der Redaktion nie versagte. Allmählich,
zumal seit er in Leipzig lebte, wurde er für die grünen
Blätter und für die Wochenschrift „Im neuen Reich“ ein
sehr fleißiger und treuer Mitarbeiter. Es war ihm gegeben,
im großen wie im kleinen sich leicht und gewandt mitzu=
teilen, er schrieb stets klar und wirksam, und verstand als
Sachkundiger genau die Bedürfnisse eines bedrängten Re=
dakteurs.

Aber wie erfolgreich er auch in großen Werken und in
kleinen Artikeln als Schriftsteller gewirkt hat zu eigenem
Ruhm und den Deutschen zur Belehrung, das darf doch
nicht verschwiegen werden: die Fülle und Macht seiner
Sprache, die Energie und Schönheit seiner geistigen Arbeit
offenbarte sich noch glänzender und völliger in seiner Rede,

als in der Schrift, und das edle Bild des Mannes, der in gehobener Stimmung, mit klangvollem Organ, vom Lehrstuhl durch Schilderung wie durch Untersuchung die Hörer fortriß, wird Tausenden unvergeßlich bleiben.

Es war ein tragisches Schicksal, daß ein solcher Mann, lehrhaft und redegewandt wie Wenige, in der Blüte seiner Jahre, auf der Höhe schöpferischer Kraft durch ein Brust= leiden niedergeworfen wurde. Gerade als er sich siegreich aus Vielem erhob, was ihn gehemmt hatte, wurde er durch heftige Blutstürze und deren Folgen genötigt, Vorlesungen und schriftstellerische Thätigkeit zu unterbrechen. — Er hatte einen ehrenvollen Ruf an die Universität Straßburg angenommen und er folgte kurz darauf einer Berufung nach Leipzig. Dadurch waren seine äußeren Verhältnisse behaglich geworden, er war in der Lage, reichlich das Schöne zu schauen, was aus vergangenen Zeiten in der Fremde erhalten ist. Und wieder in seiner Nähe gestaltete sich nach glorreichem Kampfe ein großes, deutsches Reich, und das neue Deutschland trat in ein Bundesverhältnis zu seinem Heimatsstaate, wie er es in seiner Jugend er= sehnt und gefordert hatte. Er selbst aber erlebte dies Größte als ein siecher Mann. Mit bewundernswerter Zähigkeit kämpfte er gegen die Fortschritte der tückischen Krankheit, er hatte Jahre, in denen er auf Genesung hoffen durfte, dann erwies er, daß ihm Geist und Arbeitskraft ungemindert waren. Seine größten Werke aus dem Ge= biete der Kunstgeschichte sind in dieser Zeit vollendet und seine sorgfältigsten Abhandlungen hat er unter dem Be=

wußtsein geschrieben, daß ein lauernder Feind seine Erden=
tage verkürze. Kein Fremder, der die starke Thätigkeit
dieser Jahre überschaut, wird ahnen, wie leidend der Ge=
lehrte war, der so hinreißend zu schildern, so scharfsinnig
zu deuten wußte. Immer wieder kamen die Anfälle der
Krankheit, sie warfen ihn auf das Lager, schlossen ihn
vom Hörsaal und von dem sorglosen Verkehr mit Menschen
ab; jeder Rückfall engte ihm das Tagesleben schmerzlicher
ein, die Stimme wurde leiser, sein volles Haar ergraute
und über den ausdrucksvollen Augen lag die Mattigkeit
wie ein Flor. Im zwanzigjährigen Kampfe gegen das
Unheilbare hat er einen Heldenmut und zuletzt eine bittere
Entsagung üben müssen, die den Beobachtenden mit tiefer
Rührung erfüllte. Endlich unterlag er.

Es war ein thatkräftiges, ein sturmbewegtes und ein
leidvolles Leben, welches ihm zugeteilt wurde. Der Böhme,
welcher ein deutscher Professor wurde, mußte als Gelehrter
lange die volle Würdigung seines Wertes entbehren, und
als ihm etwas davon zu teil wurde, schwand ihm die
Möglichkeit den Erwerb zu genießen. Einsam kam er zu
uns, vereinsamt mußte er scheiden. Der Dank seiner Schüler,
die warme Anerkennung der Zeitgenossen drangen nur wie
ferner Klang undeutlich an sein Ohr; der beste Besitz seines
Lebens, die reine Flamme, welche ihm unter hartem Ringen
und Entbehren, an seinem Arbeitstisch und auf seinem Kranken=
lager immer leuchtete und ihm die Möglichkeit gab zu leben
und zu leiden, war die hingebende treue Liebe seines Jugend=
gemahls und seiner Kinder.

IV

Anton Springer als Kunsthistoriker

von

Hubert Janitschek.

Es glückte noch keiner Wissenschaft, gleich in ihren Anfängen mit fester Methode einzusetzen. Persönliche Ansichten und Ansprüche trüben zunächst das sachliche Verhältnis zum Stoff und drängen deshalb auch auf eigene Wege in der Behandlung desselben. Der Kunstgeschichte, dem jüngsten Zweige der Geschichtswissenschaft, ist es nicht besser ergangen. Von den verschiedensten Gebieten kamen ihre ersten Bearbeiter her; der Philosoph, der Künstler, der Liebhaber und Sammler, ein jeder trat mit anderen Wünschen und Forderungen an die Kunstgeschichte heran und ein jeder suchte auf eigenem Wege diesen Wünschen und Forderungen Rechnung zu tragen. Anders wurde die Sache erst, als die Kunstgeschichte an den Universitäten ein Heimrecht suchte. Konnte sie dies nur, indem sie überzeugte, daß alles Wissen von der Vergangenheit Stückwerk bleibe, solange nicht zu der Geschichte von politischem Handeln, von Recht, Religion, Philosophie und Dichtung sich die Geschichte der Kunst geselle, so mußte sie sich auch über die Zuverlässigkeit ihrer Forschungsmethode ausweisen. So

war der Kampf, den die Kunstgeschichte um ihre legitimes
Heimrecht an Universitäten führte, zugleich der Kampf um
ihre Wissenschaftlichkeit. In diesem erfolgreich durchgeführten
Kampfe nimmt Anton Springer die erste Stelle ein. Sein
Wirken als Lehrer und Forscher ist unlöslich verbunden
mit der Entwickelung der Kunstgeschichte aus tastenden
Anfängen zu einer methodischen Wissenschaft. Es ist eine
Lust zu sehen, wie zielbewußt Springer der Lösung dieser
Aufgabe nachging und sie erfüllte. Kunstsinn und Kunst=
freude, und ein schon früh erwachter, lebhafter geschicht=
licher Instinkt ließen allein ihn den Weg zur Kunst=
geschichte finden, denn der damalige Lehrplan der Universität
konnte ihm keine Anregung dazu bieten. In der Tübinger
Denkschrift über die Hegelsche Geschichtsanschauung, in
welcher der Dreiundzwanzigjährige Hegel aus Hegel wider=
legt, hat Springer dargethan, daß Staat, Religion, Wissen=
schaft und Kunst nicht voneinander gesondert werden
könnten, und daß deshalb auch unsere Kenntnis des ge=
schichtlichen Zustandes einer Epoche nur durch die Kenntnis
aller dieser Äußerungen des Zeitgeistes erworben werden
kann. Wie erst Wille, Geist und Phantasie die ganze
Persönlichkeit eines Individuums ausmachen, so kann auch
erst durch die Kenntnis von Staat, Wissenschaft und Kunst
ein Volk und ein Zeitalter geschichtlich begriffen werden.
So war also schon hier die Bedeutung der Kunst inner=
halb der geschichtlichen Entwickelung und geschichtlichen
Bildung vollauf erkannt. Die erste Reise nach Italien
hat dann, wie er selbst erzählt, seinen Geschichtssinn und

Wirklichkeitssinn, auch der Kunst gegenüber, von den Resten der Neigung zur Konstruktion und Kathegorienbildung vollends befreit. Schon von da an stand es für ihn fest, daß die Natur und die Gesetze künstlerischer Thätigkeit nur auf dem Wege historischer Forschung ergründet werden könnten. Damit war der Boden gewonnen, von dem aus er zu sachgemäßen positiven Forderungen über Ziel und Methode der Kunstgeschichte gelangen konnte. Und so schrieb er denn schon in seinem Handbuch der Kunst= geschichte: „Sie (die Kunstgeschichte) soll die Erscheinung des Schönen in ihrer zeitlichen Bewegung darstellen, die innere notwendige Entwickelung des künstlerischen Ideales schildern, die Lebensgeschichte der einzelnen Kunstgattungen liefern, sie soll aber auch gleichzeitig von der Phantasie= thätigkeit der mannigfachen Völker ein anschauliches Bild entwerfen und den Zusammenhang derselben mit den übrigen geschichtlichen Lebenskreisen aufweisen."*) In reifen Mannesjahren hat er die Aufgabe der Kunstgeschichte nicht anders umgrenzt, er hat nur noch schärfer und ent= schiedener auf die Bedeutung der bestimmten Künstler= persönlichkeit gegenüber dem, was den allgemeinen Zeitinhalt ausmacht, hingewiesen. So erklärte er in seiner Leipziger Antrittsvorlesung: „Die Kunstgeschichte darf die Künstler nicht auflösen in wesenlose Schatten ihrer Zeit, sie muß

*) Handbuch der Kunstgeschichte. Stuttgart, Rieger 1855. S. 13. Vgl. dazu: Kunsthistorische Briefe. Die bildenden Künste in ihrer weltgeschichtlichen Entwickelung. Prag (1851—1857). Verlag von F. Ehrlichs Buch= und Kunsthandlung. Ref S. 6.

und soll aber, was sie von dieser empfangen und was sie ihr zurückgegeben, erklären und hervorheben, darüber freilich nicht die Schilderung ihrer eigenartigen Wirksamkeit vergessen. Nicht äußerlich allein gehört das Werk seinem Meister. Den äußern Ursprung nachzuweisen genügt uns nicht, so schwierig es auch in vielen Fällen sein mag, ein so großer Scharfsinn, Erfahrung und Umsicht oft nötig sind, diesen Nachweis zu liefern; für die historische Betrachtung ist auch die Enthüllung der innern Zusammengehörigkeit von durchgreifender Wichtigkeit. Nicht die Beschreibung allein, auch seine Entwickelung von den ersten Keimen an strebt sie an, der Abspiegelung der Natur des Meisters in seinem Werke, dem Zusammenhange zwischen beiden forscht sie nach."*) Mit dieser Umgrenzung der Aufgabe der Kunstgeschichtsschreibung war jeder Einseitigkeit vorgebeugt; sie fließt damit weder in flache Kulturschilderung auseinander, noch bildet die Darstellung der Formenentwickelung oder technischer Prozesse ihre Hauptaufgabe, sie will keine Aneinanderreihung ästhetischer Lehrsätze geben, und sie erschöpft sich nicht in der Zusammenstellung geschichtlicher Thatsachen — ihr Stoff ist ausschließlich das Kunstwerk, die Geschichte von dessen Natur, seines Zusammenhangs mit der schöpferischen Persönlichkeit und damit auch mit der Zeit, in der die Künstlerpersönlichkeit

*) Über das Gesetzmäßige in der Entwickelung der bildenden Künste. Leipzig, Hirzel, 1873. Vgl. dazu Kunstkenner und Kunsthistoriker (Bilder aus der neuern Kunstgeschichte, 2. A., Bonn, Marcus, 1886. II. S. 399).

reiste. Nur in solcher Auffassung ist die Kunstgeschichte
ein selbständiger Zweig der historischen Wissenschaften, nur
in solcher Auffassung vermag sie die übrigen Zweige der
Geschichtswissenschaft ebenbürtig zu ergänzen. Otto Jahn
hatte in ganz ähnlicher Weise die Aufgabe der klassischen
Archäologie formuliert, doch war Springers Übereinstimmung
mit Jahn, deren er sich stolz rühmte, Ergebnis eigener
geistiger Entwickelung und wissenschaftlicher Erfahrung gewesen.*) Solche Bestimmung der Aufgabe der Kunstgeschichte setzt aber auch schon die bestimmte Arbeitsmethode
voraus; Springer faßte die knappe Forderung in die Worte:
die Kunstgeschichte ist eine Wissenschaft, von den anderen
historischen Disziplinen durch den Gegenstand, aber nicht
durch die Methode unterschieden.**) An diesem That-
bestande wird nichts dadurch geändert, daß die Kritik der
monumentalen Quellen der Denkmäler noch andere Eigenschaften des Geistes und der Sinne zu Bethätigung heran-
zieht, als sie da, wo litterarische Quellen allein zur Sprache
zu bringen sind, gefordert werden. Rekonstruierende Kraft
der Phantasie, hoch gesteigerte Fähigkeit der Nachempfin-
dung unter Voraussetzung eines äußerst empfindlichen
Auges sind selbstverständliche Vorbedingungen. Bei so
klarer Darlegung der Aufgabe der Kunstgeschichtsschreibung war es auch nicht schwer, unberechtigte Ansprüche

---

*) Otto Jahn, Rede zu Leibnitzens Todestag 14. Nov. 1848.
In der „Gedächtnisrede" auf Otto Jahn (Grenzboten, 1869. IV.
201 ff.) nannte sie Springer Jahns „Bekenntnisschrift".
**) Kunstkenner und Kunsthistoriker. A. O. S. 395.

und Forderungen, von welcher Seite immer sie kamen, zurückzuweisen. Nicht besser konnte das Verhältnis der Kennerschaft zur Thätigkeit des Kunsthistorikers bestimmt werden als durch den Vergleich der Thätigkeit des Paläographen und Diplomatikers mit der des Geschichtschreibers. Der ausgezeichnete Kenner kann auch ein hervorragender Kunsthistoriker sein, aber es ist nicht notwendig, daß er es sei — Waagen, Mündler sind Beispiele dafür; ebensowenig aber es ist notwendig, daß der Kunsthistoriker durch Kennerschaft glänze, wenngleich ihm das Feld des Kunstkenners ebenso vertraut sein muß, wie Diplomatik und Paläographie dem Geschichtschreiber. Auch das Verhältnis der Kunstgeschichte zur Ästhetik hat Springer in einem trefflichen Vergleich klar gemacht, es ist ein ähnliches, wie das der Staatengeschichte zur Politik. Wie dem Geschichtschreiber die politische, so ist dem Kunsthistoriker die ästhetische Bildung notwendig; wie wir aber vom Geschichtschreiber fordern, daß seine politische Überzeugung sein historisches Urteil nicht vergewaltige, so fordern wir auch vom Kunsthistoriker, daß er auf die wahrhaftige Erzählung den Hauptnachdruck lege, aus dem Werke heraus dessen ästhetische Bedeutung feststelle, nicht aber, wie es die ästhetisierende Kunstgeschichtschreibung thut, Künstler und Kunstwerke auf das Zwangsbett eines ästhetischen Systems spanne; die Geschichtschreibung wird dann nur zu leicht zur Geschichtsfälschung. „Bittere, im Laufe mehrerer Menschenalter gesammelte Erfahrungen" haben die Bedenken gerechtfertigt, „welche gegen die

Leitung der Kunstgeschichte durch die Ästhetik erhoben werden."*)

Dieser theoretischen Klärung über Aufgabe, Ziele und Methode der Kunstgeschichte ging Springers Thätigkeit als Lehrer und Forscher bekräftigend zur Seite. Seine herbe Ansicht über die Pflichten des Kunsthistorikers hat überall da, wo er lehrte, ganz gründlich die Ansicht beseitigt, als ob die Kunstgeschichte an Universitäten nur die Bestimmung einer Zierpflanze habe; ihre Bedeutung im geschichtlichen Lehrplan mußte auch von pädagogischer Kurzsichtigkeit erkannt werden, und ihre materielle Wichtigkeit für die Quellenkunde sah namentlich der Historiker des Mittelalters sehr schnell ein. So hatte denn auch Springer als Lehrer stets zwei Ziele vor Augen: der Bedeutung der Kunstgeschichte in der geschichtlichen wie ästhetischen Bildung Rechnung zu tragen und durch methodische Ausbildung zu eigener Forschung tüchtig zu machen. So erklärte er auch ohne Rückhalt: „Nur wenn die Kunstgeschichte Universitätsdisziplin bleibt, kann sie sich als Wissenschaft erhalten."**) Die Aufgabe des Lehrers faßte er sehr hoch. Entsprechend der doppelten Aufgabe der Kunstgeschichte, geschichtlich zu belehren und ästhetisch zu bilden, stellte er

*) Kunstkenner und Kunsthistoriker, A. O. Über das Verhältnis der Ästhetik zur Kunstgeschichtschreibung handelte Springer am eingehendsten in seinem Bericht über R. Vischers Studien zur Kunstgeschichte in den Göttingischen gelehrten Anzeigen vom 1. April 1887.

**) In einem Brief an den Verfasser vom 28. Januar 1884.

für den Vortrag als unbedingte Forderung die Verbindung
von geschichtlicher Darstellung und Demonstration auf: „Dieses
(das kunstgeschichtliche Kolleg) ist nun einmal nur als De=
monstrationskolleg zu behandeln und ist der Dozent nicht
im stande mit dem Blatt in der Hand zu lesen, gründ=
lich und anschaulich zugleich, so tötet er das ohnehin
noch nicht sehr rege Interesse für kunstgeschichtliche Vor=
lesungen."*) Diese Aufgabe gehört zu den schwierigsten,
welche dem Lehrer gestellt werden können. In wie muster=
hafter Weise Springer sie gelöst, wissen alle, die Gelegen=
heit hatten, ihn zu hören. Eine ungewöhnliche Zucht der
Gedanken und der Phantasie mußte sich mit seiner er=
staunlichen Wissensfülle vereinigen, um jene Beredsamkeit
zu ermöglichen, die ebenso sachlich wie feurig war. Und
der Sprachgewalt mußte sich natürlicher, künstlerischer Takt
gesellen, um aus jedem Vortrag das gerundete Bild einer
Künstlerpersönlichkeit oder einer Entwickelungsperiode her=
vortreten zu lassen. Wußte er aber in den Vorlesungen,
wie kaum ein zweiter, anzuregen und zu belehren, so hat
er im Seminar zu strenger methodischer Arbeit geführt.
Methodische Schulung, das war hier die Hauptsache. „Die
Universität hat keine Kenner zu bilden", erklärte er knapp
und bündig, „aber sie hat zu lehren, wie die litterarischen

---

*) Brief an Ad. Michaelis vom 4. Januar 1874. Man
vgl. dazu seine Abhandlung: Das Studium der Kunstwissen=
schaft an deutschen Hochschulen in Lützows Zeitschrift f. b. K. IX.
S. 378—84.

und monumentalen Quellen mit kritischer Vorsicht zu ver=
werten sind." Die wissenschaftliche Rechtlichkeit hat er in
erste Linie gestellt, hat jenen wahren wissenschaftlichen
Stolz zu entwickeln gesucht, der es verschmäht ein Non
liquet der Forschung mit einem geistreichen Paradoxon,
oder einer flotten Hypothese zu maskieren. Die Doktor=
dissertationen, die aus seinem Seminar hervorgegangen,
haben deshalb auch immer die Lösung oder mindestens die
Förderung einer besondern kunstgeschichtlichen Frage ge=
bracht. Jede von ihnen bedeutete einen Gewinn unserer
Wissenschaft. Dies eben deshalb, weil die Frage in richtiger
Abschätzung der vorhandenen Kraft gestellt war, und weil
die Arbeit unter strenger methodischer Zucht stand. Die
Festschrift, welche ihm zur Feier seiner fünfundzwanzig=
jährigen oder genauer gesagt vierunddreißigjährigen Lehr=
thätigkeit überreicht worden war, ist ein stolzes Denkmal
seiner Erfolge als Lehrer und als Anreger. Nicht bloß
Fachmänner, die er gebildet, fanden sich mit glänzenden
Gaben ein, auch aus wissenschaftlichen Laienkreisen kam
manche Beisteuer, als Beweis der Kraft seiner Anregung.
Er selbst schrieb damals mit bescheidenem Stolz: „Nun,
ich denke, da ich ein zweites Jubiläum nicht mehr erlebe,
so will ich mir den Genuß des erlebten nicht durch
allzu große Bescheidenheit trüben und mich nur dankbar
freuen über die mir gewordene Anerkennung ... All
diese Teilnahme, die sich sogar auf Bewohner des
Klosters Seckau in Steyermark erstreckte, muß mich
anspannen, was ich noch an Lebensjahren übrig habe,

recht intensiv im Dienste der Wissenschaft zu verwerten." *)

Die Thätigkeit des Forschers hielt sich auf gleicher
Höhe mit der des Lehrers, und wie diese, war sie die
überzeugende Rechtfertigung der Gesundheit seiner Methode.
Zieht man von zwei kleinen Abhandlungen ab, welche
der Kritik moderner Kunstbestrebungen gewidmet sind und
die Kühnheit, aber auch das Doktrinäre des Urteils, wie
sie gern begabter Jugend eigen sind, aufweisen**), so begegnet man der wunderlichen Erscheinung, daß am Beginn
der gelehrten Thätigkeit Springers mehrere Handbücher
stehen. Von 1851—1857 erschienen die kunsthistorischen
Briefe, 1854 der Leitfaden der Baukunst des christlichen
Mittelalters (Bonn, Henry und Cohen), 1855 das Handbuch der Kunstgeschichte. Es genügt nicht, sich dies aus
dem Wagemut der Jugend oder aus einer noch mit dem
Hegeltum zusammenhängenden wissenschaftlichen Mode der
Zeit zu erklären, welcher die geschichtskritische Sichtung
der Thatsachen weniger wertvoll erschien, als deren Einord-
nung in einen bestimmten Ideenprozeß. Man kommt dem
Sachverhalt gewiß näher, wenn man annimmt, daß der
junge akademische Lehrer sich ebenso sehr selbst über den
ganzen Umfang des Materials orientieren — wie auch

---

*) Brief an den Verfasser vom 27. Mai 1885.

**) Kritische Gedanken über die Münchener Kunst in Schweg-
lers Jahrbüchern der Gegenwart (1845, S. 1022 ff.) und die
Geschichtliche Malerei der Gegenwart (gelegentlich des Kolumbus
von Christian Ruben). Prag, 1846.

seinen Hörern und Schülern eine Hilfe an die Hand geben
wollte, seinem Gedankengang entgegen zu kommen, ihn
weiter auszuspinnen. Auf Vorhandenes konnte er nicht hin=
weisen, denn auch Lübkes Grundriß erschien erst später, und
Kuglers Handbuch) mochte zu wenig den Forderungen und
Wünschen des Verfassers entsprechen. Heute haben Sprin=
gers Handbücher selbstverständlich nur mehr einen bedingten
wissenschaftlichen Wert. Sie sind wichtig für die Geschichte
unserer Wissenschaft, weil sie die beste kritische Bearbeitung
des damaligen Besitzstandes kunstgeschichtlicher Erkenntnisse
geben und sie haben ihre Stellung in der wissenschaftlichen
Entwickelung des Verfassers. In den ersten der kunst=
historischen Briefe kann man es verfolgen, wie Springer
trotz seiner Tübinger Absage an die Hegelsche Geschichts=
anschauung, der Gedanken, die aus Hegels Philosophie der
Geschichte und der Ästhetik kommen, sich nicht erwehren
kann. Was er über das Verhältnis von Kunst und Natur,
von der Bedeutung der Kunst für das Verhältnis des
Menschen zur Natur sagt, weist ebenso in jene Richtung,
wie seine Einteilung der Kunst und die Erklärung der
einzelnen Kunstgattungen. Und ebenso wird man wohl
richtig die Neigung zur Konstruktion, welche durch die
Darstellung der Kunst der Völker der alten Welt geht,
mit dem Einfluß von Hegels noch heute von Verführungs=
reiz nicht freier Philosophie der Geschichte in Zusammenhang
bringen. Aber schon in dem Handbuch, das erschien, als
das letzte Heft der Briefe noch ausstand, war der völlige
Sieg der kritisch-historischen Anschauungsweise entschieden;

auch Th. Vischer, der dem Buche das Geleitwort gab, fühlte
dies und deutete es in Lob und leise anklingendem Tadel an:
„Ich meinesteils gestehe, daß ich dem roten Faden, der durch
die Kunstgeschichte geht, vollere Farbe, den großen Epochen
und nationalen Richtungen schärfere Beleuchtung ihrer Stil-
gegensätze, zum Teil auch den Schulen und Meistern nach-
drücklichere Lichtpunkte der Charakterisierung gewünscht hätte,
aber ich bescheide mich vollständig zu meinen, daß ich vermocht hätte, dieser Seite der Aufgabe umfassender zu entsprechen und gleichzeitig mit so gründlicher Kenntnis,
so vielseitigem Quellenstudium, so scharfer Durchforschung
des Materials, dem weichen Kerne, den straffen geschichtlichen Körper so wohlsitzend, so fest, so körnig anzugießen."
Es entspricht nur diesem Ausreifen des historischen und
kritischen Sinnes, wenn Springer in Streitfragen, die noch
heute nicht zur Ruhe gekommen sind, Ansichten ausspricht, die
heute ihre Berechtigung noch nicht verloren haben, so die
über die Genesis der altchristlichen Basilika, oder die über
die Entwickelung des gotischen Stils aus dem romanischen
heraus, und Sätze wie „Gemütsregungen schaffen keine Bau-
weise" (Briefe, S. 480), haben den Anschauungen, die man
noch damals von der Gotik hatte, sehr entschieden wider-
sprochen. Auch für die Feinheit und Stärke seines stil-
kritischen Urteils finden sich hier schon Beweise, ich hebe
nur hervor, daß er schon damals den Meister der
Liversberger Passion von dem Meister des Münchener
Marienlebens trennte, was erst wieder die moderne Stil-
kritik mit voller Bestimmtheit gethan hat.

Die Abfassung der Handbücher hatte Springer die Übersicht über das ganze Arbeitsgebiet gegeben; ungelöste Fragen, unverbürgte Nachrichten, waren ihm allenthalben begegnet; so folgte nun eine Periode, in welcher er ausschließlich der Spezialforschung sich zuwandte. Als Leitstern dabei galt ihm ein Wort Jahns: „Die Fertigkeit, mit Einfällen sich aus der Not zu helfen, kommt auch in der Wissenschaft zur Geltung. Die Wissenschaft kennt aber keine provisorische Wahrheit, die einstweilen gelten soll, statt des ehrlichen Bekenntnisses der Schwierigkeit und des Nichtwissens, auf dem die wahre Forschung beruht." Die provisorischen Wahrheiten hat er bei sich und bei anderen nie geduldet. Seine Forschung schränkte sich nicht auf ein kleines abgezirkeltes Gebiet ein. Das Mittelalter zog ihn besonders an, doch auch der Renaissance wandte er einen nicht geringen Teil seiner besten Kraft zu. Die Bearbeitung der mittelalterlichen Ikonographie war bis dahin wesentlich in den Händen der Theologen gewesen; sie zielte besten Falles auf die Feststellung des sakralen Bilderkreises des Mittelalters, dachte aber kaum daran, die Ergebnisse ikonographischer Untersuchung für die Aufhellung des Entwickelungsganges der Kunst im Mittelalter ebenso nutzbar zu machen, wie das für die Geschichte der antiken Kunst durch die klassische Archäologie längst geschehen war. Methode, Kritik fehlte außerdem ganz. Es ist das unanfechtbare Verdienst Springers, die Ikonographie in Wahrheit zu einer Hilfsdisziplin der mittelalterlichen Kunstgeschichte gemacht zu haben. Das ist die Bedeutung seiner

im Jahre 1860 in den Mitteilungen der kaiserlich öster=
reichischen Centralkommission zur Erforschung und Erhaltung
der Baudenkmäler erschienenen ikonographischen Studien
(Seite 29 ff., 67 ff., 125 ff., 309 ff.). Als Grundsatz stellte
er gleich in der ersten Studie auf: Rätselbilder zu schaffen
liegt nicht in der Absicht des Mittelalters, der Anschau=
ungskreis des Zeitalters enthält die Quelle. Die Bedeu=
tung der Dichtung als eine Hauptquelle für die Aufklärung
über den Gedanken= und Formenkreis der bildenden Kunst
ging dabei von selbst hervor. Die folgenden Studien
machten die Probe zu den in der ersten Studie aufge=
stellten Thesen. So wies er in der zweiten Studie eine
Fülle von Bildmotiven, die bis dahin die harte Nuß aller
Symboliker gebildet hatten, als Eigentum des orientalischen
Ornamentenschatzes nach; die Erzeugnisse orientalischer Textil=
industrie, welche im Abendlande einen trefflichen Markt be=
saßen, hatten die Übernahme vermittelt; damit konnte diesen
Motiven auch nur eine rein ornamentale, aber keine sym=
bolische Bedeutung zugestanden werden. In der dritten
Studie erhärtete er den Einfluß der Passionsspiele auf
die Passionsdarstellungen — einen Motivenkreis, bei dem
sich allerdings am eindringlichsten die Bedeutung der Dich=
tung für Inhalt und selbst künstlerische Auffassung von
Malerei und Bildnerei darthun ließ. In der vierten
Studie untersuchte er den Bilderschmuck der romanischen
Leuchter — auch hier mit dem Ergebnis, daß individueller
Willkür und Freude am Rätselspiel im Mittelalter die
engste Grenze gezogen war. In das Gebiet ikonographischer

24*

Untersuchung gehört auch die Meisterabhandlung: Das Nachleben der Antike im Mittelalter, wodurch für die Kunst zum erstenmal das Fortleben antiker Vorstellungen in der mittelalterlichen Phantasie unwiderleglich dargethan wurde. Wenn heute unser positives Wissen darüber ein weitaus reicheres ist, so darf der bahnbrechenden Bedeutung der Arbeit Springers doch nicht vergessen werden. Diesen ikonographischen Studien, welche tief in das Wesen der mittelalterlichen Kunst geführt hatten, reihte sich kaum zwei Jahre später die Abhandlung an: De artificibus laicis et monachis medii aevi — welcher eine sorgfältige Durch= arbeitung der bis dahin erschienenen Bände der Monumenta die wichtigste Grundlage gab.*) Von Meistern deutscher Renaissance beschäftigte ihn schon damals in hervorragender Weise Dürer, und damit im Zusammenhang der deutsche Kupferstich und Holzschnitt, dessen große Bedeutung für die richtige Abschätzung des Wesens und Wertes deutscher Kunst er zuerst vollauf erkannte.**) Auf dem Gebiete italienischer Renaissance forschte er den treibenden geistigen Mächten

---

*) Bonnae 1861. Dann deutsch: Die Künstlermönche des Mittelalters in den Mitt. d. k. österr. Centralkommission VII (1862), S. 1 ff. und S. 35 ff. und erweitert in den Bildern aus der neueren Kunstgeschichte (2. A. I. S. 41 ff.) unter dem Titel: Klosterleben und Klosterkunst im Mittelalter.

**) Die Vorbilder zu zwei Dürerschen Handzeichnungen; das Inventar der Imhoffschen Kunstkammer. Beides in den Mitt. d. k. österr. Centralkommission 1860. Die Abhandlung über den altdeutschen Holzschnitt und Kupferstich in den Bildern aus der neueren Kunstgeschichte. 2. A. II. S. 1 ff.

nach, kämpfte gegen Passavant für eine mehr künstlerische Auffassung von Raphaels Disputa, suchte nach den geschichtlichen Umrissen der gewaltigen Persönlichkeit Albertis, führte in der heitern Abhandlung über den gotischen Schneider von Bologna, in die sehr folgenschweren Streitigkeiten der Gotiker und Klassicisten des sechzehnten Jahrhunderts. Die Frucht eines Winteraufenthalts in Palermo war die grundlegende Untersuchung über die mittelalterliche Kunst Palermos.*) In diese Zeit gehört auch das Kleinod kulturgeschichtlicher Schilderung: Paris im dreizehnten Jahrhundert. Mit wirklichem Bienenfleiß war hier eine staunend reiche Fülle von Material aus den Quellen gesammelt und zu einem geschlossenen Kulturbild durch Künstlerhand geordnet worden.**)

Der Leipziger Zeit war es vorbehalten, die reifsten Früchte vieljähriger innerer Sammlung und rastloser Arbeit zu zeitigen. Zusammenfassende Darstellungen und Einzeluntersuchungen, welche ganze Epochen neu orientierten, gehen nebeneinander. Seine Antrittsvorlesung in Leipzig handelte über das Gesetzmäßige in der Entwickelung der bildenden Künste.***) Den Schwerpunkt der Ausführungen bildete

---

*) Die Abhandlung über die Disputa (nach einem Vortrag) erschien, Bonn, bei Adolf Marcus 1860; die über „die mittelalterliche Kunst in Palermo als Festgabe der Bonner Universität an die Düsseldorfer Akademie 1860", später in den Bildern 2. A. I. dort auch die anderen vier Abhandlungen zur Kunst- und Kulturgeschichte der Renaissance in Italien.

**) Leipzig, Verlag von S. Hirzel. 1856.

***) Im Neuen Reich. 1873.

die Anwendung der These auf die Kunstäußerungen ursprünglicher und einfachster Art, als welche hier nun in
glücklicher Berichtigung seiner Jugendanschauung (man vergleiche die Briefe und das Handbuch) die Ornamente
dargethan wurden. Daß diese ersten Äußerungen des
Kunstsinnes bei allen Völkern die gleichen sein müssen, ist
dadurch bedingt, daß sie nur den primärsten Forderungen
der Sinne entsprechen, anders gesagt, daß das Gefallen
daran nur auf einen angenehmen physiologischen Reiz zu-
rückführt. An diese erste Ornamentklasse reiht sich die
zweite, welche dem Gefallen an der Nachahmung entspringt
(vegetabile und animale) und eine dritte, deren Dasein
an technische Hergänge, besonders die der Urhandwerke der
Menschheit, Weberei und Töpferei sich anschließt. Zu-
treffend war der Hinweis Springers auf die Arbeitsmethode
der Sprachforschung, um diese gemeinsamen künstlerischen Ur-
laute aus dem so entwickelten nationalen Ornamentenschatz
auszulösen. Aus den Spezialstudien dieser Zeit tritt zunächst eine fest geschlossene Gruppe hervor, welche an die
früheren ikonographischen Studien anknüpft, doch aber die
Lösung einer festumgrenzten kunstgeschichtlichen Frage zum
Zielpunkt hat. Es sind dies die Abhandlungen über
die Psalterillustrationen im frühen Mittelalter (1880),
über die Genesisbilder des frühen Mittelalters (1884)
und über den Bilderschmuck der Sakramentarien des frühen
Mittelalters (1889), dem noch die über das Jüngste Gericht (1884) anzureihen wäre. Die byzantinische Frage
war auch die Frage der deutschen Kunstgeschichte des ersten

Jahrtausends. Sie war weder durch technische, noch durch
stilkritische Untersuchungen der Lösung näher gekommen,
höchstens verwirrter geworden; geschichtliche Nachrichten
ließen im Stich. Nun spielte Springer die Untersuchung
auf das ikonographische Gebiet hinüber. Es zeigte sich, daß
durch Auffassung und bildliche Wiedergabe der heiligen Texte
der Bildervorrat in feste Gruppen sich sondere, diese aber
an bestimmte örtliche und zeitliche Grenzen gebunden seien,
für den besondern Fall aber ergab sich, daß die karo-
lingische Kunst an die Kunst Westroms anknüpfte, und
auf nationaler Grundlage sich selbständig fortentwickelte.
Die spätere Forschung konnte zwar auf einzelne Berührungspunkte mit der Kunst Ostroms hinweisen, die Hauptergeb-
nisse der Untersuchung aber blieben unangefochten. Für
die ottonische Periode behielt dieser Nachweis schon inso-
fern seine Geltung, als Springer den Zusammenhang der
karolingischen mit der ottonischen Kunst in einer besondern
Studie über die deutsche Kunst im zehnten Jahrhundert
auf das schlagendste nachgewiesen hatte. Was diesen Untersuchungen in technischer Beziehung noch eine besondere Bedeutung gab, war die umfassende Heranziehung der Litteratur,
um die Übersicht über den ursprünglichen Denkmälerkreis zu
vervollständigen und abzurunden.*) „Ich bin — so schrieb er

*) Die ersten drei Abhandlungen erschienen im VIII., IX.
und XI. Band der Abhandlungen d. phil. hist. Cl. der k. sächs.
Gesellsch. d. Wissenschaften. Die Studie über das Jüngste Gericht
im Repertorium f. K. W. VIII. S. 375 ff., die über deutsche Kunst
im zehnten Jahrh. in der Westd. Zeitschrift f. Gesch. u. Kunst.

damals in den Studien der karolingischen Dichter tief
begraben, möchte, was sich aus denselben für die Kunstgeschichte und Kunstanschauung des karolingischen Zeitalters ergiebt, zusammentragen. Das ist eine langstielige,
aber ich hoffe, fruchtbare Arbeit. Einzelne Resultate habe
ich bereits gewonnen. Mehr als die Resultate fesselt
mich das Methodische. Es muß doch endlich der Versuch
gemacht werden, die Kunstgeschichte auch durch das
Studium der gleichzeitigen Poesie in helleres Licht zu
setzen. Je geringer die Zahl der Monumente in einer
Periode, desto wichtiger sind die Zeitstimmen."*) Von
wegweisender Bedeutung war die Abhandlung über die
Quellen der Kunstdarstellungen im Mittelalter. In
näherer Ausführung seiner ersten ikonographischen Studie
waren die Quellen hier fest umgrenzt. Der Hinweis auf
die Predigtlitteratur zeigte sich sofort von glücklichsten
Folgen Er selbst freute sich von Herzen, daß er an einer
so schweren ikonographischen Aufgabe, wie sie die goldene
Pforte in Freiberg bot, den Erfolg seiner Lehre nachweisen
konnte. „Daß die Portalskulpturen Hochzeitsbilder sind —
schrieb er an seinen Freund Michaelis — wird ehrsamen
Theologen schlecht schmecken, dafür versöhne ich sie wieder,
indem ich in den Predigten des Mittelalters die Haupt-

III. S. 201 ff. In zusammenfassender Weise behandelte Springer
die byzantinische Frage in der Einleitung zur französischen Ausgabe von Kondakoffs L'art byzantin und erweitert in den Bildern 2. A. I. S. 79 ff.

*) Brief an den Verfasser vom 5. Februar 1882.

quelle, aus welcher die Künstler schöpften, nachweise."*)
Schon in jungen Jahren scheint Springer den Plan einer
Doppelbiographie von Raphael und Michelangelo gehegt
zu haben. Die reiche Ausbeute, welche das Jubeljahr
1875 für die Biographie Michelangelos brachte, ließ den
Plan zum festen Entschluß reifen. Als Vorläufer erschien
die Untersuchung: Michelangelo in Rom 1508—1512,
eine Arbeit, welche, abgesehen von ihren neuen Ergebnissen,
für die Datierung der Deckenmalereien der Sixtina und für
die Grabmalfrage durch die ebenso besonnene wie mutige
Kritik, durch den Scharfsinn der Kombination, durch die
Sauberkeit der Arbeitstechnik ein Muster- und Meisterstück
kunstgeschichtlicher Methode geworden ist.**) Drei Jahre
später erschien Raphael und Michelangelo in erster, 1883 in
zweiter Auflage; die Zwischenzeit brachte die Studien über
Raphaels Jugendentwickelung und über die Echtheit des
Anonymus Comollis.***) Über die scharfsinnige und vor-
sichtige Art, wie Springer die litterarischen Quellen verwertete, hatte seine Studie Michelangelo in Rom aufgeklärt,
dagegen überraschte an der Doppelbiographie die folge-
richtige und umfassende Verwertung des gesamten Hand-
zeichnungsmaterials. Hier bot er das, was er immer

---

*) Brief vom 17. Mai 1879; die Abhandlung erschien in den
Berichten der phil. hist. Cl. d. k. sächs. Gesellsch. d. Wissensch. 1879.

**) Leipzig, S. Hirzel, 1875.

***) Raffael und Michelangelo. Mit Illustrationen, 2. ver-
besserte Auflage. Leipzig, Verlag von E. A. Seemann 1883.
Die beiden Studien im Repertorium f. K.W. IV (1881), S. 370 ff.
und V (1882), S. 357 ff.

wieder als Aufgabe des Kunstgeschichtschreibers forderte:
die Entwickelungsgeschichte jedes Werkes in psychologischer
und formaler Beziehung, die plastische Herausarbeitung der
Künstlerpersönlichkeiten, mit scharfer Bezeichnung dessen,
was die Zeit ihnen gab und was sie der Zeit und der
Zukunft gaben. Hier war Kunstgeschichte und Künstler=
geschichte in unlösbarem Verein geboten und die Kultur=
schilderung so sehr in das Ganze gearbeitet, daß sie nur die
Aufgabe zu erfüllen erscheint, der einzelnen Gestalt Perspektive
zu geben. Fünfundzwanzigjähriger Verkehr mit den beiden
Künstlern hatte das Werk reifen lassen. Auf die Frage,
ob die Verschmelzung der beiden Biographieen zu einer
Monographie ein glücklicher Gedanke war, hat Springer
in der Vorrede zur zweiten Auflage die treffende Antwort
gegeben; hier sei nur darauf hingewiesen, daß Springer
schon in den kunsthistorischen Briefen (Seite 614) äußerte,
es könne nur in Michelangelo und Raphael zusammen
die Summe der bisherigen Kunstentwickelung gezogen werden.
In den letzten Jahren trat auch die Beschäftigung mit
Leonardo stark in den Vordergrund. Schon 1876 war
eine Studie über Leonardos Abendmahl erschienen; das
Jahr 1884 brachte die Abhandlung über den Physiologus
des Leonardo, das Jahr 1886 den schönen Aufsatz über
Leonardos Selbstbekenntnisse, das Jahr 1888 die für die
Geschichte der Vierge aux rochers und der Anna Selb=
dritt bedeutsamen Leonardofragen.*) Auf dem Gebiete

---

*) Die Abhandlung über das Abendmahl im Repertorium
f. K. W. I. S. 209 ff.; die Studie über den Physiologus in den

der deutschen Kunstgeschichte war es Dürer, der Springer
seit Jahren zu monographischer Schilderung lockte.. Thau=
sings Buch ließ ihn dann den Plan fallen lassen, aber er
blieb in vertrautem Umgang mit dem Meister. In den
letzten Jahren nahm er den Plan wieder auf; was wir
von seiner hinterlassenen Dürerbiographie zu erwarten
haben, darauf hat uns schon seine Studie über Dürers
Entwickelungsgang (Bilder II. Seite 43 ff.) vorbereitet.
In der Leipziger Zeit ging auch Springer daran, noch
einmal eine zusammenfassende Darstellung der ganzen
künstlerischen Entwickelung zu wagen. Die Grundzüge der
Kunstgeschichte*) sind das Schlußergebnis vierzig arbeits=
reicher Jahre als Lehrer und Forscher; nur so war es
aber auch möglich trotz des ungeheuren Stoffes nicht bloß
die Gipfelpunkte zu bezeichnen, sondern auch die Wege, die
dort hinauf führen, nicht bloß mit dem Erworbenen zu

Berichten der k. sächs. Gesellsch. d. Wissensch., der Aufsatz Leonardo
da Vincis Selbstbekenntnisse in den Bildern, 2. A. I. 297 ff.,
die Leonardofragen in Lützows Z. f. b. K. XXIV. S. 141 ff.
Gelegentlich der Untersuchung über den Physiologus schrieb
Springer an Michaelis (11. Oktober 1884): „Wäre ich zwanzig
Jahre jünger, so würde ich mich auf das Studieren der Schriften
Leonardos werfen und sie auf ihre Quellen hin prüfen. Denn
daß er sein universelles Wissen dem Selbstdenken allein verdankt,
ist, obgleich ein allgemeiner Glaubensartikel, doch ein Irrtum.
In einem Fall wenigstens kann ich einen glänzenden Beweis
liefern" (eben in dem Nachweis der Quelle für den Physiologus).
    *) Dritte verbesserte und stark vermehrte Auflage des Text=
buches. Leipzig, E. A. Seemann, 1889. Adolph Michaelis in
alter Freundschaft gewidmet.

schalten, sondern auch auf die noch ungelösten Fragen zu
weisen; auf der Hochwarte der Forschung stand Springer
immer, keine, auch nicht die geringfügigste Einzelunter=
suchung entging ihm, mochte sie auch an entlegenster Stelle
erscheinen; aber diese souveräne Herrschaft über den Stoff
ist doch noch weniger bewundernswert, als der ausdauernde
Stärkegrad künstlerischer Empfindsamkeit und die stets
gleiche Schärfe und Sicherheit des Urteils. Die Grund=
züge werden nicht bloß das Merkzeichen des gegenwärtigen
Standes der kunstgeschichtlichen Forschung bilden, sie werden
auch noch lange als klassisches Handbuch unübertroffen bleiben.

Über Springer als Kritiker nur einige Worte. Seine
Kritik war durchaus positiv, wissenschaftlich schöpferisch.
„Mir widersteht das banale Recensionswesen, mit seinen roten
Strichen, seinen schulmeisterlichen Einzelausstellungen . . .
Es ist doch ein bitteres Handwerk das Kritisieren, wenn
man nicht loben kann", schrieb er einmal an den Verfasser
(am 29. Juni 1883). Er lehnte am liebsten ab, wenn
die Besprechung eines Werkes von ihm gewünscht wurde,
in welchem er eine ganz verfehlte oder ganz seichte Leistung
erkannte. In der Regel brachten seine Besprechungen neue,
nicht selten wegweisende Gesichtspunkte in die Behandlung
der erörterten Frage, ich erinnere nur an die für die
Geschichte der karolingischen Kunst so bedeutsamen Be=
sprechungen der Rahnschen Arbeit über das Psalterium
Aureum (Lützows Z. f. b. K. XV. [1880] S. 349 ff.) oder
der Ausgabe der Trierer Adahandschrift (Göttingische ge=
lehrte Anzeigen 1890), an seine Anzeigen der bei Grote

erschienenen Geschichte der deutschen Kunst (Nord und Süd XLII, Heft 124 und Repertorium f. K. W. XIII.).

Der Kunst der Gegenwart hat Springer stets ein lebendiges Interesse entgegengebracht; zweimal hat er die Kunst des neunzehnten Jahrhunderts zum Gegenstande besonderer Darstellung gemacht (1856 und 1884), eine Reihe von Abhandlungen und Studien waren hervorstechenden Erscheinungen und ernsten Fragen der modernen Kunstentwickelung gewidmet. Er glaubte nur an die Triebkraft einer Kunst, die ganz im Volkstum wurzelte; deshalb blieb er ein schroffer Gegner der durch Ludwig I. ins Leben gerufenen Richtung, und deshalb waren seine Lieblinge Schwind, Richter, Menzel, die ihm als die schlichtesten und kräftigsten Vertreter echter Volks- und Hauskunst erschienen, und deshalb hat er noch mit einer letzten Abhandlung den Stich- und Holzschnitt auf die Wege gewiesen, welche sie im sechzehnten Jahrhundert wandelten. Für das Echtkünstlerische hatte er stets ein offenes Auge; er gehörte z. B. zu den ersten, welche die siegesgewisse künstlerische Meisterschaft Ad. Hildebrands erkannten (Im Neuen Reich, 1873. II. S. 625), er hat früh richtige Worte für die Würdigung der Eigenart eines Boecklin, Feuerbach, Gabr. Max gefunden. Man kann höchstens vermuten, daß er in der Richtung, die Uhde und Liebermann mit Meisterschaft vertreten, nicht die Keime einer großen zukunftsichern Kunst erkennen wollte, wie wir dies heute zu erkennen glauben. Die gleichen Grundsätze leiteten sein Urteil über das moderne Kunstgewerbe. Die

Hetzjagd nach immer neuen Stilüberraschungen, die nicht
zum geringen Teile durch Schulen und Museen gefördert
wird, erschien ihm als schwere Gefahr für eine heilsame
im Volke wurzelnde Entwickelung. Er war der geschworene
Feind von Japanismus, Chineserie und all den sonstigen
exotischen und europäischen Stilnachahmungen und ——
Fälschungen, die unsere Kunstgewerbehallen zu geschichtlichen
und ethnographischen Schaubuden machen (Im Neuen Reich,
1876, II.). So zeigte er auch hier, daß Wissen und Leben
in ihm nicht getrennt war; seine thätige Natur brachte die
Ergebnisse seiner wissenschaftlichen Bildung sofort in Berührung mit dem Flusse des Lebens. Wirken wollte er,
und das hat er auch noch von der einsamen Gelehrten-
stube aus gethan.

Es wird nicht an solchen fehlen, welche meinen, es sei zu
viel Licht in dieser Schilderung Springers als Kunsthistoriker;
für das, was ich über ihn als Forscher und Lehrer sagte,
übernehmen die Schüler, die er heranzog, die Bücher, die
er hinterlassen, die Führung des Wahrheitsbeweises; sein
höchstes Verdienst aber allerdings, daß er der Kunstgeschichte eine sichere Methode und damit erst die Ver-
bindlichkeit und Autorität wirklicher Geschichtswissenschaft
gewann, wird von allen denen geleugnet oder verkleinert
werden, welche meinen, daß in der Kunstgeschichte Einfälle
oder, wenn es hochkommt, „provisorische Wahrheiten" mit
Forschungsergebnissen auf gleicher Stufe stehen. Diesen
jedoch ist nur zu sagen, daß Wissenschaft und Vogelsteller-
künste sehr verschiedene Dinge sind.

V.

Schluß

von

Jaro Springer.

Um ein vollständiges Lebensbild Anton Springers zu
geben, sei zum Schluß noch ein kurzer Abriß seiner letzten
Lebensjahre beigefügt. An äußeren Ereignissen war die
Leipziger Zeit freilich arm. Still und ruhig flossen die
Jahre dahin, die ihm mehr Kummer als Freude und viele
bange Stunden schweren Leidens brachten. Zum dritten-
mal und diesmal nicht leichten Herzens, mußte er für sich
und seine Familie eine neue Heimat suchen. Die nüchterne
Landschaft und die andere Art der Menschen erschwerten
ein schnelles Eingewöhnen in die neuen Verhältnisse und
oft gedachte er mit Wehmut des fröhlichen rheinischen
Lebens. Eins aber brachte ihm von Anfang an das neu
gewählte kleinere Vaterland, was ihm die beiden großen
Staatswesen, denen er bisher angehörte, versagt hatten:
die warme Anerkennung der oberen Behörden, selbst von
seiten des regierenden Herrn. So waren anfangs in
Leipzig die Bedingungen zu einer behaglichen Existenz wohl
vorhanden. Auch ein treuer Freundeskreis war bald gefunden. Die Freude, mit seinem ältesten Jugendfreunde
Hans Czermak wieder am selben Orte zu leben, war ihm

leider nur kurze Zeit vergönnt, da Czermak bald nach
Springers Übersiedelung nach Leipzig seinen langjährigen
Leiden erlag. Außer den von ihm selbst schon erwähnten
nenne ich noch den ihm von Straßburg her befreundeten
Binding, ferner Ludwig, Ribbeck, E. A. Seemann, den
leider früh verstorbenen Stobbe und den treuesten Freund
und anhänglichen Hausgenossen Dreydorf, den Pastor der
reformierten Gemeinde, der nie ermüdete, den bald verein=
samten Gelehrten aufzusuchen.

Denn schon im ersten Jahr stellten sich hier die ersten
Anfälle des tückischen Leidens ein, an dem sich Springer
so lange quälen sollte, plötzlich auftretende Anfälle von
Bluthusten, welche die größte Schonung und die vorsichtigste
Lebensweise nötig machten. Auch die harmlosen Freuden
der einfachsten Geselligkeit mußte er sich für immer ver=
sagen. Die harte, unablässige Arbeit, die quälende Sorge
um die Zukunft, hatte die Gesundheit völlig untergraben.
Er selbst klagte niemanden an und bis an sein Ende blieb
er ohne Bitterkeit. Und im Hinblick auf dieses edle Bei=
spiel muß es sich auch der, der von Springers langer
Leidenszeit erzählt, wenn auch schweren Herzens versagen,
auf die Personen und die Zustände zu weisen, die das
frühe Siechtum des seltenen Mannes verschuldet haben.

So wurde es einsam um ihn, einsamer noch, als ihn
der schwerste Schlag seines Lebens traf, der Verlust seiner
ältesten Tochter Cara, die ihm vor allen Kindern am
meisten ans Herz gewachsen war, welche nach fünfjähriger
Ehe — sie war mit Dr. Rudolf Engelmann verheiratet —

am 4. November 1879 starb, als sie ihrem dritten Kinde das Leben gab. Diesen Schmerz hat Springer nie völlig überwunden, er zog sich jetzt mehr noch als schon früher von allem zurück und lebte nur seiner Arbeit. Bei den ferner-stehenden Kollegen trug ihm die völlige und freudlose Ab-geschiedenheit den Beinamen des „Eremita Lipsiensis" ein.

Als politischer Journalist war er in Leipzig nur so-lange thätig, als bei seinem Freunde Hirzel die Wochen-schrift „Im Neuen Reich" erschien. Später wurden noch die Protokolle des Verfassungsausschusses des Kremsierer Reichstags herausgegeben, während im übrigen seine schriftstellerische Thätigkeit der Kunstgeschichte dauernd treu blieb. Von berufener Seite sind Springers kunsthistorische Schriften gewürdigt worden. Indes mag erwähnt werden, daß wohl kaum ein Kunsthistoriker unter so schwierigen äußeren Umständen geschrieben hat, als wie er. Denn eine nennenswerte Kunstsammlung stand ihm in Leipzig nicht zur Verfügung und mit Ausnahme einer einzigen 1882, aber mehr aus Gesundheitsrücksichten unternommenen ita-lienischen Reise, hat ihm sein körperlicher Zustand keinerlei Studienreise gestattet, um die Erinnerung an das vor langen Zeiten Gesehene aufzufrischen.

Alljährlich nahm Springer in den Herbstferien einen längern Aufenthalt in Obergrund bei Bodenbach. In dem an der Elbe und am Rande ausgedehnter Tannenwaldungen gelegenen Orte fand er stets Erholung und Kräftigung und erging sich hier, so nahe der böhmischen Heimat, so nahe dem Dorf Rosawitz, in dem er vor langen Jahren

Springer, Aus meinem Leben. 25

bei seinem englischen Freunde Noël so schöne Tage ver=
lebt hatte, in Jugenderinnerungen. Hier hat er dann auch
vom Herbst 1880 an die Aufzeichnungen geschrieben, die
auf den vorstehenden Blättern abgedruckt sind.

Es kamen Jahre, in denen sich Springers Befinden
so weit besserte, daß man mit leiblicher Hoffnung in die
Zukunft sehen konnte. Auch seine Stimmung war heiter
und zufrieden und er wurde wieder jung mit den Enkeln,
die um ihn aufwuchsen. Zu seiner großen Freude konnte
er im April 1887 die Hand seiner zweiten Tochter Dodo
dem von ihm hoch geschätzten Philologen Rudolf Hirzel,
dem Sohne seines Freundes, geben.

Die Influenza=Epidemie warf ihn im Anfang des Jahres
1890 schwer nieder, es gab bange Stunden, in denen
das Schlimmste befürchtet wurde. Aber der Patient kam
wieder zu Kräften, wenn auch nicht vollständige Erholung
eintrat. Die Schwindsucht, die die Lungen ergriffen hatte,
machte weitere Fortschritte, die heillose Krankheit gönnte
nur noch eine kurze Frist, die ihm durch die sorg=
samste unermüdliche Pflege seiner Frau verschönt und ---
wir rühmen es dankerfüllt — verlängert wurde. Im
Herbst 1890 trat er noch einmal die Reise nach dem ge=
liebten Bodenbach an, um nach wenigen Wochen als ein
totkranker Mann nach Hause zurückzukommen. Das ange=
zeigte Kolleg wurde im Winter noch gelesen. Mit Mühe
schleppte er sich täglich bis in den Hörsaal, dort aber belebte
er sich und dem Vortrag fehlte bis zuletzt das alte Feuer
nicht. Im letzten Kolleg, Anfang März, nahm er mit

wenigen, ernsten Worten von seinen Studenten, seinen letzten Zuhörern Abschied, ganz genau wissend, daß es ein Abschied für immer war.

Zwei größere Arbeiten wurden während des Winters zu Ende geführt. Im Januar 1891 vollendete er die vorstehenden Lebenserinnerungen, Ende März, also zwei Monate vor seinem Tod, das etwa vor Jahresfrist in der Niederschrift begonnene Buch über Albrecht Dürer.

Rasch nahmen die Kräfte ab. Die Schärfe des Geistes aber blieb bis wenige Stunden vor dem Ende bewahrt. Seine Gedanken beschäftigten sich fortwährend mit seinem Dürer, er schrieb sogar noch vieles auf. So hat er am Tage vor seinem Tode, als die ersten Correktur= bogen des Dürers eintrafen, mit zitternder Hand in kaum leserlicher Schrift die Einleitung zu den „Kritischen An= hängen" niedergeschrieben, die nach seinem Plane dem Buche beigegeben werden sollten. Diese Einleitung konnte ohne Änderung abgedruckt werden.

Mit dem unerschrockenen Mute, den nur wahre Seelengröße gibt, trat Springer dem nahen Tode ent= gegen und fand noch Worte des Trostes und der Liebe für jeden. Lange mußte er auf die Erlösung warten. Von allen seinen Lieben umgeben ist er am Sonntag den 31. Mai nachmittags kurz vor drei Uhr ohne Kampf ver= schieden. Was von Anton Springer sterblich war, wurde am 3. Juni 1891 auf dem Johannisfriedhof beigesetzt.